El Poder de la
Esperanza

El Poder de la Esperanza

Charles R. Swindoll

BETANIA

Un Sello de Editorial Caribe

Betania es un sello de Editorial Caribe, Inc.
Una división de Thomas Nelson, Inc.

© 1997 EDITORIAL CARIBE
P.O. Box 141000
Nashville, TN 37214-1000, EE.UU.
E-mail: caribe@editorialcaribe.com

Título del original en inglés:
Hope Again
© 1996 por *Charles R. Swindoll*
Publicado por *Word Publishing*

Traductor: *Javier Antonio Quiñones Ortíz*

ISBN: 0-88113-437-6

Impreso en EE.UU.
Printed in U.S.A.

2ª Impresión

Dedico este libro a dos de mis fieles amigos y colegas
más cercanos del equipo de liderazgo del
Seminario Teológico Dallas:

Dr. Wendell Johnston
y
Dr. Charlie Dyer

Sin su invaluable asistencia habría sido imposible que estos
últimos años fuesen tan satisfactorios y gratificantes.
Estos hombres me han dado un aliento fresco
para continuar… para terminar con fuerzas…
para sentir… el poder de la esperanza.

Contenido

Reconocimientos

DESEO RECONOCER, con gran gratitud, mi larga amistad con varias personas importantes.

Primero, mis amigos del equipo directivo de Word Publishing: Byron Williamson, Kip Jordon, Joey Paul y David Moberg. Podría mencionar otros, pero estos cuatro me han alentado y ayudado de manera especial en este proyecto en particular. Gracias, amigos, por continuar creyendo en mí y por saber cómo convertir sueños en libros.

También deseo expresar mi gratitud al escritor Ken Gire por su excelente labor, años atrás, en nuestra guía de estudio acerca de 1 Pedro. Varias de sus ideas e ilustraciones me ayudaron a laborar en este volumen.

Judith Markham me ha probado su valor, una vez más, como mi editora. ¡Su habilidad para transformar mis líneas y frases dislocadas en oraciones comprensibles y párrafos significativos es admirable! Le estoy especialmente agradecido por su sabio y experimentado consejo a través de este proceso. Sin su ayuda la extensión de este libro se habría duplicado y hubiera sido menos interesante.

Aunque ya los mencioné en la dedicatoria, deseo repetir mi agradecimiento a Wendell Johnston y Charlie Dyer por darme esperanza una y otra vez en numerosas ocasiones desde que comencé mi trabajo como presidente del Seminario Teológico Dallas en el verano del 1994. El calor de Dallas durante ese julio bastaba para acobardar al más valiente, pero desde el mismo principio estaban sonriendo, sirviendo, y sudando juntamente conmigo, afirmándome constantemente y proveyendo mucho viento bajo mis alas. Sin su asistencia y compromiso sincero, en vez de remontarme como un águila, habría vagado por los pasillos como un pavo preguntándose dónde posarse. Así que, amigos, gracias por su fiel y alentadora presencia.

Finalmente, deseo reconocer el aliento de mi esposa, Cynthia, y expresarle mi agradecimiento por su inconmovible lealtad y compasivo entendimiento. Hemos pasado por una enorme transición (¡todavía estamos en ella!), pero debido a que no viajamos solos, el viaje no ha sido tan difícil como pudo ser. Tenerla a mi lado y saber que siempre está en mi rincón y emocionada con mi trabajo me ha liberado para terminar lo que comencé, independientemente del tiempo o el esfuerzo requerido. Gracias a ella, jamás me sentí sin esperanza en la desafiante tarea de terminar otro proyecto tan extenso.

CHUCK SWINDOLL

DALLAS, TEXAS

La carta del viejo pescador

LA ESPERANZA es un maravilloso regalo de Dios, una fuente de fortaleza y ánimo frente a las pruebas más duras de la vida.

- Cuando estamos atrapados en un túnel de miseria, la esperanza nos señala la luz al final.

- Cuando estamos atareados y exhaustos, la esperanza nos da energía fresca.

- Cuando estamos desalentados, la esperanza eleva nuestros espíritus.

- Cuando somos tentados a rendirnos, la esperanza nos mantiene firmes.

- Cuando perdemos nuestro camino y la confusión empaña el destino, la esperanza ensombrece el borde del pánico.

- Cuando luchamos con una enfermedad que nos incapacita o una dolencia continua, la esperanza nos ayuda a perseverar más allá del dolor.

- Cuando tememos lo peor, la esperanza nos recuerda que Dios todavía controla.

- Cuando tenemos que soportar la consecuencias de malas decisiones, la esperanza alimenta nuestra recuperación.

- Cuando estamos desempleados, la esperanza nos dice que aún tenemos un futuro.

- Cuando nos vemos forzados a sentarnos y esperar, la esperanza nos da paciencia para confiar.

- Cuando nos sentimos rechazados y abandonados, la esperanza nos recuerda que no estamos solos... lo pasaremos.

- Cuando le damos el último adiós a alguien que amamos, la esperanza en la vida eterna supera nuestra pena.

Sencillamente, cuando la vida nos angustia y los sueños se desvanecen, nada nos ayuda como la esperanza.

Webster define la esperanza como: «Deseo acompañado por la expectativa de o la creencia en el cumplimiento[...] desear con expectativa de obtener[...] esperar con confianza». ¡Cuán vital es esa expectativa! Sin ella, los prisioneros de guerra languidecen y mueren. Sin ella, los estudiantes se desalientan y se marchan de la escuela. Sin ella, los equipos atléticos caen en una mala racha y siguen perdiendo... los escritores noveles, que aspiran a publicar, vacilan... los adictos vuelven a sus hábitos... los cónyuges deciden divorciarse... los inventores, artistas, animadores, empresarios, y hasta los predicadores, pierden su creatividad.

La esperanza no es meramente una opción buena que nos ayuda temporalmente a saltar una valla. Es esencial para nuestra supervivencia.

Hace varios años, al percatarme de la función esencial que tiene la esperanza en la vida, decidí realizar un estudio serio y profundo sobre el tema. Para mi sorpresa, una de las mejores fuentes de información era una carta localizada al final del Nuevo Testamento, escrita por un viejo pescador, Pedro. Él debe conocer el tema muy bien, ya que tenía gran necesidad de esperanza en un momento crítico en su vida, al fracasar miserablemente.

Así que... aquí está, un libro para todos los que buscan sinceramente maneras de tener esperanza de nuevo... cuando su vida lo angustia y cuando sus sueños se desvanecen.

1

■

Esperanza más allá del fracaso

El hombre
quebrantado
detrás del libro

ESTE ES UN LIBRO ACERCA de la esperanza. *Esperanza*. Es tan importante para nosotros como lo es el agua para un pez, tan vital como la electricidad a una bombilla, tan esencial como el aire a un avión de propulsión a chorro. La esperanza es básica para la vida.

Sin ella no podemos permanecer en el camino a nuestros sueños anticipados, al menos no por mucho tiempo. Muchos lo han intentado, nadie ha tenido éxito. Sin esa necesaria chispa de esperanza, estamos condenados a una existencia oscura y sombría.

Cuán a menudo aparece la palabra «desesperanza» en las notas de suicidio. Y aunque no se escriba, podemos leerla entre líneas. Quite la esperanza, y nuestro mundo se reduce a algo entre la depresión y el desaliento.

Había una vez un hombre que amaba el mar. Tosco, voluntarioso, apasionado y expresivo, no hacía nada a medias. Cuando iba a pescar, era decidido, y a veces intolerable. Pero en cuanto a la amistad era fiel... leal hasta la médula, ciegamente valiente, y confiado en exceso, lo cual hacía que se excediera en su compromiso con frecuencia. Pero allí permanecía, solo si era necesario, haciendo promesas con su boca que su cuerpo luego no podría cumplir.

Quizás ya se percató de que el nombre del hombre es Pedro, no simplemente uno de los Doce, sino el vocero de los Doce (les gustara o no). Una vez que decidió seguir a Cristo, no hubo regreso. A medida que pasó el tiempo, se consagró más al Maestro, era un discípulo dedicado y persistente cuya lealtad no conocía límites.

Sin embargo, en definitiva, su consagración fue puesta a prueba. Jesús le había advertido que Satanás andaba tras él, trabajando horas extras para que tropezara. Pero Pedro era inconmovible. ¿Su respuesta? «Señor, dispuesto estoy a ir contigo no sólo a la cárcel, sino también a la muerte» (Lc 22.33). Jesús no le creyó. Respondió: «Pedro, te digo que el gallo no cantará hoy antes que tú niegues tres veces que me conoces» (Lc 22.34). Aunque esa predicción debe haberle molestado, Pedro la ignoró... seguro de sí mismo y excesivamente confiado en que jamás sucedería.

Estaba equivocado. Esa misma noche, las palabras de Jesús se convirtieron en realidad. El leal, fuerte y valiente Pedro le falló a su Señor. Sincera y deliberadamente negó ser parte de los Doce. No una o dos, sino tres veces, una tras otra, traicionó a Aquel que lo amó tanto que se lo advirtió.

¿El resultado? Lea estas palabras lentamente mientras se imagina la escena.

> Entonces vuelto el Señor, miró a Pedro; y Pedro se acordó de la palabra del Señor, que le había dicho: Antes que el gallo cante, me negarás tres veces. Y Pedro, saliendo fuera, lloró amargamente (Lc 22.61-62).

Ya no era leal y fuerte, distaba de ser valiente y comprometido, el hombre quedó reducido de pronto a sollozos. ¡Qué culpa llevaba! ¡Cuán avergonzado se sentía! Las palabras no pueden representar adecuadamente su quebrantamiento. Emocionalmente, aferrado a la desesperanza, bajó hasta lo último; el efecto en Pedro fue devastador. Cada vez que cerraba sus ojos podía ver el rostro de Jesús mirándolo, como si le preguntara: «Pedro, ¿cómo pudiste? ¿Por qué lo hiciste?» Esa mirada. Esas palabras. Le persiguieron por varios días. La crucifixión y subsecuente muerte del Salvador debió ser como un clavo en el corazón de Pedro.

Pensó que la esperanza, lo que necesitaba para animarlo, se había marchado... para siempre. Hasta ese glorioso día de la resurrección, la primera mañana de Pascua, cuando leemos no solo acerca de la milagrosa resurrección corporal de entre los muertos sino también esas maravillosas palabras de gracia, «Id, decid a sus discípulos, y a Pedro, que él va delante de vosotros» (Mc 16.7). *¡Y a Pedro!* El significado de esas tres palabras no puede exagerarse.

Estas le brindaron esperanza a la vida del viejo pescador... el ingrediente esencial sin el cual no podía recuperarse. Al escuchar acerca de la resurrección del Salvador, y del interés de este porque se le ofreciera el mensaje de manera especial, Pedro tuvo esperanza más allá de su fracaso. Debido a eso, pudo continuar.

Y, no sorprende, que luego fuera el que escribiera la carta clásica de la esperanza a los que más les hacía falta escucharla... los que residían «expatriados de la dispersión» a través del vasto territorio del Imperio Romano (1 P 1.1).

Entre su fracaso inicial y la redacción de su carta, Pedro fue usado por Dios como catalítico en la formación de la iglesia primitiva. Pero una vez que fue quebrantado y humillado, su liderazgo fue completamente diferente de lo que hubiera sido sin su fracaso. Ahora que había sido rescatado por gracia y restaurado por esperanza, no tenía interés en jugar al «rey de la montaña» envalentonándose ante la gente. Más aún, se convirtió en pastor del rebaño de Dios con un corazón de siervo.

Me gusta la manera en que Eugene Peterson lo describe en su introducción a 1 y 2 Pedro:

La manera en la que Pedro se comportó en esa posición de poder es aún más impresionante que el poder mismo. Se mantuvo fuera del centro de atención, no mostró su poder, porque se mantuvo bajo el poder de Jesús. Pudo utilizar su popularidad, poder y posición para intentar quedarse con todo, usando su estrecha asociación con Jesús para promoverse a sí mismo. Pero no lo hizo. La mayoría de las personas con los dones de Pedro no pudieron tratar la situación en ese entonces *ni* ahora, pero él lo hizo. Pedro es una ráfaga de aire fresco.[1]

No puedo hablar por usted, pero ciertamente puedo hacerlo por mí mismo, ¡este es un momento en el que podemos usar un tanto del «aire fresco» de Pedro a manera de una gran dosis de esperanza! Estos últimos dos años y medio de mi vida y ministerio no han sido muy relajantes ni estables. La esperanza me ha hecho más falta que nunca al dejar una iglesia floreciente y próspera en la que serví por casi 23 años con un personal que muchos consideran entre los mejores del país, y dar el paso a todo un nuevo campo de retos, incluyendo viajes interminables, enfrentar lo desconocido, y aceptar responsabilidades fuera del dominio de mi entrenamiento, trasfondo y pericia. Una esperanza sólida, estable y segura. La esperanza para continuar. Esperanza para soportar. Esperanza para mantenerme enfocado. Esperanza para ver el cumplimiento de nuevos sueños.

De manera que resulta natural que un libro con este título haya empezado a fluir de mi pluma. Confío en que usted, que una vez sonrió conmigo mientras aprendíamos a reírnos nuevamente al laborar a través de las palabras de Pablo a los Filipenses, esté listo para viajar conmigo a través de las palabras de Pedro a medida que aprendemos a tener esperanza de nuevo.

El viaje valdrá la pena, se lo puedo asegurar. Encontraremos esperanza alrededor de la esquina de muchas de las contingencias de la vida: esperanza más allá del sufrimiento y la tentación... esperanza más allá de la inmadurez, la amargura y las realidades de nuestra cultura... esperanza más allá de nuestras pruebas y de los tiempos de insatisfacción, remordimientos y vergüenza, solo por nombrar algo.

Lo mejor de todo es que seremos guiados en este viaje por alguien que conoció la desesperanza por propia experiencia, gracias a sus fracasos... y a que experimentó, por sí mismo, una y otra vez el poder de la esperanza.

[1] Eugene H. Peterson, *The Message: The New Testament in Contemporary English* [El mensaje: El Nuevo Testamento en inglés contemporáneo], Navpress, Colorado Springs, CO, 1993, p. 486.

Si ese le parece el tipo de viaje que debe hacer, siga leyendo. Será un placer viajar con usted, acompañarlo en un camino que lleva a la sanidad de las angustias y al cumplimiento de los sueños.

Una oración de esperanza más allá del fracaso

Querido Padre, cada persona que lee estas palabras, incluyendo el que las escribe, ha experimentado el fracaso. Nos ha dejado quebrantados y desalentados con nosotros mismos. Y hay momentos cuando el recuerdo de estos fracasos regresa a perseguirnos. ¡Cuán tristes nos ponemos cuando recordamos esos momentos! Gracias por la extraordinaria transformación posible mediante el perdón. Gracias por entender que «somos polvo», incapaces muchas veces de cumplir nuestras promesas o vivir de acuerdo a nuestras expectativas.

Renueva nuestra esperanza, esperanza más allá del fracaso, mientras leemos y reflexionamos en las palabras de Pedro, con quien nos podemos identificar tan fácilmente. Recuérdanos que, así como lo usaste después de haber fallado varias veces, también nos usarás, mediante tu gracia.

Que podamos encontrar ánimo fresco en sus palabras y nueva fortaleza en su consejo mientras viajamos con Pedro como nuestro guía. Acudimos a ti para encontrar la habilidad para tener esperanza de nuevo, porque solo tú tienes el poder para realizar algo hermoso y bueno con nuestras vidas contaminadas por el desperdicio de las palabras que jamás debimos pronunciar y de las obras que jamás debimos realizar.

Nuestra única fuente de alivio proviene de tu gracia. Que le prestemos atención una y otra vez mientras descubrimos las verdades que llevaron al viejo pescador a escribir hace tantos años. En el precioso nombre de Jesús, pido esto.

AMÉN

2

Esperanza más allá del sufrimiento

Cómo podemos
sonreír a través
del sufrimiento

LOS SERES HUMANOS no nos parecemos. No actuamos de la misma manera. No nos vestimos igual. No nos gusta la misma comida, ni leemos los mismos libros, ni manejamos los mismos autos, ni disfrutamos de la misma música. A usted le gusta la opera; a mí la música popular. Tenemos trasfondos, objetivos y motivaciones diferentes. Trabajamos en labores distintas y disfrutamos de pasatiempos diversos. A usted le gusta el fútbol; a mí me gustan las Harley Davidson. Sostenemos una variedad de filosofías y diferimos en cuanto a la política. Tenemos nuestras convicciones singulares en cuanto a cómo criar los hijos y la educación. Nuestros pesos varían. Nuestra estatura difiere. Así sucede con el color de nuestra piel.

Pero hay una cosa que todos tenemos en común: Todos sabemos qué significa la angustia.

El sufrimiento es un idioma universal. Las lágrimas son iguales para los judíos o los musulmanes o los cristianos, para los blancos o los negros o los trigueños, para los niños o los adultos o los ancianos. Cuando la vida nos angustia y nuestros sueños se desvanecen, podríamos expresar nuestra angustia de distintas maneras, pero cada uno de nosotros conoce la punzada del dolor y el descorazonamiento, la enfermedad y el desastre, las pruebas y los sufrimientos.

Joseph Parker, un gran predicador del pasado, le dijo una vez a un grupo de jóvenes aspirantes al ministerio: «Prediquen a los sufridos y jamás les faltará una congregación. Hay un corazón quebrantado en cada banca».

Verdaderamente, el sufrimiento es el hilo común en todos nuestros vestidos.

Esto ha sido cierto desde el comienzo, cuando el pecado entró al mundo y Adán y Eva fueron expulsados del jardín. De ahí que no debería sorprendernos que cuando el apóstol Pedro escribió su primera carta a sus compañeros creyentes esparcidos a través de gran parte de Asia Menor se concentró en el tema que los atrajo a todos. El sufrimiento. Esas personas eran chamusqueadas por las mismas llamas de persecución que le quitarían la vida al apóstol en pocos años. Sus circunstancias fueron las más desoladas que pueda imaginarse. Empero Pedro no trató de motivarlos con el pensamiento positivo. En vez de eso, estiró su mano gentilmente hasta sus quijadas y les levantó sus rostros hacia el cielo, para que pudieran ver más allá de sus circunstancias, a su llamado celestial.

> Pedro, apóstol de Jesucristo, a los expatriados de la dispersión en el Ponto, Galacia, Capadocia, Asia y Bitinia, elegidos según la presciencia de Dios Padre en santificación del Espíritu, para obedecer y ser rociados con la sangre de Jesucristo: Gracia y paz os sean multiplicadas (1 P 1.1-2).

Los hombres y las mujeres a quienes Pedro le escribió sabían lo que era estar lejos del hogar, no por elección sino por la fuerza. Perseguidos por su fe, fueron empujados a un mundo que no solo era poco familiar sino hostil.

Warren Wiersbe, en un espléndido libro titulado *Be Hopeful* [Tenga esperanzas], dice esto en cuanto a los destinatarios de la carta:

> La cosa importante que debemos conocer acerca de estos «extranjeros esparcidos» es que pasaban por un tiempo de sufrimiento y persecución. Pedro hizo referencia, al menos quince veces en esta carta, al sufrimiento; y usó ocho palabras griegas diferentes para

ello. Algunos de esos cristianos sufrían porque vivían consagrados y hacían lo que era bueno y correcto[...] Otros sufrían reproche por el nombre de Cristo[...] y eran denigrados por personas incrédulas[...] Pedro escribió para animarlos a que fueran buenos testigos ante sus perseguidores, y para recordarles que su sufrimiento los llevaría a la gloria.[1]

Vea una vez más el comienzo de la última oración: «Pedro escribió para animarlos a que fueran buenos testigos ante sus perseguidores». Es tan fácil leer eso. Más aún es predicarlo. Pero es extremadamente difícil hacerlo. Si ha sido maltratado en alguna ocasión, sabe cuán grande es la tentación a desquitarse, a defenderse, a pelear, a tratar a la otra persona como lo ha tratado a usted. Pedro deseaba animar a sus compañeros creyentes para que pusieran el dolor en perspectiva y hallaran esperanza más allá de su sufrimiento.

Aunque la mayoría de nosotros no estamos afligidos por una horrible persecución debido a nuestra fe, sabemos lo que significa enfrentar varias formas de sufrimiento, dolor, desengaño, y pena. Afortunadamente, en la carta de 1 Pedro podemos encontrar alivio y consolación para nuestra clase de sufrimiento. Así como este atesorado documento le habló a los creyentes esparcidos a través del Ponto o Galacia o Capadocia o Asia, así nos habla en los EE.UU., África, Venezuela y Argentina.

Las primeras buenas nuevas que Pedro nos da es el conocimiento de que somos «elegidos por Dios». ¡Qué recordatorio más útil! No somos echados en esta tierra como dados tirados a una mesa. Somos colocados aquí, soberana y amorosamente, para un propósito, habiendo sido elegidos por Dios. *Él nos eligió según la presciencia de Dios Padre en santificación del Espíritu, para obedecer y ser rociados con la sangre de Jesucristo.* ¡Palabras poderosas!

Dios nos ha dado un propósito para nuestra existencia, una razón para continuar, aunque esa existencia incluya momentos difíciles. Al vivir a través del sufrimiento nos santificamos, es

---

[1] Warren W. Wiersbe, *Be Hopeful* [Tenga esperanzas], SP Publications, Victor Books, Wheaton, IL, 1982, p. II.

decir, somos apartados para la gloria de Dios. Adquirimos perspectiva. Crecemos más profundamente. ¡Crecemos!

¿Podría imaginarse pasar por tales momentos sin Jesucristo? Yo no. Pero francamente, eso es lo que la mayoría de las personas hacen. Enfrentan esos aterradores temores y noches desveladoras en el hospital sin Cristo. Luchan con un adolescente extraviado sin Cristo. Solos, soportan las terribles palabras de un cónyuge: «Ya no quiero vivir contigo. Deseo mi libertad. Ya no te amo. Me marcho». Y pasan por todo eso sin Cristo.

Para almas como esas, la vida es una dolorosa punzada tras otra. Al solo imaginarme cómo debe ser la vida sin Cristo, me sorprende que más personas que viven sin esperanza no se quiten sus vidas. Aunque Jack Kevorkian y su filosofía de ayudar a morir me espanta, no me sorprende. Lo que me sorprende es que más personas simple y sencillamente no acaban con todo.

Empero si solo creemos y pedimos, una medida plena de la gracia y la paz de Dios está disponible para todos. Mediante la maravillosa y prevaleciente misericordia de Dios, podemos encontrar propósito en la tristeza y el desorden de nuestras vidas. Podemos no solo ocuparnos del sufrimiento sino regocijarnos a través de él. Aunque nuestro dolor y nuestro desengaño así como los detalles de nuestro sufrimiento podrían diferir, hay una abundancia de la gracia de Dios y de paz disponibles para cada uno de nosotros.

Estas verdades forman el esqueleto de una doctrina fuerte. Pero a menos que sean encarnadas continúan siendo duras y esqueléticas y difíciles de reconocer. Pedro, que sabía esto, les recordó a sus oyentes todo lo que tenían como apoyo para que realmente pudieran regocijarse en los tiempos de sufrimiento, dependiendo de la gracia de Dios y su paz en la medida más plena.

El regocijo en tiempos difíciles

Mientras leía y meditaba en la primera carta de Pedro, encontré seis razones por las cuales podemos regocijarnos como creyentes a través de los tiempos difíciles y experimentar esperanza más allá del sufrimiento.

Tenemos una esperanza viva

> Bendito el Dios y Padre de nuestro Señor Jesucristo, que según su grande misericordia nos hizo renacer para una esperanza viva, por la resurrección de Jesucristo de los muertos (1 P 1.3).

A pesar de lo difíciles que algunas de nuestras páginas de la vida puedan ser, nada que nos ocurre en esta tierra cae en la categoría de «capítulo final». Ese capítulo no se completará hasta que lleguemos al cielo y pasemos a la presencia del Dios viviente. Nuestra reunión final no es con el antagonista en el relato de nuestra vida sino con el autor mismo.

«¿A quién puede preocuparle el viaje cuando el camino lleva a casa?» se pregunta el gran maestro bíblico James M. Gray.

¿Cómo podemos preocuparnos tanto por lo que sucede en este planeta temporal cuando sabemos que todo nos lleva a nuestro destino eterno? Pedro llama eso nuestra «esperanza viva», y nos recuerda que se basa en la resurrección de Jesucristo. Si Dios llevó a su Hijo a través de las pruebas más dolorosas y lo sacó del abismo mismo de la muerte, ciertamente nos llevará a través de cualquier cosa que enfrentemos en este mundo, sin importar cuán profundo parezca el abismo en ese momento.

¿Acaso se ha dado cuenta de cuán escasa es la esperanza para los que no tienen a Cristo? Un escritor cínico, H.L. Mencken, periodista estadounidense de la primera mitad de este siglo, se refirió a la esperanza como «una creencia patológica en que ocurre lo imposible».

Para los incrédulos, la esperanza no es nada más que una fantasía mental, como pedir un deseo mientras se mira una estrella. Es la clase de esperanza tipo Disneylandia que dice: «Ciertamente espero ganarme la lotería»... «Espero que un día mi niño regrese a casa»... «Espero que todo salga bien». Esa no es una esperanza viva. Eso es un deseo fantasioso.

Pero a aquellos que «nacieron de nuevo» en el Señor Jesucristo se les ha prometido una esperanza viva a través de Su resurrección de los muertos.

Así que si desea sonreír a través de sus lágrimas, si desea regocijarse a través de los momentos de sufrimiento, simplemente no se olvide que, como cristiano, lo que está sobrepasando no es el fin del relato... es simplemente el viaje tosco que lleva al destino correcto.

«La esperanza es como un ancla», dijo alguien. «Nuestra esperanza en Cristo nos estabiliza en las tormentas de la vida, pero a diferencia de una ancla, no nos detiene».

Tenemos una herencia permanente

> Bendito el Dios y Padre de nuestro Señor Jesucristo, que según su grande misericordia nos hizo renacer[...] para una herencia incorruptible, incontaminada e inmarcesible, reservada en los cielos para vosotros (1 P 1.3-4).

También podemos regocijarnos a través del sufrimiento porque tenemos una herencia permanente, una casa segura en el cielo. Y allí nuestro lugar está reservado bajo la salvaguarda y constante y omnipotente vigilancia del Dios Todopoderoso. Nada puede destruirla, contaminarla, disminuirla, o ponerla en el lugar equivocado. ¿Acaso no es eso un gran alivio?

¿Acaso ha tenido en algún momento la desconcertante experiencia de encontrar a alguien en el asiento que había reservado en el teatro o en el avión? Usted tiene el boleto indicado, pero otro ocupa su asiento. En su mejor momento es algo incómodo; en el peor puede llevar a una confrontación vergonzosa.

¿Ha reservado, en su hotel favorito, una habitación para no fumadores y al llegar tarde en la noche encontró que se la dieron a otra persona? ¡Qué desilusión! Usted les da un número de reservación garantizado e introducen información interminable en la computadora, y ahora lo miran como si acabara de aterrizar de Marte. Su corazón se hunde. Se obliga a sonreír y pide hablar con el supervisor. Él sale, ve la misma pantalla de computadora, entonces lo mira de la misma manera con un entrecejo un tanto más profundo. «Lo siento», dice. «Debe haber algún error».

Bueno, ¡eso no sucederá en la gloria! Dios no va mirarlo y decir: «Muy bien, ¿cuál es su nombre?» El Dios vivo le dará la bienvenida definitiva a su hogar para obtener su herencia permanente y reservada. Su nombre está en la puerta.

No sé qué le produce eso, pero ciertamente me da razón para regocijarme. Mientras más difícil parece la vida en la tierra, mejor parece el cielo.

Tenemos protección divina

[Somos] guardados por el poder de Dios mediante la fe, para alcanzar la salvación que está preparada para ser manifestada en el tiempo postrero (1 P 1.5).

Bajo la llave y el candado del cielo, somos protegidos por el sistema de seguridad más eficiente que existe: el poder de Dios. No hay manera alguna en que podamos perdernos en el proceso del sufrimiento. Ningún desorden, ninguna enfermedad, ni siquiera la muerte misma, puede debilitar o amenazar la protección definitiva de Dios sobre nuestras vidas. No importa cuál sea la calamidad, no importa cuál sea la desilusión o la profundidad del dolor, no importa qué clase de destrucción ocurra en nuestros cuerpos en el momento de la muerte, nuestras almas están protegidas divinamente.

Nuestro mundo está lleno de guerras, atrocidades, terrorismo. Piense en esos hombres y mujeres, especialmente esos preciosos niños inocentes, cuyas vidas fueron destruidas de manera instantánea, esa mañana de abril de 1995, en la ciudad de Oklahoma cuando el mundo estalló a su alrededor. ¿Qué sucede en esos momentos de calamidades trágicas? ¿Acaso nuestra herencia eterna vuela con nuestros cuerpos? Absolutamente no. Hasta en la más horrible de las muertes Él, que nos hizo del polvo de la tierra, nos protege a través de su poder y las promesas de liberarnos para nuestro destino eterno.

«Dios está entre usted y todo lo que amenaza su esperanza o intimida su bienestar eterno», escribió James Moffatt. «Aquí la protección es completa y directamente obra de Dios».

Dos palabras le ayudarán cuando le quede poca esperanza: *acepte* y *confíe*.

Acepte el misterio de la dificultad, el sufrimiento, la mala fortuna o el maltrato. No trate de entenderlo o explicarlo.

Acéptelo. Entonces, *confíe* deliberadamente en Dios para que lo proteja con su poder desde este mismo momento hasta el amanecer de la eternidad.

Tenemos una fe en desarrollo

En lo cual vosotros os alegráis, aunque ahora por un poco de tiempo, si es necesario, tengáis que ser afligidos en diversas pruebas, para que sometida a prueba vuestra fe, mucho más preciosa que el oro, el cual aunque perecedero se prueba con fuego, sea hallada en alabanza, gloria y honra cuando sea manifestado Jesucristo (1 P 1.6-7).

He aquí la primera de varias referencias al regocijo en la carta de Pedro. La palabra «aunque» indica que el gozo es incondicional. No depende de la circunstancias que nos rodean. No ignore el hecho de que este gozo viene *a pesar* de nuestro sufrimiento, no debido a este, como algunos de los que glorifican al sufrimiento quisieran que creyéramos. No nos regocijamos porque los tiempos son difíciles; nos regocijamos a pesar del hecho de que son difíciles.

Estos versículos también revelan tres cosas significativas acerca de las pruebas.

Primero, las pruebas muchas veces son necesarias, ya que prueban lo genuino de nuestra fe al tiempo que nos enseñan humildad. Las pruebas revelan nuestra inutilidad. Nos postran ante Dios. Hacen que seamos realistas. O, como alguien dijo: «El dolor planta la bandera de la realidad en la fortaleza de un corazón rebelde». Cuando los rebeldes son golpeados por la realidad, sorprende cuán rápido la humildad reemplaza a la rigidez.

Segundo, las pruebas perturban, enseñándonos compasión para que jamás menospreciemos las pruebas de otro o forcemos de forma cruel a otros para que sonrían mientras las soportan.

Cuán injusto es tratar de manera frívola las pruebas de otra persona comparando lo que está sobrepasando con lo que otro ya ha soportado. Aunque usted haya pasado por algo que cree como doblemente difícil, la comparación no alivia. A la persona que ha perdido un hijo no le ayuda escuchar que usted ha soportado la pérdida de dos.

Exprese su simpatía y llore con ellos. Ponga su brazo alrededor de ellos. No sacuda un montón de versículos. No trate de hacer que la persona dolorida ore con usted o cante si no está lista para hacerlo. Sienta lo que la persona está sintiendo. Camine silenciosa y compasivamente en los zapatos del que sufre.

Tercero, las pruebas llegan de varias maneras. La palabra *varias* viene de un término griego interesante, *poikolos*, que significa «abigarrado» o «jaspeado». En inglés también se usa el término *polka dot* derivado del mismo término griego. Las pruebas vienen en una variedad de formas y colores. Son diferentes, así como nosotros. Algo que apenas a usted le afecte podría derribarme, y viceversa. Pero Dios ofrece gracia especial para igualar cada sombra de pena.

Pablo tenía un aguijón en la carne, y oró tres veces para que Dios lo eliminará. «No», dijo Dios, «no voy a quitarlo». Finalmente, Pablo dijo: «He aprendido a confiar en ti, Señor. He aprendido a vivir con él». Ahí fue que Dios dijo: «Mi gracia basta para ese aguijón». Dios igualó el color de la prueba con el color de la gracia.

Esta variedad de pruebas es como los distintos grados de temperatura en el horno de Dios. Los grados se ajustan para quemar nuestra escoria, para moldearnos o suavizarnos de acuerdo con lo que satisface nuestra mayor necesidad. Es en el fuego refinador de Dios que se revela la autenticidad de nuestra fe. Y el propósito de estas pruebas ardientes es que salgamos puros como el oro, una semejanza brillante del Señor Jesucristo mismo. Esa semejanza resplandeciente es lo que en definitiva le da gloria, alabanza y honor a nuestro Salvador.

Tenemos un Salvador invisible

A quien amáis sin haberle visto, en quien creyendo, aunque ahora no lo veáis, os alegráis con gozo inefable y glorioso (1 P 1.8).

Recuerde que el contexto de este versículo es el sufrimiento. Así que sabemos que Pedro no está sirviendo un inconsecuente *hors d'oeuvre* teológico. Nos está dando carne sólida que podemos masticar. Nos dice que nuestro Salvador está parado junto con nosotros en ese horno. Allí está aunque no podamos verle.

Usted no tiene que ver a alguien para amarle. Una madre ciega jamás ve a sus niños, pero los ama. Usted no tiene que ver a alguien para creer en él o ella. Los creyentes de hoy jamás han visto una manifestación física del Salvador, no lo hemos visto caminar visiblemente entre nosotros, no obstante lo amamos. En tiempos de prueba sentimos que está allí, y eso hace que nos alegremos con «gozo inefable».

Algunos, como el discípulo Tomás que avanzaba penosamente y era reflexivo, tienen que ver y tocar a Jesús para creer. Pero Jesús dijo: «Bienaventurados los que no vieron, y creyeron» (Jn 20.29). Aunque no podemos ver a Jesús a nuestro lado en las pruebas, está ahí, como estuvo con Sadrac, Mesac, y Abednego cuando estaban en el horno ardiente.

Tenemos una libertad garantizada

Obteniendo el fin de vuestra fe, que es la salvación de vuestras almas (1 P 1.9).

¿Cómo podemos regocijarnos con nuestro dolor? ¿Cómo podemos tener esperanza más allá del sufrimiento? Podemos porque tenemos una esperanza viva, una herencia permanente, protección divina, una fe en desarrollo, un Salvador invisible y una libertad garantizada.

No es la clase de servicio que prometen las aerolíneas cuando entregan su equipaje. («Arribo garantizado. Sin problemas».) Jamás olvidaré un viaje que hice hace varios años. Fui a Canadá a una conferencia, planeaba estar allí por ocho días. Gracias a la aerolínea, tuve mi ropa ¡sólo durante los últimos dos! Cuando al fin llegó mi equipaje, observé que todas las etiquetas decían «Berlín». («Arribo garantizado. Sin problemas». ¡Ellos simplemente no garantizan cuándo o adónde llegará el equipaje!) Por eso es que ahora vemos tantas personas abordar aeroplanos con enormes valijas colgando de sus hombros y en ambos brazos. No entregue sus maletas, dicen esas personas, porque quizá no lleguen con usted.

Pero cuando nos referimos a la liberación espiritual, jamás tenemos de qué preocuparnos. Dios garantiza la libertad de nuestras almas, lo cual incluye no solo una liberación de nuestro pecado actual sino la glorificación de nuestros cuerpos físicos también. ¡Regocíjese! Usted va a llegar, está garantizado.

Regocijo, no resentimiento

Cuando sufrimos, solo la perspectiva de Cristo puede reemplazar nuestro resentimiento con el regocijo. Lo he visto suceder en cuartos de hospital. En familias. En mi vida.

Nuestra perspectiva total cambia cuando vemos un destello del propósito de Cristo en todo. Quite eso, y no es nada más que una amarga y terrible experiencia.

Nancy y Ed Huizinga en Grand Rapids, Michigan, saben todo eso. En diciembre de 1995, mientras estaban en la iglesia ensayando para el programa anual navideño del Festival de las Luces, su casa se quemó totalmente. Pero esa no fue su única tragedia ese año. Solo tres meses antes, Barb Post, una antigua amiga de Nancy, que era viuda con dos hijos, murió de cáncer. Nancy y Ed se habían quedado con sus dos hijos, Jeff y Katie, en su hogar como parte de su familia, algo que le prometieron a Barb. Así que cuando la casa de Ed y Nancy se quemó totalmente antes de Navidad, no solo perdieron su hogar; perdieron la casa de dos adolescentes que ya habían perdido su padre y su madre.

A medida que se desarrollaron las circunstancias, la ironía comenzó a trabajar. La tragedia que forzó a los Huizinga a salir de su casa les permitió a Jeff y Katie mudarse a la suya. Como aún no había sido vendida, luego de la muerte de su madre, ellos y la familia Huizinga se mudaron allí la noche después del fuego.

El siguiente sábado, los vecinos organizaron una fiesta para rebuscar las cenizas y buscar cualquier cosa de valor que pudiera haberse salvado. Una de las primeras indicaciones que recibieron de la participación de Dios en su lucha vino como resultado de esa búsqueda. De una manera u otra un pedazo de papel se conservó. En él estaban estas palabras: «Contentamiento: Darse cuenta de que Dios ya ha provisto todo lo que necesitamos para nuestra felicidad actual».

Para Nancy y Ed, esto era como escuchar a Dios hablarles desde una zarza ardiente. Era la certeza que necesitaban de que Él estaba allí... y no estaba callado.

Ahora la mayor frustración de Nancy era ocuparse de las compañías de seguro y tratar de evaluar sus pérdidas materiales. Muchas posesiones, por supuesto, eran artículos personales irremplazables como fotografías y cosas entregadas por los padres y los abuelos. Pero su mayor prioridad eran Jeff y Katie, juntamente con sus dos niños, Joel y Holly. La pérdida les resultó más difícil, dijo ella.

«Ellos no tienen la historia de la fidelidad de Dios que Ed y yo tenemos. Hemos tenido años para hacer depósitos en nuestra "cuenta de fe", pero ellos no. Hemos aprendido que si uno fracasa en el ahorro de la fe cuando no la necesita, no tendrá ninguna cuando la necesita. Esta ha sido nuestra oportunidad para usar lo que hemos estado aprendiendo».

Aunque el mundo podría percibir esto como una tragedia insensata que merece resentimiento, Nancy y Ed han visto a Dios revelárseles y refinarlos mediante este fuego mientras derrama una medida plena de gracia y paz.[2]

El sufrimiento viene de varias formas y grados, pero Su gracia siempre está allí para llevarnos más allá de él. He vivido lo suficiente y soportado bastantes pruebas para decir sin titubear que solo la perspectiva de Cristo puede reemplazar nuestro resentimiento con regocijo. Jesús es la pieza central del rompecabezas del sufrimiento. Si lo colocamos en su lugar, el resto del rompecabezas, sin importar cuán complejo y enigmático sea, comienza a tener sentido.

Solo la salvación de Cristo puede cambiarnos de espectadores a participantes en el drama desplegado de la redención. Las escenas exigirán mucho. Algunas serán trágicas. Pero solo

---

[2] Julie Ackerman Link, «Fully Involved in the Flame» [Envuelto por completo en la llama], *Seasons: A Journal for the Women of Calvary Church* [Estaciones: Diario para las mujeres de la iglesia Calvario], ©Calvary Church, Grand Rapids, MI, 1996. Usado con permiso.

entonces entenderemos el papel que juega el sufrimiento en nuestras vidas. Solo entonces podremos emplear la esperanza más allá del sufrimiento.

Una oración de esperanza más allá del sufrimiento

Señor: Meras palabras acerca de la esperanza, el ánimo y el propósito realmente pueden desinflarse si las cosas no andan bien en nuestras vidas. Si somos consumidos por la ira y el resentimiento, de una manera u otra esas palabras parecen insignificantes. Pero cuando nuestros corazones están bien, escuchamos con oídos nuevos. Entonces, en lugar de resistir esas palabras, las apreciamos, y te amamos por ellas.

Danos la gracia para igualar nuestras pruebas. Danos un sentimiento de esperanza y propósito que supere nuestro dolor. Y danos una certeza fresca de que no estamos solos, que tu plan no ha sido abortado aunque nuestro sufrimiento se intensifique.

Ayúdanos a los que estamos ahora de pie para tener compasión por los que no lo están. Danos una palabra de ánimo para otros que viven en un mundo de dolor.

No nos dejes olvidar que cada corrientazo en este rudo viaje de la tierra hacia el cielo es un recordatorio de que estamos en el camino correcto.

Te pido esto en el compasivo nombre del Varón de dolores experimentado en quebrantos.

AMÉN

3

❖

Esperanza más allá de la tentación

Cómo mantenernos
límpios en una
sociedad corrupta

¿NO SERÍA MARAVILLOSO si Dios nos salvara y entonces, en cosa de segundos, nos llevara a la gloria? ¿Verdad que eso sería un gran alivio? Jamás tendríamos tentaciones. Jamás tendríamos que luchar con la carne. Jamás tendríamos siquiera la posibilidad de arruinar nuestras vidas. ¡Podríamos ser arrebatados a la gloria, salvados, santificados, galvanizados, glorificados! El problema es que, tengo la traviesa sospecha de que muchos, sino la mayoría, esperarían quince minutos antes del tiempo de partida para entregarle su vida a Cristo y entonces salir en el avión hacia la gloria.

Ya que eso no es una opción y como es claro que Dios prefiere que probemos ser irreprensibles, inocentes e inmaculados, obviamente se nos tiene que ocurrir un camino alterno. Algunos han sugerido la santificación mediante el aislamiento, creyendo que la única manera de que el mal y la corrupción no se nos pegue es retirarse del mundo. Después de todo, ¿cómo puede uno caminar a través de una mina de carbón sin ensuciarse? La lógica parece irrefutable.

Pero Dios, en su infinita sabiduría, nos dejó deliberadamente en esta tierra. Ha elegido soberanamente darle a algunos de nosotros más años *en* Cristo que *fuera* de Cristo, muchos más años para vivir para Él «en medio de una generación maligna y perversa, en medio de la cual resplandecéis como luminares en el mundo» (Flp 2.15). O, como uno de mis mentores, el difunto Ray Stedman, lo dijera de manera sucinta: «Maligna y perversa simplemente significa que hemos sido dejados en un mundo de pervertidos y malignos». Ese es el tipo de mundo en el que Dios nos dejó a propósito.

Sin embargo, no piense ni por un minuto que el Señor erró al dejarnos aquí. Somos sus luces en un mundo oscuro. Es más, solo minutos antes del arresto de Jesús y su muerte definitiva en la cruz, oró esto por sus discípulos y nosotros:

> Yo les he dado tu palabra; y el mundo los aborreció, porque no son del mundo, como tampoco yo soy del mundo. No ruego que los quites del mundo, sino que los guardes del mal (Jn 17.14-15).

Piense en eso. «No te estoy pidiendo que los saques de entre una generación maligna y perversa», dijo Jesús. «Pero sí te pido que los guardes y los protejas». Jesús no le pide al Padre que aísle a sus discípulos del mundo sino que los aparte «del mal».

Nos ha dejado en el mundo a propósito y para su propósito. En un mundo en el que la mayoría anda por el camino equivocado, se nos deja como luces, semáforos, luces indicadoras, luces iluminadoras, como ejemplos vivos, como testimonios fuertes del camino correcto. Somos salmones espirituales nadando en contra de la corriente.

La mentalidad seductora del cosmos

Pocas cosas son tan imponentes como las fotografías de la tierra que los astronautas han tomado desde el espacio. Nuestro enorme planeta azul, blanco y marmoleado sobresale de manera tan hermosa en contraste con la profunda oscuridad del espacio. Sin embargo, ese no es el «mundo» en el que Jesús piensa aquí. No está hablando acerca del planeta visible llamado Tierra; habla acerca de una filosofía que involucra a los terrícolas. No es un lugar sino un sistema, un sistema que halla su origen en el enemigo mismo. Es una figura retórica que enmarca la mentalidad y la moralidad de los irredentos. Es lo que Juan llama el *cosmos*.

> No améis al mundo, ni las cosas que están en el mundo. Si alguno ama al mundo, el amor del Padre no está en él. Porque todo lo que hay en el mundo, los deseos de la carne, los deseos de los ojos, y la vanagloria de la vida, no proviene del Padre, sino del mundo. Y el mundo pasa, y sus deseos; pero el que hace la voluntad de Dios permanece para siempre (1 Jn 2.15-17).

El mundo físico sobre el cual tenemos plantados nuestros pies es visible. Puede medirse. Puede sentirse. Tiene color, olor y textura. Es tangible... obvio. Lo que no es tan obvio es el sistema que permea y opera dentro de las vidas en esta tierra. Es un sistema mundial manipulado por la amplia mano de Satanás y sus demonios, que manipulan las cuerdas para alcanzar los malvados objetivos del adversario. Si en algún momento hemos de soltarnos de esas cuerdas, debemos poder detectarlas y entender hacia dónde llevan.

Así que, ¿qué es este sistema? ¿Cuál es su filosofía? ¿Cuál es el punto de referencia del *cosmos*, su manera de pensar, sus impulsos, sus metas?

Lo primero que tenemos que saber es que es un sistema que opera aparte de Dios y en contra de Dios. Está diseñado para llamarnos la atención, para atraernos, para seducirnos con su vestido atractivo de la fama, la fortuna, el poder y el placer. Los caminos de Dios a veces son incómodos, pero el sistema del mundo está hecho para que estemos cómodos, para darnos placer, para adquirir nuestro favor, y en última instancia para ganar nuestro apoyo. La filosofía del sistema del mundo está totalmente en contra de la filosofía de Dios.

El gramático griego Kenneth Wuest escribió:

> *Kosmos* se refiere a un sistema ordenado[...] del cual Satanás es la cabeza, sus ángeles caídos y los demonios son sus emisarios, y los irredentos de la raza humana son sus sujetos[...] Gran parte de este sistema mundial es religioso, de mucha cultura, refinado e intelectual. Pero es contrario a Dios y a Cristo. [...]Este mundo de humanidad irredenta está inspirado por «el espíritu de la era»[...]

que Trench define como sigue: «Toda esa masa flotante de pensamientos, opiniones, dichos, especulaciones, esperanzas, impulsos, objetivos, aspiraciones, de moda en cualquier momento en el mundo, que podría ser imposible de entender o definir de manera precisa, pero que constituye un poder real y efectivo, es la atmósfera moral o inmoral que inhalamos en todo momento de nuestra vida, para inevitablemente exhalarla».[1]

¿Quiere saber qué estamos inhalando? Vea los comerciales de televisión y observe lo que anuncian y cómo prácticamente cada palabra, imagen, y sonido está diseñado para atraerlo, para que se sienta insatisfecho con lo que tiene, con su apariencia, y consigo mismo. La gran meta es que desee todo lo que se está vendiendo.

Pero no está simplemente en la televisión. En el sistema mundial, la filosofía del cosmos, está en todo. Sucede todo el tiempo, aun cuando no pueda verlo, y especialmente cuando no piensa en él. Silba su atractivo: «Vamos. Vamos. Te encantará. Es tan divertido. Hará que te veas muy bien. Te hará sentir muy bien». Nos motiva apelando a nuestro orgullo y a lo que nos agrada, seduciéndonos, mientras tanto, astutamente, para que nos apartemos de Dios.

Y sobre todo este dominio, no lo olvide, Satanás es el príncipe.

Un reto para ser diferente

La atracción del mundo es tan fuerte y sutil como la gravedad. Tan invisible, pero tan irresistible. Está continuamente ahí. Nunca ausente ni pasiva.

A menos que nos percatemos de cuán fuerte y cuán sutil realmente es la filosofía del mundo, no entenderemos la pasión tras las palabras de Pedro.

---

[1] Kenneth S. Wuest, *In These Last Days* [En estos últimos días], en *Wuest's Word Studies from the Greek New Testament* [Estudios lexicográficos de Wuest del Nuevo Testamento griego], Eerdmans, Grand Rapids, Michigan, 1966, 4:125-126.

La vida en santidad

> Por tanto, ceñid los lomos de vuestro entendimiento, sed sobrios, y esperad por completo en la gracia que se os traerá cuando Jesucristo sea manifestado; como hijos obedientes, no os conforméis a los deseos que antes teníais estando en vuestra ignorancia; sino, como aquel que os llamó es santo, sed también vosotros santos en toda vuestra manera de vivir; porque escrito está: Sed santos, porque yo soy santo (1 P 1.13-16).

Al leer estas declaraciones, no podemos dejar de agarrar algo del espíritu asertivo de Pedro. Parece decir que este no es el momento de relajarse; este no es día para estar pasivos. Es más, creo que Pedro realmente presiona con su pluma en este punto. Observe la energía de sus frases: «ceñid los lomos de vuestro entendimiento»... «sed sobrios»... «esperad por completo en la gracia». Las pronuncia en staccato. Hoy podríamos decir, «¡Enderezaos!» ... «¡Tómenlo en serio!» Y entonces el mandamiento divino que sirve de remache, que en esencia dice: «Sed santos, porque yo soy santo».

Es fácil permitir que el mundo nos intoxique y perturbe nuestras mentes. Pero si hemos de sacudirnos de ese hechizo desvanecedor, debemos resistir el poder que ejerce sobre nosotros.

Creo que Pedro está diciendo: «Tienen que percatarse de que aunque estén viviendo en el cosmos, su mente, sus ojos, *su enfoque* debe ser más allá del presente». Kenneth Wuest sugiere esto: «Establezca su esperanza de manera perfecta, inmutable, sin duda y sin abatimiento».

Eso nos lleva de vuelta a lo que pensábamos en el capítulo anterior. No importa cuán malas estén las cosas, fije su mente más allá de lo que sucede a su alrededor y lo que le está sucediendo a usted. De otra manera se va a corroer en la mentalidad del cosmos.

Me encanta la manera en que comienza el versículo 14, «como hijos obedientes...» Eso realmente nos afirma, ¿verdad? En lugar de menospreciar a sus compañeros creyentes, suponiendo que son desobedientes, aquí Pedro supone precisamente lo opuesto. «Son hijos obedientes».

A través de los años, mi esposa Cynthia y yo encontramos que si nos referíamos a nuestros hijos como buenos muchachos, chicos obedientes, niños de los cuales nos sentíamos orgullosos, esa actitud les inculcaba un sentimiento de que mamá y papá les tenían confianza y seguridad. Y esa es la actitud que Pedro emplea cuando les dice a los creyentes esparcidos a través del mundo antiguo: «como hijos obedientes, no os conforméis». Esto también me recuerda las palabras de Pablo a los creyentes en Romanos 12.2: «No os conforméis a este siglo, sino transformaos».

Cuán fácil es dejar que el mundo, el cosmos, se lo trague en su sistema. Si lo hace, si se conforma, entonces está adoptando la manera de vivir que tenía cuando estaba en la ignorancia, cuando no sabía que había otra manera de vivir. Eso era cuando el cosmos era su zona de comodidad.

¿Acaso ha estado en Cristo tanto tiempo que se le ha olvidado lo que era estar sin Él? Recuerde, Él nos ha llamado a seguir sus pisadas, a ser *santos* «como aquel que os llamó es santo, sed también vosotros santos en toda vuestra manera de vivir; porque escrito está: SED SANTOS, PORQUE YO SOY SANTO». Tenemos un Padre que es santo, y como hijos suyos, hemos de ser como Él.

¿Pero qué significa ser *santo*? Esa siempre es una pregunta difícil de responder. Despojada hasta su punto más elemental, la palabra *santo* significa «apartado» de alguna manera especial o exclusiva. Quizás ayude si pensamos en ella en otro contexto. Por ejemplo, en el matrimonio santo un hombre y una mujer son apartados, dejando a los demás mientras se unen exclusivamente el uno con el otro.

Cuando era mozo y era un esposo joven sirviendo en los infantes de marina, estaba a casi trece mil kilómetros de mi esposa. Sabía que Cynthia existía. Podía leer sus cartas y ocasionalmente escuchaba su voz por el teléfono, pero no podía verla ni tocarla. Solo tenía el recuerdo de habernos parado juntos tres años antes en la presencia de Dios y un ministro que nos había declarado esposa y esposo, apartándonos exclusivamente el uno para el otro por el resto de nuestras vidas. Nos casamos en junio de 1955, pero no importa cuánto tiempo pasó, nos paramos juntos y nos comprometimos a una unión *santa* de nuestras vidas. Tener intimidad con otra mujer rompería esa relación santa, esa singularidad exclusiva. Recordar eso me ayudó a mantenerme fiel a mi esposa mientras estuvimos separados durante todos esos meses... ¡y todavía me ayuda cuarenta y un años después!

A las ordenanzas eclesiásticas o los sacramentos, como el bautismo y la Santa Cena, muchas veces se les llama *santas*. En la Santa Cena, por ejemplo, el pan y el vino se separan del uso común y se apartan solo para Dios. El mismo significado yace tras la palabra *santificar* en 1 Pedro 3.15: «Sino santificad a Dios el Señor en vuestros corazones». Eso me encanta. Hemos de «apartar a Dios» como Señor en nuestros corazones.

¡Qué manera más exitosa de ocuparse del cosmos! Comenzar la mañana diciendo: «Señor, aparto mi mente para ti hoy. Aparto mi pasión. Aparto mis ojos. Aparto mis oídos. Aparto mis motivaciones. Aparto mi disciplina. Hoy aparto cada miembro de mi cuerpo y cada área de mi vida para ti como Señor de mi vida». Cuando comenzamos el día así, son muy buenas las probabilidades de que los guiños de la tentación no sean tan atractivos.

Caminar en temor

> Y si invocáis por Padre a aquel que sin acepción de personas juzga según la obra de cada uno, conducíos en temor todo el tiempo de vuestra peregrinación (1 P 1.17).

Otro secreto para vivir una vida consagrada en medio de un mundo impío involucra la manera en la que nos conducimos hora tras hora durante el día. Pedro dice que hemos de hacerlo «en *temor*». Hoy en día no oímos mucho en cuanto al *temor* de Dios, y cuando lo hacemos, algunos podrían imaginarse un predicador emocionado que golpea un púlpito con fuerza. Necesitamos una perspectiva mejor. Quizás la palabra *reverencia* nos ofrece una visión más clara de lo que Pedro quiere decir aquí. Es más, la versión inglesa *New International* [Nueva Versión Internacional], traduce esta frase: «vivan aquí sus vidas como extranjeros en temor reverente». El asunto es que, si vamos a dirigirnos a Dios como Padre, entonces debemos conducirnos en la tierra de manera tal que refleje nuestra reverencia por Él como Padre nuestro.

Además, si ha de dirigirse a Él como Padre nuestro, si ha de tener una relación íntima con Él en comunión y en oración, entonces compórtese como alguien que sabe que un día tendrá que rendirle cuentas por su vida. ¿Por qué? Bueno, en caso de que no lo sepa: «De manera que cada uno de nosotros dará a Dios cuenta de sí» (Ro 14.12).

Cuando muramos, seremos llevados ante el trono del juicio de Cristo en donde rendiremos cuentas independientemente por nuestras vidas ante Dios. Él nos verá mientras se repasan nuestras vidas, y nos recompensará en modo proporcional. No es un juicio para ver si entramos al cielo. Ya eso está resuelto. Como vimos en el capítulo anterior, no podemos perder nuestra salvación. Sin embargo, podemos perder nuestra recompensa. En el trono del juicio, Cristo juzgará nuestras obras y determinará si fueron realizadas en el poder del Espíritu o en la energía de la carne. Todos rendiremos cuenta de las obras que hemos realizado en esta vida, y Dios hará manifiesta la obra de cada uno (1 Co 3.13). ¡El solo pensar en eso producirá una enorme y saludable dosis de temor de Dios en nosotros!

No sabemos cómo Dios va a hacerlo, pero me ayuda pensar en términos de una imagen cotidiana que podamos entender. Así que me imagino en el futuro parado a solas ante mi Padre celestial. Y viene un enorme camión de basura celestial lleno de cosas. El camión entra en retroceso, levanta el contenedor, y derrama toda la carga delante de mí. El Señor y yo hablamos acerca de la madera, la paja y la hojarasca amontonada allí, y entonces Él comienza a escarbarla. «Oh, ahí hay un pedazo de oro», dice. «Umm, aquí hay un poco de plata». Con eso comienza a apartar todas las cosas preciosas y permanentes. Entonces, *¡juuhh!* Se van la madera, la paja y la hojarasca, consumidas instantáneamente por el fuego. Solo el oro, la plata y las piedras preciosas que se quedan son recompensadas.

En las olimpíadas veraniegas de 1988 en Seúl, Corea del Sur, Ben Johnson de Canadá ganó la carrera de los cien metros, estableciendo una nueva marca olímpica y una nueva marca mundial. Nuestro contendiente estadounidense, Carl Lewis, llegó segundo, y la mayoría se sorprendió de que no hubiera ganado el oro. Luego de la carrera, los jueces averiguaron que Johnson tenía una sustancia ilegal en su cuerpo. Corrió ilegalmente, así que los jueces le quitaron su medalla. Aunque corrió más rápido y dejó una impresión inolvidable, no se merecía la recompensa.

Aunque el mundo y hasta nuestros compañeros cristianos puedan impresionarse con nuestras obras y aplaudirlas, ¡no nos olvidemos de que Dios es el juez final! Él escudriña nuestros corazones; solo Él conoce nuestra motivación. Y Él será quien diga: «Esto merece una recompensa. Ah, pero esto no».

Por eso es que nos conducimos en temor. Por eso es que andamos en reverencia. Porque sabemos que Él anda buscando sustancias ilegales. Él sabe si muy adentro hemos sido inhalados por el cosmos, si nos hemos asimilado al sistema. Él sabe si nuestras acciones y obras nobles se realizan por orgullo y deseos de grandeza o si han sido hechas en el poder del Espíritu. Él sabe si nuestros pensamientos internos e invisibles y nuestras motivaciones igualan nuestras palabras y obras externas. Le agrada cuando nuestras vidas lo honran, por dentro y por fuera. Se apena cuando no lo hacen. Y lo que queremos es *su* sonrisa. Es *su* recompensa, no la recompensa de este mundo, ni el aplauso de los que nos rodean, no la luz superficial de la fama, la fortuna o el poder.

Esta vida cristiana es una lucha dura. A inicios de siglo, Donald Grey Barnhouse, un ministro bien conocido y predicador radial, escribió todo un libro acerca de este tema, *The Invisible War* [La guerra invisible]. Este conflicto no es una guerra en la que se lucha con ametralladoras, tanques, bombas dirigidas o misiles antiaéreos. Las minas, emboscadas y trampas que ha puesto nuestro enemigo son mucho más sutiles, y hasta más mortales, porque apuntan al alma. Y están en todas partes.

Pero como el orgullo y los placeres del cosmos son tan atractivos, ¿en qué manera debiluchos como nosotros pueden correr la carrera sin ser descalificados y que se nos confisque nuestra recompensa? ¿Cómo podemos ganar la batalla sobre un enemigo que no podemos ver? La solución a ese problema descansa en nuestras mentes.

El enfoque de su mente

Sabiendo que fuisteis rescatados de vuestra vana manera de vivir, la cual recibisteis de vuestros padres, no con cosas corruptibles, como oro o plata, sino con la sangre preciosa de Cristo, como de un cordero sin mancha y sin contaminación, y destinado desde antes de la fundación del mundo, pero manifestado en los postreros tiempos por amor de vosotros (1 P 1.18-20).

Estoy convencido de que la batalla con este mundo es una lucha dentro de la mente. Nuestra mente es el blanco principal del ataque del enemigo. Cuando el mundo estira su arco, nuestras mentes son el blanco. Cualquier flecha que dejemos que se entierre en nuestras mentes, en última instancia, envenenará nuestros pensamientos. Y si toleramos esto por mucho tiempo, terminaremos realizando aquello en lo cual pensamos. Así que la tercera técnica para contrarrestar ese veneno, para ocuparse de la seducción del cosmos, el mundo que nos rodea, es enfocar nuestras mentes en Cristo. Podemos hacer esto recordando lo que nuestro Salvador ha hecho por nosotros. O, parafraseando a 1 Pedro, «recuerda lo que le costó tu herencia a tu Salvador».

Lo primero que Cristo hizo por nosotros fue librarnos de la esclavitud, servidumbre a «una vana manera de vivir». Sepámoslo o no, estuvimos atrapados en una manera de vivir que solo ofrecía placeres vacuos y deseos cual callejón sin salida. Estábamos en servidumbre a nuestros impulsos criados por nuestra naturaleza pecaminosa. En tal condición, no teníamos esperanza alguna de ayudarnos a nosotros mismos. La única manera para librarnos de esa esclavitud era que alguien nos redimiera. Ese rescate lo pagó Cristo, no con oro ni plata, sino con su sangre preciosa. Al hacer esto, rompió las cadenas que nos ataban a este mundo. Abrió la puerta y dijo: «Ahora eres libre para vivir para mí y para servirme». Esa sencilla proclamación de libertad hizo posible una vida de esperanza más allá de la tentación.

Lo segundo que hizo Cristo por nosotros fue acercarse y darse a conocer; «[...]manifestado en los postreros tiempos por amor de vosotros y mediante el cual creéis en Dios[...] para que vuestra fe y esperanza sean en Dios» (vv. 20-21). Eso hace que todo esto sea personal, ¿verdad? Él se percató de la enormidad de nuestro vacío de origen terrenal. Conocía nuestra incapacidad para librarnos. Y voluntariamente se salió de su posición privilegiada en el cielo para pagar el rescate... ¡por nosotros! Se entregó, no solo para que pudiéramos ser libres, sino para que estuviéramos seguros, sin que nuestra fe y esperanza descansen precariamente sobre nuestros hombros sino seguros en los suyos.

¿Cómo es la vida sin Cristo? Lea 1 Pedro 4.3-4.

Baste ya el tiempo pasado para haber hecho lo que agrada a los gentiles, andando en lascivias, concupiscencias, embriagueces, orgías, disipación y abominables idolatrías. A éstos les parece cosa extraña que vosotros no corráis con ellos en el mismo desenfreno de disolución, y os ultrajan.

Esa es una descripción vívida de la inefectiva manera de vivir de los perdidos. Eso es lo que vemos a nuestro alrededor todos los días, una manera de vivir que promete satisfacción, felicidad, placer y contentamiento, pero cuyo resultado es justamente lo opuesto. Esta manera de vivir solo lleva a otra cruda lid con la culpabilidad, si es que nuestra conciencia aún permite sentirla. Es una «hora feliz» (extraño nombre) tras otra. Un arrebato tras otro. Un tanda de coca tras otra. Una droga tras otra. Un amorío tras otro. Un aborto tras otro. Un compañero tras otro. Es una vida que vive de cortos éxtasis, que no son otra cosa que recesos pasajeros en las depresiones. Es una vida vacía. Hueca. Miserable. Es exactamente como Pedro lo describe: una «vana manera de vivir».

Y hemos sido redimidos de eso, no con oro ni con plata, sino «con la sangre preciosa de Cristo, como de un cordero sin mancha y sin contaminación».

Técnicas para recordar

Cuando estamos en el cómodo cónclave del compañerismo cristiano, es relativamente fácil ser santo, conducir nuestras vidas en el temor de Dios, y enfocar nuestras mentes en el Salvador (al menos exteriormente). Pero cuando estamos afuera en el mundo, cuando estamos en minoría, es diferente, ¿cierto?

Si desea mantenerse limpio, aunque camine solo en la mina de carbón oscura y estrecha de la cultura corrupta y secular, debe recordar unas cuantas cosas prácticas. Recuerdo cuatro de ellas.

Primero, préstele mucha atención a lo que ve. Esto nos lleva de vuelta al versículo 13, donde se nos dice que preparemos nuestras mentes para la acción, que nos mantengamos sobrios en espíritu, y fijemos nuestra esperanza completamente en la gracia que se revela en Jesucristo.

Nuestros ojos parecen ser la conexión más cercana a nuestras mentes. A través de nuestros ojos traemos información e imágenes visuales. A través de nuestros ojos alimentamos nuestra imaginación. A través de nuestros ojos nos enfocamos en cosas que son atractivas y seductoras y, no se engañe a sí mismo, extremadamente placenteras por un tiempo... *lo dije bien, por un tiempo.* Recuerde, la Biblia dice que Moisés, por fe, abandonó los placeres pasajeros del pecado para andar con el pueblo de Dios (Heb 11.24-26). El cosmos ofrece placeres, eso es indudable, pero son pasajeros...

Si, pues, habéis resucitado con Cristo, buscad las cosas de arriba, donde está Cristo sentado a la diestra de Dios. Poned la mira en las cosas de arriba, no en las de la tierra (Col 3.1-2).

Segundo, piense más en las consecuencias del pecado que en sus placeres. Una de las características del cosmos es que nadie jamás menciona la horrenda parte interna de los pecados placenteros. Si está pensando tener una aventura, si está siendo atrapado en esa lasciva trampa, le sugiero encarecidamente que se imagine las consecuencias. Hágalo lentamente... medite en los detalles. Piense en los efectos de ese acto en su vida y las vidas de otros a quienes su vida afecta.

En un artículo de la revista *Leadership* [Liderazgo] titulado «Consecuencias de un resbalón moral», Randy Alcorn dice que siempre que se siente «particularmente vulnerable a una tentación sexual», le resulta útil repasar los efectos que podría tener esa acción. Algunas de las cosas que menciona son:

- Apenar al Señor que me redimió...

- Tener que ver un día a Jesús... a la cara y darle cuenta de mis acciones.

- Causarle dolor indecible a... su mejor amiga y leal esposa... perder su respeto y su confianza.

- Herir a mis queridas hijas...

- Destruir mi ejemplo y credibilidad con mis niños, y anular los esfuerzos actuales y futuros para enseñarles a obedecer a Dios...

- Causarle vergüenza a mi familia...

- Crear una forma de culpabilidad muy difícil de sacudir. Aunque Dios me perdonaría, ¿me perdonaría a mí mismo?

- Crear recuerdos y memorias que podrían plagar mi intimidad futura con mi esposa.

- Perder años de entrenamiento ministerial y experiencia por mucho tiempo, quizás permanentemente...

- Minar el ejemplo fiel y la ardua labor de otros cristianos en nuestra comunidad.

- Darle gran placer a Satanás, el enemigo de Dios y de todo lo que es bueno...

- Cargar, posiblemente, las consecuencias físicas de enfermedades tales como la gonorrea, sífilis, herpes y SIDA; infectando, quizás [a mi esposa] o, en el caso del SIDA, hasta causarle la muerte.

- Causar un embarazo, con las implicaciones personales y financieras, incluyendo un recuerdo para toda la vida de mi pecado...

- Ocasionarle vergüenza y dolor a mis amistades, especialmente los que he llevado a Cristo y al discipulado.[2]

¡Y eso es solo una lista parcial de las consecuencias! Ni siquiera comienza a considerar los efectos de la otra persona en la aventura y la cantidad de personas afectadas por su pecado.

Vea al otro lado del tropiezo moral de manera realista. Para verlo desde otro punto de vista, oblíguese a pensar más en las dolorosas consecuencias de los placeres pasajeros del pecado.

Tercero, comience cada día renovando su sentido de reverencia por Dios. Comience cada día hablándole al Señor, charle con Él temprano en la mañana aunque tenga que ser breve.

«Señor, estoy aquí. Soy tuyo. Deseo saber que soy tuyo. Además deseo afirmar que te tengo reverencia. Te entrego mi día. Enfrentaré fuerzas poderosamente sutiles que me seducirán. Ya que soy frágil y delicado, realmente necesito tu ayuda».

Si conoce algunos de los retos que ha de enfrentar ese día, revise las áreas de necesidad. Si sabe que se le acerca una gran prueba, háblele al Señor de ella. Haga un trueque con Él. Entréguele su fragilidad y reciba de vuelta la fortaleza de Él. Reveréncielo como la fuente de su poder.

Cuarto, enfóquese periódicamente durante el día en Cristo. En su libro *Spiritual Stamina* [Resistencia espiritual], Stuart Briscoe cita un buen ejemplo de esto:

Es divertido ver hombres jóvenes enamorados. Puede ser más divertido cuando el romance es a larga distancia.

Usted puede predecir lo que sucederá. Habrán horas de conversaciones telefónicas excitantes en la noche. El servicio postal se atiborrará con notas de amor cruzándose entre sí en el correo. Las almohadas se humedecerán con lágrimas.

Pero el síntoma más indicativo es la mirada lejana y lustrosa en los ojos de Romeo. Estoy seguro que usted la ha visto. Le hace una pregunta al hombre y él ofrece una mirada vacía. No está en casa.

---

[2] Randy Alcorn, «Consecuencias de un tropezón moral», revista *Leadership* [Liderazgo], invierno 1988, p. 46.

Él está en otro lado. Está en otra tierra. No está con su amada.

Podría decir que su corazón está fijo en cosas lejanas, en donde Julieta está sentada al lado del teléfono.[3]

Eso es estar concentrado por completo en otra persona. Le reto a que haga esto con su Señor. Aparte deliberadamente unos minutos cada día cuando sus ojos brillen, cuando no se dé cuenta de dónde está, cuando un timbrazo del teléfono no significa nada porque está concentrado completamente en Cristo. Imagínelo caminando con sus discípulos, tocando a los que estaban enfermos, orando por ellos en Juan 17, yendo a la cruz, sentado con sus discípulos a la orilla del mar y comiendo pescado asado en el desayuno. Entonces imagínelo pensando en usted, orando por usted, parado con usted, viviendo con usted.

Estas cuatro técnicas le ayudarán a permanecer limpio en una sociedad corrupta, estar en el mundo pero no formar parte de él.

Una oración de esperanza más allá de la tentación

Gracias, Padre, por tu verdad que ha sido preservada a través de los siglos. Gracias por el cuidadoso interés de un hombre como Pedro que conocía ambos lados de la vida en el planeta Tierra: cómo era vivir en este viejo mundo y cómo era andar con el Salvador, tu Hijo.

Señor, ya que no nos llevas inmediatamente a la gloria después de salvarnos, escucha nuestra oración este día mientras te pedimos que nos llames la atención a esas cosas que nos ayudarán a mantenernos limpios en un

[3] Stuart Briscoe, *Spiritual Stamina* [Resistencia espiritual], Multnomah Press, Portland, Oregon, 1988, p. 133.

mundo corrupto. Danos un intenso rechazo por las cosas que te desagradan y un placer renovado en las que te honran y magnifican tu verdad. A medida que haces esto, tendremos lo que tanto necesitamos, esperanza más allá de la tentación.

Pido esto por el honor de quien consistente y victoriosamente soportó el estallido de las tentaciones del diablo sin descanso, Jesús nuestro Señor.

AMÉN

4

Esperanza más allá de la división

Razones

para

unirse

ANTES DE QUE ANDREW JACKSON se convirtiera en el séptimo presidente de los EE.UU., sirvió como general mayor en la milicia de Tennessee. Durante la guerra de 1812 sus tropas alcanzaron el peor nivel de moral de todos los tiempos. Por eso comenzaron a discutir, debatir, y pelear entre ellos. Se reporta que «Old Hickory» [sobrenombre de Andrew Jackson] los convocó en una ocasión cuando las tensiones estaban en su peor momento y dijo: «¡Caballeros! Recordemos, el enemigo está *allá*!»

Su solemne recordatorio sería una palabra apropiada para la iglesia de hoy en día. En verdad, me pregunto si Cristo algunas veces nos mira y dice con un suspiro: «Cristianos, ¡el enemigo está allá! ¡Dejen de pelear entre sí! Ayúdense. Apóyense. Crean el uno en el otro. Cuídense mutuamente. Oren los unos por los otros. Ámense los unos a los otros».

Uno de los comentarios más profundos que se hicieran en cuanto a la iglesia primitiva vino de los labios de un hombre llamado Arístides, enviado por el emperador Adriano para espiar a esas extrañas criaturas conocidas como «cristianos». Una vez que los vio en acción, Arístides regresó con un reporte variado. Pero sus palabras inmortales al emperador han hecho eco a través de la historia: «¡Mirad! Cuánto se aman los unos a los otros».

¿Cuán frecuentemente escuchamos esas palabras de los que no conocen a Cristo pero que han observado a los que sí lo conocemos? Me inclino a pensar que es mucho más probable que digan: «¡Mirad! ¡Cómo se hieren los unos a los otros!»... «¡Mirad! ¡Cómo se juzgan los unos a los otros!»... «¡Mirad! ¡Cómo se critican los unos a los otros!»... «¡Mirad! ¡Cómo pelean los unos con los otros!»

Esta es la generación que le ha dado nuevo significado a la vergonzosa práctica de violentar al hermano o a la hermana. Uno podría creer que somos enemigos en vez de miembros de la misma familia. Algo está mal en este cuadro.

La marca del cristiano debe ser un espíritu de unidad y genuino amor por los demás, pero es raro que la iglesia de hoy en día demuestre esas cualidades. El mundo nos ve como egoístas y contenciosos en vez de amorosos y unidos. ¿Cuestiona usted eso? Simplemente entre a una librería cristiana y vea los estantes. ¿Qué impresión obtiene? Los libros, ¿reflejan amor y unidad dentro del cuerpo de Cristo? ¿O reflejan polarización, crítica, y juicio entre uno y otro? Mejor aún, siéntese y observe lo que sucede en su iglesia. ¿Está abrumado con el amor y la unidad que emite su cuerpo local de creyentes? ¿O está apenado y desengañado por los juegos de poder político y los desacuerdos insignificativos que bloquean nuestra capacidad para llevarnos bien el uno con el otro?

Unidad: una virtud casi olvidada

Para enfatizar esta importante cualidad, consideremos las palabras de Jesús en Juan 13, donde lo encontramos con sus doce discípulos por última vez. Se habían reunido para una comida en un cuarto de un segundo piso en la ciudad de Jerusalén. Jesús se percata de que los hombres llegaron al cuarto con los pies sucios, algo que no sorprende en esa tierra rocosa y polvorienta. Lo decepcionante realmente debió ser que ninguno de los Doce había lavado voluntariamente los pies de los otros. Así que durante la cena, Jesús se levantó de la mesa y vertió agua en un lebrillo y procedió alrededor de la mesa a lavarles los pies a los discípulos.

¡Qué escena! Hasta hoy, sacudo mi˝ cabeza cuando me imagino al Salvador lavándoles los pies sucios a sus discípulos.

> Así que, después que les hubo lavado los pies, tomó su manto, volvió a la mesa, y les dijo: ¿Sabéis lo que os he hecho? (Jn 13.12)

Entienda, al preguntar no andaba buscando la respuesta obvia: «Maestro, nos has lavado los pies». Buscaba la respuesta que luego tendría que explicarles:

> Vosotros me llamáis Maestro, y Señor; y decís bien, porque lo soy. Pues si yo, el Señor y el Maestro, he lavado vuestros pies, vosotros también debéis lavaros los pies los unos a los otros. Porque ejemplo os he dado, para que como yo os he hecho, vosotros también hagáis (Jn 13.13-15).

Creo que la mayoría de los discípulos de Jesús le habrían correspondido alegremente el favor lavándole *sus* pies. Pedro por vergüenza. Juan por devoción. Eso hubiera sido fácil de hacer. Después de todo, ellos lo amaban. ¿Por qué no aprovechar la oportunidad de lavarle los pies, aunque solo fuera para causar una buena impresión? Pero eso no es lo que Jesús les dijo que hicieran. Les dijo: «*Debéis lavaros los pies los unos a los otros*».

Entonces, un poco después, en sus últimas horas juntos, cambió el tema del lavado de pies a mostrar amor.

> Un mandamiento nuevo os doy: Que os améis unos a otros; como yo os he amado, que también os améis unos a otros. En esto conocerán todos que sois mis discípulos, si tuviereis amor los unos con los otros (Jn 13.34-35).

Es fácil amar a Cristo por todo lo que es, por todo lo que ha hecho. Sin embargo, no es tan fácil amar a otros cristianos. Empero ese es el mandamiento que se nos ha dado. Esa marca obligatoria del cristiano será un testimonio poderoso para los incrédulos. Eso no tiene que ver con hablarles a los perdidos acerca de su condición espiritual. Tiene mucho que ver con la manera en la que nos tratamos. Si desea impactar al mundo que le rodea, esta escabrosa sociedad que cada año se mueve más rápidamente en la dirección equivocada, Él dijo: «Amaos los unos a los otros». Así es como sabrán que ustedes son diferentes. Su amor hablará con exquisita elocuencia a un mundo perdido.

Entonces, a medida que las lámparas de aceite titilaban la última hora antes de su arresto y juicio, Jesús oró al Padre a favor de sus discípulos.

> Mas no ruego solamente por éstos [los discípulos], sino también por los que han de creer en mí por la palabra de ellos [usted y yo], *para que todos sean uno*; como tú, oh Padre, en mí, y yo en ti, que también ellos sean uno en nosotros; para que el mundo crea que tú me enviaste. La gloria que me diste, yo les he dado, para que sean uno, así como nosotros somos uno. Yo en ellos, y tú en mí, para que sean perfectos en unidad, para que el mundo conozca que tú me enviaste, y que los has amado a ellos como también a mí me has amado (Jn 17.20-23, énfasis del autor).

¡Mire eso! Créalo o no, oraba por nosotros en esas horas finales. Oraba que usted y yo pudiéramos impactar al mundo debido a nuestra unidad con Él y entre nosotros.

Las notas al margen de la Biblia *New American Standard* [Nueva Versión Americana] ofrecen esta traducción literal: «Para que sean perfeccionados *en una unidad*». Una unidad es un equipo. Basta de violentar al hermano. Basta de violentar la hermana. No más horripilantes grupos chismosos. No más abatimientos sarcásticos y sentenciosos. Jesús oró que nos apoyáramos, nos animáramos, nos amáramos y nos perdonáramos el uno al otro hasta que seamos perfeccionados en una unidad.

Unidad. Eso es lo que Él desea para nosotros. No uniformidad, sino unidad; singularidad, no igualdad. No tenemos que parecernos. Ni siquiera tenemos que pensar de la misma manera. El cuerpo está compuesto de muchas partes diferentes. Ni siquiera ora por unanimidad. Podemos estar en desacuerdo. Cada voto no tiene que ser un cien por ciento. Pero tenemos que ser una unidad: nuestros ojos en la misma meta, nuestros corazones en el mismo lugar, nuestro compromiso al mismo nivel. Y debemos amarnos los unos a los otros.

Si estuviera perdido, algo que me apartaría de Cristo en estos días, sería la actitud que tienen los cristianos entre ellos. Eso lo lograría. Aunque hay mucha comunión maravillosa en la iglesia en donde el fuego de la amistad nos calienta y nos afirma, todavía hay demasiados lugares en donde no comprendo por qué las personas permanecen en el ministerio. Ocasionalmente, las condiciones en las que algunos hombres y mujeres laboran son increíbles.

Pablo les escribió a los Filipenses:

> Nada hagáis por rivalidad o por vanidad; antes bien, con humildad, estimando cada uno a los demás como superiores a él mismo. No busquéis vuestro propio provecho, sino el de los demás (Flp 2.3-4).

El egoísmo, la arrogancia, y el orgullo son las cosas que quebrantan nuestra comunión y corroen nuestra unidad. Todo lo que necesitamos conocer respecto a congeniar en una familia, y demás está decir llevarse bien en la iglesia, está justamente en estos versículos.

¿Quiere unirse como familia de Dios? Simplemente es asunto de obedecer Filipenses 2.3-4. Deje de buscar reconocimiento. Deje de buscar ventaja personal en todo. Piense en la otra persona en vez de pensar en sí mismo. No sea egoísta. Lo que digo se parece a algo que un maestro le diría a un salón lleno de niñitos de un jardín de infantes, ¿cierto? Empero, ¿cuántos problemas de los adultos se podrían solucionar si las verdades elementales entretejidas en estos dos versículos fueran la fuerza impulsora en nuestras relaciones mutuas? ¿Cuántos comités podrían resolver sus disputas? ¿Cuántas parejas podrían reconciliar sus diferencias matrimoniales?

Amor: un mandamiento que jamás debe olvidarse

Con las enseñanzas de Cristo y Pablo como antecedente, podemos entender y apreciar mejor los comentarios de Pedro acerca del amor y la unidad. Recuerde, Pedro escribía a personas heridas. Estaban esparcidos, muchos de ellos lejos del hogar (véase 1 P 1.1). Estaban «atribulados», viviendo en situaciones extremas (1.6). Eran «probados» por «varias tribulaciones» (1.6-7). Algunos de ellos huían para salvar sus vidas. Con el enloquecido Nerón en el trono de Roma, eran tiempos peligrosos para ser cristiano. Algunos, sin duda, fueron tentados a conformarse, comprometerse o rendirse por completo.

Cuando era niño y surgía un altercado en nuestro hogar, mi papá siempre acostumbraba decir: «Es posible que tengamos unas cuantas diferencias entre estas paredes, pero simplemente recuerden, somos familia. Si tu hermano o tu hermana te necesitan, ocúpate de ellos. Ámense. Ayúdalos». También es ¡Buen consejo para la iglesia!

Cuando las personas están heridas —y todos pasamos por eso—, es fácil que el amor disminuya algo. Pero eso es lo que ellos necesitan. Les hace falta unirse y apoyarse mutuamente. Necesitan una comunidad en donde puedan hallar aceptación y unidad. Necesitan comportarse como miembros de la familia de Dios.

Después de animar con palabras fuertes a los compañeros creyentes a vivir en santidad, Pedro les da una charla motivadora, explicando exactamente cómo han sido librados con el fin de apoyarse mutuamente. En efecto, dice: «Tienen todo lo necesario para posibilitarlo; no tienen que vivir en aislamiento». Lea este consejo cuidadosamente:

> Habiendo purificado vuestras almas por la obediencia a la verdad, mediante el Espíritu, para el amor fraternal no fingido, amaos unos a otros entrañablemente, de corazón puro; siendo renacidos, no de simiente corruptible, sino de incorruptible, por la palabra de Dios que vive y permanece para siempre (1 P 1.22-23).

A medida que leemos las palabras edificantes de Pedro, vemos que especifica tres cosas que promueven apoyo mutuo. Primero, obediencia a la verdad. Segundo, pureza de alma. Tercero, falta de hipocresía.

Ser obediente a la verdad significa que no tenemos que mirar a otros con los lentes distorsionados de nuestros prejuicios.

Podemos verlos como Dios los ve y amarlos como Dios los ama. Esto tiene un efecto purificador en nosotros. Nos limpia, no solo de una perspectiva limitada, sino del prejuicio, del resentimiento, de las heridas y los rencores. Esa pureza de alma nos ayuda a amarnos sin hipocresía y con un amor sincero. No nos ciega ante las faltas ajenas; nos da la gracia para pasarlas por alto.

El pegamento —el elemento vinculante—, que sostiene todo esto es el amor: «Amaos unos a otros entrañablemente». Pedro escribe con un compromiso fuerte, emotivo y apasionado, difícil de expresar en nuestro idioma.

En el Nuevo Testamento se usan principalmente dos palabras griegas para describir al amor, y aquí Pedro usa ambas. Una es *filos*, que casi siempre se refiere a un amor fraternal o al amor de un amigo. Esa es la palabra que usa para «el amor fraternal». La otra es *agape*, un tipo de amor mayor, más divino, que es la palabra que usa para «amaos unos a otros». Entonces Pedro intensifica ambas con calificativos apasionados: «no fingido», «entrañablemente», y «de corazón puro».

> Estos cristianos a quienes Pedro les escribía ya tenían afecto y ternura entre sí[...] Pero si estos cristianos mezclaran las dos clases de amor, saturaran la ternura y el afecto humanos con el amor divino con el que son exhortados a amarse el uno al otro, entonces ese afecto humano sería transformado y elevado a algo celestial. Por lo tanto, la comunión de santo con santo sería una comunión celestial, glorificaría al Señor Jesús, y los bendeciría con sus resultados. Hay mucha ternura y afecto *filo* entre los santos, y muy poco del amor divino *agape*.[1]

Quizás sea tiempo de detenerse y ver en su corazón. ¿Se aman entrañablemente con corazón puro? Cuando soy cortante o negativo, sentencioso o tosco hacia un hermano o una hermana, me veo con sinceridad, con la luz de la verdad de Dios resplandeciendo en mi actitud, e invariablemente hallo que mi corazón no está en lo correcto. El viejo himno espiritual lo dice bien:

---

[1] Kenneth S. Wuest, *First Peter: In the Greek New Testament* [Primera de Pedro: En el Nuevo Testamento griego], Eerdmans, Grand Rapids, Michigan, 1956, p. 48.

No es mi padre, ni mi madre
   sino yo Señor,
   el que necesita orar.
No es mi hermano, ni mi hermana
   sino yo Señor,
   el que necesita orar.

Apoyo: Cuatro recordatorios muy necesarios

¿Qué clase de amor y apoyo necesitamos? ¿Qué clase de amor y apoyo ofrecemos? ¿Qué de un grupo de apoyo en el que «nos amemos los unos a los otros», en el cual ofrezcamos, y recibamos de parte de nuestros hermanos y hermanas en la familia de Dios esta misma clase de amor y falta de espíritu condenatorio, este verdadero afecto, este brazo alrededor de su hombro, diciendo: «Estoy a tu lado»?

Muchas iglesias tienen grupos de apoyo de varias clases, en los que los individuos se involucran de manera activa en la vida de unos y otros. Por años he hablado con muchos individuos que dicen que no podrían sobrevivir sin esos grupos de apoyo.

Algunos luchan a través de la agitación de un divorcio, tratando de recuperar el respeto y el sentido de dignidad. Respaldados por el apoyo de otros que están pasando, o han pasado, por el mismo tumulto, resuelven sus sentimientos de rechazo, tristeza, y soledad... entonces surgen más fuertes y estables.

Algunos asisten a grupos de apoyo porque están atrapados en una terrible adicción. Ahora mismo están sobrios, pero se percatan de que distan un día, o solamente una hora, del mismo viejo hábito. El apoyo de otros los mantiene fuertes y los ayuda a volver a tener esperanza.

La mayoría de estos grupos no son muy visibles, pero están ahí para quienes los necesitan, semana tras semana. La gente sigue asistiendo con regularidad porque encuentran refugio en ese puerto seguro que los apoya. Hallan amor, aceptación y la falta de un espíritu que condena. Encuentran tolerancia y una manera de rendir cuentas. Hallan atención y ánimo; una palabra confirmativa de un corazón sincero y un brazo de apoyo alrededor del hombro significa más que mil palabras de un predicador con el ceño fruncido.

¿Qué tiene esta familia de Dios que nos da ese aspecto de unidad y apoyo? Como no tenemos que parecernos ni tenemos el mismo temperamento, ni votamos igual en las elecciones, ¿qué es lo que une a los creyentes?

Somos hijos del mismo Padre

Siendo renacidos, no de simiente corruptible, sino de incorruptible, por la palabra de Dios que vive y permanece para siempre (1 P 1.23).

Hay varias clases de nacimiento en la familia humana. Pero en la familia de Dios, todos comenzamos de la misma manera. Todos somos adoptados. Todos tenemos el mismo Padre. Todos nos allegamos a Él de la misma manera, mediante su Hijo, Jesucristo. Todos somos miembros de la misma familia. Nuestro trasfondo, nuestra educación, nuestras relaciones sociales, nuestro trabajo, o cuánto dinero tengamos en el banco, todas esas cosas, son irrelevantes. Todos renacimos. Todos somos hermanos y hermanas en el Señor.

Tomamos nuestra instrucción de la misma fuente

No de simiente corruptible, sino de incorruptible, por la palabra de Dios que vive y permanece para siempre. Porque:
Toda carne es como hierba,
Y toda la gloria del hombre como flor de la hierba.
La hierba se seca, y la flor se cae;
Mas la palabra del Señor permanece para siempre.
Y esta es la palabra que por el evangelio os ha sido anunciada
(1 P 1.23b-25).

La semilla es la Palabra de Dios, nuestra fuente de verdad confiable, y obtenemos toda nuestra instrucción de esta fuente.

Pero para que esa semilla crezca y produzca fruto en nuestras vidas, debe ser aceptada y usada.

No ocurre nada automáticamente solo al exponerse a la misma fuente de verdad. Todos podemos escuchar el mismo mensaje dominical, pero a menos que nuestros oídos estén atentos y nuestros corazones estén preparados, esa semilla será recogida en el pico de Satanás y sacada de nuestras vidas. Usted puede sentarse y escuchar la presentación de la verdad, y puede cambiar su vida en un momento. Empero alguien sentado a su lado, escuchando la misma información profunda, puede continuar viviendo contra la voluntad de Dios.

Tenemos la responsabilidad, no solo de escuchar la verdad, sino de usarla. Exponernos meramente a la verdad no nos cambiará. Puede ponerme en un cuarto lleno de una docena de hermosos pianos Steinway y dejarme allí por horas, pero aun así no podré sentarme y tocar. Puede poner un pianista en cada uno y exponerme a horas de exquisita música, pero aun bajo ese medio ambiente estimulante no podría sentarme y tocar. Sacarle música hermosa a esas teclas blancas y negras cuesta trabajo, compromiso, dedicación, lecciones privadas, e incontables horas de práctica.

Tenemos las mismas luchas

> Desechando, pues, toda malicia, todo engaño, hipocresía, envidias, y todas las detracciones (1 P 2.1).

En caso de que se haya preguntado qué quebranta la comunión, qué previene que nos unamos, esa es su lista. Lea cada aspecto lentamente e imagíneselo: malicia, engaño, hipocresía, envidia y perjurio. En momentos de debilidad nos recostamos de ellos, pero Dios dice: «Deséchenlos», elimínenlos. Si desea superar sus divisiones, más allá de sus diferencias, si desea llegar a ser uno en el Señor, déjelos. Y, por Su gracia, ¡abandónelos!

Regresemos a esa lista y examinémosla un poco más profundo.

Malicia. Esta palabra griega es un término general para la maldad que caracteriza a los incrédulos atrincherados en el sistema mundial. Esos son los pecados que hieren y perjudican a los demás.

Engaño, sutileza. La palabra griega indica engaño, trucos e hipocresía. En su forma más primitiva, esta palabra indicaba «agarrar con carnada». Se refiere al engaño que se procura alcanzando nuestro objetivo, un plan oculto.

Hipocresía. Esta palabra griega significa actuar una parte, esconderse tras una máscara, aparentar ser otra persona. Esto es lo que sucede cuando tratamos de ser algo o alguien que no somos.

Algunos familiares tienden a envidiar a los que están pasando por «momentos buenos». Otros tienden a injuriar a los que la están pasando mal. Los próximos dos pecados son más o menos el lado opuesto de cada uno de los anteriores, y se nos dice que los abandonemos a ambos.

La *envidia* no solo es un resentimiento oculto por la ventaja de otro, sino el deseo de la misma ventaja para uno mismo. Según Webster, es «la conciencia dolorosa o resentida de una ventaja disfrutada por otro junto con el deseo de poseer una ventaja similar». En otras palabras, alguien tiene algo que usted no tiene y usted anhela tenerlo. Edward Gordon Selwyn comenta en cuanto al término griego diciendo que este pecado es «una plaga constante de todas las organizaciones voluntarias, incluso las religiosas, y al cual hasta los Doce estaban sujetos en la crisis misma del ministerio de nuestro Señor».[2]

La *detracción* es mucho más viciosa. Literalmente la palabra significa «hablar con malicia». Ocurre con más frecuencia cuando la víctima no está presente para defenderse o enderezar las cosas. Disfrazado muchas veces como rumor o malas noticias o simplemente información, la detracción es el chisme difamador que destruye la confianza en el otro, o arruina la reputación de esa persona. Puede ser tan sencilla como insultar a la persona o tan vil como la traición. Cuando la lengua se usa para la detracción, se convierte en una arma mortal.

---

[2] Edward Gordon Welwyn, *The First Epistle of St. Peter* [La primera epístola de San Pedro], segunda edición, Macmillan Press, Londres, Inglaterra, 1974, p. 153.

¡Pedro nos ordena que «desechemos» estos cinco anticuados vestidos que les pertenecieron a nuestras naturalezas viejas! Si todos en la familia de Dios estuvieran comprometidos a ese tipo de conducta, ¿podría imaginarse el placer que disfrutaríamos juntos? Pero jamás sucederá hasta que desechemos los vestidos viejos que nos mantienen en la carnalidad.

Nos enfocamos en los mismos objetivos

Desead, como niños recién nacidos, la leche espiritual no adulterada, para que por ella crezcáis para salvación, si es que habéis gustado la benignidad del Señor (1 P 2.2-3).

¿Cuál es el objetivo de todo esto? Madurez. «Maduren», dice Pedro. ¿Y nuestro modelo? El Señor mismo.

Por tres años y medio Pedro siguió a Jesús doquiera iba. ¿Por qué? Porque había «gustado de la benignidad del Señor». Nutrido por esa benignidad, Pedro maduró más, ¡y nosotros también podemos hacerlo!

¿En qué piensa la gente después de conversar o comer con usted? ¿En qué piensan después de haber trabajado con usted? ¿Pensaran: «Qué bondadoso es. Es muy bondadosa»? La clave de la unidad es entregarnos abnegadamente el uno al otro. Nuestras relaciones con otros deben edificarse sobre el ejemplo de abnegación que Cristo demostró primero.

Esto es tan básico, que me recuerda el artículo *All I Really Need To Know I Learned in Kindergarten* [Todo lo que realmente me hacía falta aprender lo aprendí en el kinder] de Robert Fulghum, que leí cuando salió en el *Kansas City Times*. Decía: «Compártanlo todo. Sean justos. No golpeen a las personas. Coloquen las cosas en su lugar. Limpien las cosas. No cojan cosas que no les pertenecen. Discúlpense cuando hieran a alguien[...] Y todavía es cierto, no importa su edad: Cuando sale al mundo, es mejor tomarse de las manos y andar unidos».

Vamos, unámonos. Apoyémonos. Al hacerlo, recuerden las palabras finales de Pablo en Efesios 4. Me gusta la manera como Eugene Peterson parafrasea ese último versículo:

Apártense por completo de todo insulto, chisme, y charla profana. Sean gentiles el uno con el otro, sensibles. Perdónense tan rápida y minuciosamente como los perdonó Dios en Cristo. (Ef 4.31 MSG)

Piense en alguien en la familia de Dios —simplemente una persona que conozca—, que necesita una palabra de apoyo. ¡Ofrézcala! No espere... hágalo esta semana. No piense meramente en eso o en escribirlo en su diario. Hágalo. *Hágalo hoy mismo.*

Ore por ese individuo en quien pensaba hace un momento. Pídale a Dios que le dé la palabra indicada, y el método apropiado para acercarse a esa persona. Quizás necesite escribir una nota. Tal vez necesite llamarle por teléfono. Quizás le haga falta llevar a la persona a tomarse una taza de café o invitarla a una cena. ¿Quién sabe? Su acción podría ser el catalítico que ocasione que ese individuo tenga esperanza más allá de la división.

Recuerde: «¡El enemigo está *allá*!» ¡Mirad! ¡Cuánto debemos amarnos el uno al otro!

Una oración por esperanza más allá de la división

Perdónanos, oh, perdónanos, Padre nuestro, por las horas que invertimos en el vertedero de la malicia y el engaño, la hipocresía, la envidia y la detracción. ¡Qué vestidos más sucios nos hemos puesto! Muéstranos el gozo de la benignidad, los beneficios duraderos de la unidad, la gracia y el apoyo. Recuérdanos que todo empieza con el amor genuino motivado por el perdón. Comienza una obra en nosotros para que nuestro amor fluya de un corazón puro, no del deseo de ganar amistades o impresionar a las personas.

Más que nada, Señor, que seamos como tu Hijo. Benignos. Humildes. Gentiles. Llenos de gracia. Que maduremos en su benignidad, que mostremos su gentileza, que caminemos en su humildad. Que reflejemos su gracia para que otros tengan nueva esperanza. ¡Lo que realmente pedimos es que nos ayudes a madurar!

Estamos encantados de estar en tu familia, tan agradecidos por tu perdón. Usa esta semana, quizás hoy mismo, para que alguien pueda sentirse agradecido porque él o ella, también, es parte de esta familia. Por Cristo que oró por nuestra unidad.

AMÉN

5

※

Esperanza más allá de la culpa

Cómo llegar
a ser piedras
vivas

POR ALGUNA EXTRAÑA RAZÓN, los que conocimos al Señor desde que éramos jóvenes tendemos a dejar en el pasado una relación íntima con Él. Cuando niños, nos sentimos libres y receptivos con nuestro Padre celestial. Pero cuando llegamos a adultos, parece que retrocedimos a pasos agigantados en esa relación.

Cuando éramos jóvenes, le hablábamos con libertad. Con la fe de un niño, sabiendo que nos amaba, le confiábamos los detalles de nuestra vida. Nada era demasiado pequeño y, ciertamente, nada era demasiado grande como para pedírselo. En esa inocencia ingenua, ¡orábamos por *todo*!

La facilidad con la que alguna vez nos acercábamos a Dios puede verse en las cartas que le escriben los niños. Vea si las siguientes no le recuerdan algún momento de inocencia y receptividad en su relación con Él.

Querido Señor:

Gracias por el agradable día de hoy. Le tomaste el pelo hasta al meteorólogo de la televisión.

Hank (7 años)

Querido Dios:

    ¿Te enojas en algún momento?

    Mi madre se enoja siempre, pero ella es humana.

Sinceramente,
David (8 años)

Querido Señor:

    Necesito un aumento en mi mesada. ¿Podrías hacer que uno de tus ángeles se lo dijera a mi padre?

Gracias,
David (7 años).[1]

Querido Dios:

    Charles, mi gato, fue atropellado. Y si tú lo causaste tienes que decirme por qué.

Harvey

Querido Dios:

    ¿Sabes cuál es el río más grande de todos? El Amazonas. Debes saberlo porque tú lo hiciste. Ja, Ja.

Adivina quién.[2]

¿Acaso no sería interesante reunir una serie de cartas de adultos a Dios? Sin duda la inocencia de la niñez se perdería así como la franqueza y la facilidad del acercamiento. Las palabras serían más reservadas. Seríamos sofisticados. El miedo y los sentimientos de indignidad enfatizarían las oraciones tartamudeantes. Vergüenza, culpa y remordimiento acentuarían los párrafos. Hemos perdido mucho en el camino a la edad adulta, ¿cierto?

Podemos aprender mucho de los niños en cuanto a la fe y a la esperanza simple. Empero tuvimos años para experimentar esas verdades. Podemos ver las múltiples ocasiones en las que

---

[1] Citado en *Dear Lord* [Querido Señor], compilado por Bill Adler, Thomas Nelson, Nashville, Tennessee, 1982.

[2] Citado en *More Children's Letters to God* [Más cartas de niños para Dios], compilado por Eric Marshall y Stuart Hample, Simon and Schuster, Nueva York, 1967.

Él ha tomado nuestro quebrantamiento y ha creado algo hermoso de nuestras vidas. Nuestros principales fracasos, nuestras penas más profundas, le han dado oportunidades para operar con Su misericordia y gracia. ¿Cómo podemos olvidar eso?

La apreciación de Dios respecto a nosotros

La Biblia está llena de recordatorios acerca de cuánto se ocupa Dios de nosotros, sus planes para nuestro bienestar, y cómo debería ser nuestra relación con Él. Tome, por ejemplo, las conocidas palabras del salmista. Aunque era un adulto, le escribe a Dios con deleite ilimitado.

Bendice, alma mía, a Jehová,
Y bendiga todo mi ser su santo nombre.
Bendice, alma mía, a Jehová,
Y no olvides ninguno de sus beneficios.
Él es quien perdona todas tus iniquidades,
El que sana todas tus dolencias;
El que rescata del hoyo tu vida,
El que te corona de favores y misericordias;
El que sacia de bien tu boca
De modo que te rejuvenezcas como el águila[...]

Porque como la altura de los cielos sobre la tierra,
Engrandeció su misericordia sobre los que le temen.
Cuanto está lejos el oriente del occidente,
Hizo alejar de nosotros nuestras rebeliones.
Como el padre se compadece de los hijos,
Se compadece Jehová de los que le temen.

Porque Él conoce nuestra condición;
Se acuerda de que somos polvo (Sal 103.1-5, 11-14).

¡Qué lista maravillosa! ¡Qué alivio! Nuestro Señor entiende nuestros límites. Se percata de nuestras luchas. Conoce cuánta presión podemos aguantar. Sabe qué medidas de gracia, misericordia y fortaleza necesitaremos. Sabe cómo somos hechos.

Francamente, sus expectativas no son tan irreales como las nuestras. Cuando no alcanzamos lo que nos proponemos, nos sentimos como si Él fuera a echarnos un camión de juicio encima. Pero eso no sucederá. Entonces, ¿por qué nos atemorizamos? Porque nos olvidamos de que Él «conoce nuestra condición; se acuerda de que somos polvo».

Entonces, ¿cuál es el plan de Dios para nosotros? ¿Qué desea para nosotros esta tarde, mañana por la mañana, o la semana próxima? Bueno, sus planes para nosotros están claramente establecidos. Originalmente se los escribió a Israel, pero también son útiles para nosotros.

> Porque yo sé los pensamientos que tengo acerca de vosotros, dice Jehová, pensamientos de paz, y no de mal, para daros el fin que esperáis. Entonces me invocaréis, y vendréis y oraréis a mí, y yo os oiré (Jer 29.11-12).

¿Acaso eso no es maravilloso? «Hijo e hija mía, tengo planes para ustedes», dice Dios. «pensamientos de paz, y no de mal, para daros el fin que esperáis». Es el plan de Dios que su pueblo jamás pierda esperanza. Cada nuevo amanecer es como si sonriera desde el cielo, diciendo: «Ten esperanza una vez más... ¡ten esperanza otra vez!»

Luego de la caída de Jerusalén, el profeta Jeremías recordó los planes esperanzados de Dios.

> Esto recapacitaré en mi corazón,
> por lo tanto esperaré.
> Por la misericordia de Jehová no hemos sido consumidos,
> porque nunca decayeron sus misericordias.
> Nuevas son cada mañana;
> grande es tu fidelidad.
> Mi porción es Jehová, dijo mi alma;
> por tanto, en él esperaré.
> Bueno es Jehová a los que en él esperan,
> al alma que le busca.

Bueno es esperar en silencio
la salvación de Jehová (Lm 3.21-26).

Tal vez ahora mismo está esperando algo de parte del Señor. Es más, la mayoría de las personas que conozco están en algún tipo de patrón de espera. (¡Ciertamente yo lo estoy!) Confían en Dios cuando tienen algo en el horizonte. (¡Yo también lo hago!) Y su esperanza no está mal ubicada. Dios es bueno con los que esperan en Él. Es bueno con los que le buscan. No tenemos nada que temer. Y ciertamente no tenemos razón para vivir cada día aplastados por la culpabilidad y la vergüenza.

Él nos ha redimido, nos ha dado una herencia, y nos ha perdonado. El resumen más breve de la evaluación de Dios respecto a nuestra relación como hijos suyos puede encontrarse en Romanos 8.31-32. Hace muchos años memoricé el último párrafo de Romanos 8, que comienza con estos dos versículos. No puedo contar las ocasiones en las que se me ha renovado la esperanza citándome estas palabras.

¿Qué, pues diremos a esto? Si Dios es por nosotros, ¿quién contra nosotros? El que no escatimó ni a su propio Hijo, sino que lo entregó por todos nosotros, ¿cómo no nos dará también con él todas las cosas?

Dios, contrario a la opinión popular, no se sienta en el cielo desaprobando con sus quijadas apretadas, sus brazos cruzados y con su ceño fruncido. No se molesta con sus hijos por todos los momentos en que tropezamos con nuestros minúsculos pies y nos caemos en nuestros pañales. Es un Padre amante, y somos preciosos a su vista, el deleite de su corazón. Después de todo, Él «nos hizo aptos para participar de la herencia de los santos en luz» (Col 1.12). ¡Piense en eso! ¡Nos incluyó en su herencia!

Recuerde eso la próxima vez que piense que Dios está enojado con usted. Usted tiene razón para agradecer. No tiene que calificar para su reino. Su gracia lo ha rescatado. Él lo calificó a usted al realizar una gran liberación en su vida. Eso me recuerda otro versículo que me encanta citar:

El cual nos ha librado de la potestad de las tinieblas, y trasladado al reino de su amado hijo, en quien tenemos redención por su sangre, el perdón de pecados (Col 1.13-14).

Él nos ha transferido literalmente del dominio de las tinieblas del Enemigo de nuestras almas a la luz del reino de su Hijo. Dios considera que estamos allí con Él, rodeados de amor, recibiendo el mismo tratamiento que le da a su Hijo.

Algunas veces es animador hojear las Escrituras y hallar todas las promesas que nos dicen qué piensa Dios acerca de nosotros, especialmente en un mundo en donde las personas siempre nos dicen todas las cosas que tienen contra nosotros y todas las cosas que están mal en nuestras vidas.

Dios no solo está «por nosotros», según Romanos 8, Él siempre nos da dones.

Toda buena dádiva y todo don perfecto desciende de lo alto, del Padre de las luces, en el cual no hay mudanza, ni sombra de variación (Stg 1.17).

Literalmente, esa última frase significa «ni sombra de cambiar». En otras palabras, no hay alteración o modificación en sus dádivas, independientemente de con cuánta frecuencia nos apartemos. Ninguna sombra de variación de parte nuestra hace que Él varíe su temperamento y retenga sus dones para nosotros. ¡Eso es gracia!

Dios es por nosotros. Quiero que recuerde eso.

Dios es por nosotros. Repítase estas palabras.

Dios es por nosotros.

Recuerde eso mañana por la mañana cuando no sienta que Él lo está. Recuerde eso cuando fracase. Recuerde eso cuando haya pecado y la culpa lo derribe.

Dios está de su parte. Hágalo personal: *¡Dios está de mi parte!*

No les diga a sus niños, bajo ninguna circunstancia, que si hacen algo mal, Dios no los amará. Eso es herejía. No hay gracia en eso. La gracia dice: «Mi niño, aunque has hecho algo mal, Dios y yo continuaremos amándote. Dios está de tu lado, ¡y yo también!»

Pensé en esto un día mientras tarareaba la canción infantil *Jesús ama a los niñitos*. Pensé: Muy bien, ¿y qué de los adultos? Así que cambié las palabras de esa cancioncita.

> Jesús ama todos sus niños adultos,
> A todos los adultos del mundo.
> Rojos, amarillos, negros y blancos.
> Somos preciosos a su vista.
> Jesús ama a todos los adolescentes y adultos del mundo.
> [¡Pensé que también debía incluir a los adolescentes!]

¿Por qué creemos que su amor es simplemente para niñitos, a pesar de lo inocentes y desarmantes que son? Él ama a todo su pueblo. Permítame repetirlo una vez más: Dios está por nosotros.

En la carta de Pedro, vemos un destello de cuánto se deleita Dios con nosotros a medida que el apóstol pinta seis hermosas imágenes verbales de nosotros, vívidos retratos escritos de los hijos de Dios.

> Acercándoos a él, piedra viva, desechada ciertamente por los hombres, mas para Dios escogida y preciosa, vosotros también, como piedras vivas, sed edificados como casa espiritual y sacerdocio santo, para ofrecer sacrificios espirituales aceptables a Dios por medio de Jesucristo. Por lo cual también contiene la Escritura:
> He aquí, pongo en Sion la principal piedra del ángulo, escogida, preciosa;
> Y el que creyere en ella, no será avergonzado.
> Para vosotros, pues, los que creéis, él es precioso; pero para los que no creen,
> La piedra que los edificadores desecharon,
> Ha venido a ser la cabeza del ángulo;
> y:
> Piedra de tropiezo, y roca que hace caer,
> porque tropiezan en la palabra, siendo desobedientes; a lo cual fueron también destinados (1 P 2.4-8).

Somos piedras vivas en una casa espiritual

La metáfora entretejida a través de la tela de este pasaje es la de un edificio, en el que Cristo es la piedra angular y nosotros, sus hijos, somos las piedras vivas que forman el edificio. (El apóstol Pablo usa esta misma imagen en Efesios 2.19-22.)

Cada vez que alguien confía en Cristo como Salvador, otra piedra sale de la cantera del pecado y es ajustada en la casa espiritual que Él construye mediante la obra del Espíritu Santo. Y el meticuloso supervisor de la construcción es Cristo, que es el contratista de este edificio eterno.

Somos sus piedras vivas, edificados como casa espiritual.

Véalo de esta manera. Hay un gran proyecto de construcción a través del tiempo mientras Jesucristo construye su familia. Se llama *ekklesia*, «iglesia», los que son apartados de la masa de la humanidad para convertirse en una parte especial de la familia eterna de Dios. Y usted, como cristiano, seguidor de Cristo, ha sido seleccionado, elegido, y llamado para ser uno de ellos.

Él lo ha sacado de la cantera de su pecado. Y ahora está cincelándolo, moldeándolo y definitivamente colocándolo en su lugar. Usted es parte de su proyecto de construcción.

Toda clase de profetas de mal agüero se preguntan en cuanto a la condición del edificio de Dios. Lo perciben como propiedad condenada, gastada, descuidada y destituida en vez de un edificio magnífico que se está construyendo según los planes. La verdad es que Dios es el maestro arquitecto, y cada piedra está siendo colocada exactamente en el lugar para el cual fue diseñada. El proyecto está al día. Jamás olvide que, aun en esos días negros, somos piedras vivas en una casa espiritual. Pero hay más...

Somos sacerdotes en el mismo templo

Pedro se refiere a nosotros como «sacerdocio santo» y «sacerdocio real». Es cierto que no todos somos predicadores o evangelistas o maestros dotados. Pero todos *somos* sacerdotes, pertenecemos a una orden real que ha sido apartada por Dios.

La función del sacerdote implica más de lo que se percibe a primera vista, porque los sacerdotes tienen responsabilidades específicas delineadas en la Escritura. Ofrecen oraciones, traen sacrificios espirituales, interceden ante Dios a favor de otros, y se mantienen sintonizados con el lado espiritual de la vida. Todo esto es útil para cada creyente, independientemente de la edad, del sexo, de la posición social. Quizás jamás pensó respecto a esto antes, pero verdaderamente es cierto; somos sacerdotes en el mismo templo. Pero hay más...

Somos una raza elegida

Nuestras cabezas podrían tender a hincharse al ser elegidos para estar en el equipo de Dios, así que nos convendría ver rápidamente la razón por la que Dios eligió a los hebreos para que fueran pueblo suyo. Esto nos ayudará a poner en perspectiva toda esta idea de ser elegidos por Dios. Aquí Moisés se dirige a la nación de Israel, preparándolos para entrar a la tierra prometida.

Porque tú eres pueblo santo para Jehová tu Dios; Jehová tu Dios te ha escogido para serle un pueblo especial, más que todos los pueblos que están sobre la tierra. No por ser vosotros más que todos los pueblos os ha querido Jehová y os ha escogido, pues vosotros erais el más insignificante de todos los pueblos; sino por cuanto Jehová os amó, y quiso guardar el juramento que juró a vuestros padres, os ha sacado Jehová con mano poderosa, y os ha rescatado de servidumbre, de la mano de Faraón rey de Egipto (Dt 7.6-8).

¿Por qué Dios eligió a Israel? ¿Debido a su fortaleza? No. ¿Debido a su cantidad? ¿Debido a su superioridad mental o moral? No. Los eligió no porque lo merecieran, sino sencillamente debido a su gracia, una bondad que les mostró por completo sin mérito de su parte. Simplemente «Jehová os amó».

¿Por qué Dios nos eligió? Por la misma razón. No porque hiciéramos algo que le impresionara. No fue el tamaño de nuestra fe... o la sinceridad. No fue la bondad de nuestro corazón... o la grandeza de nuestro intelecto. Ciertamente no fue porque lo elegimos primero. Fue completamente por gracia. La gracia motivada por amor.

El Señor nos elige porque decidió elegirnos. Punto. Establece su amor sobre nosotros porque por la bondad y la gracia de su corazón declara: «Quiero que seas mío».

¡Eso me encanta! No solo porque exalta la gracia de Dios, sino porque Dios se lleva toda la gloria. No vamos a andar por el cielo con nuestros pulgares bajo nuestros tirantes tratando de ver quién puede exaltarse más. En vez de eso, estaremos absolutamente sorprendidos por tener el privilegio de estar allí.

Juan 15.16 dice: «No me elegisteis vosotros a mí, sino que yo os elegí a vosotros». No lo cazamos. Él nos cazó. Él es el eterno Sabueso del cielo. No laboramos la mitad de nuestras vidas para encontrarlo; Él entregó su vida para encontrarnos. ¡Ser elegido por Dios dice mucho más en cuanto a Él que lo que dice en cuanto a nosotros! Él es el Buen Pastor que da su vida por las ovejas. Cuando se encuentre encorvado por la vergüenza o cediendo ante la culpa, recuerde esto: Usted ha sido elegido por el Buen Pastor. Él quiere que esté en su rebaño. Pero hay más...

Somos una nación santa

Santo puede ser una palabra que intimide. Aunque supone ser sagrada, puede parecer aterradora. Recuerde, anteriormente explicamos que la palabra significa «ser apartado». Pero vamos a verla de otra manera.

Ahora mismo estoy sentado en mi estudio, vestido de saco y corbata, porque voy a una reunión importante en un par de horas. Esta mañana cuando me vestía, busqué entre las corbatas y seleccioné una. Podía elegir entre muchas, pero elegí esta en particular. La saqué, la puse alrededor de mi cuello, e hice un nudo, y en ese momento la corbata se hizo santa. No parece santa. Puedo asegurarle que no se siente santa. (En realidad, puedo ver una pequeña mancha en ella. Parece que un poco de salsa cayó sobre ella la última vez que la usé.) Pero todavía es la corbata que separé para este propósito en particular. En el sentido más amplio de la palabra, la corbata que estoy usando es «santa». Está separada con un propósito especial.

Usted y yo somos una nación santa. Somos parte de un cuerpo de personas apartadas con un propósito especial: ser embajadores para Jesucristo, el Rey de la Iglesia. Somos un pueblo apartado para su propósito especial y su gloria.

Si parece que estamos fuera de paso con el resto del mundo, es porque marchamos al compás de un tamborero diferente. Cantamos un himno nacional diferente y prometemos lealtad a una bandera diferente, porque nuestra ciudadanía, nuestra verdadera ciudadanía, está en el cielo. Usted y yo somos parte de su nación santa. Pero hay más...

Somos posesión propia de Dios

Las posesiones de los poderosos, los adinerados o los famosos, pese a lo comunes que sean, pueden llegar a ser valiosas, hasta inapreciables. El cepillo de dientes de Napoleón se vendió por $21.000. ¿Se imagina pagando miles de dólares por un viejo y sucio cepillo de dientes? El auto de Hitler se vendió por más $150.000. El escritorio de Winston Churchill, una pipa que perteneció a C.S. Lewis, una hoja de música escrita a mano por Beethoven, una casa que perteneciera a Ernest Hemingway. En la subasta de Sotheby de las posesiones personales de Jackie Kennedy Onassis, sus perlas de fantasía se vendieron por $211.500 y los palos de madera para jugar golf de John Fitzgerald Kennedy se vendieron por $772.500. No porque los artículos mismos sean dignos sino porque pertenecieron a alguien significativo.

¿Está listo para una sorpresa? Nosotros también formamos parte de las cosas de gran valor. Piense en algo que le pertenezca a Dios. ¡Qué increíble valor nos otorga eso, que dignidad inexplicable! Le pertenecemos. Somos «pueblo adquirido por Dios» (1 P 2.9).

Me encanta esa expresión, «pueblo adquirido por Dios». Y me alegra que este versículo esté traducido correctamente en la versión de la Biblia que estoy usando. Por mucho tiempo usé una versión que decía: «Somos un pueblo peculiar». (Realmente, vi toda clase de evidencia acerca de esto a mi alrededor, como si los cristianos estuvieran supuestos a ser extraños, raros o excéntricos.) Pero la traducción correcta es mucho más alentadora. Extraños o no, somos posesión Suya... le pertenecemos al Dios viviente.

El precio pagado por nosotros fue increíblemente alto, la sangre de Jesucristo, y ahora le pertenecemos. Hemos sido comprados con un precio. Eso basta para hacer que alguien sonría. Pero hay más... una más.

Somos un pueblo que ha recibido misericordia

¿Ha vivido por tanto tiempo en la familia de Dios que su memoria se ha oscurecido? ¿Se le ha olvidado cómo era antes de eso?

> Vosotros que en otro tiempo no erais pueblo, pero que ahora sois pueblo de Dios; que en otro tiempo no habíais alcanzado misericordia, pero ahora habéis alcanzado misericordia (1 P 2.10).

Como resultado de la misericordia de Dios, hemos llegado a ser un pueblo que Dios cuida de manera exclusiva y singular. El hecho de que seamos receptores de su misericordia afecta enormemente la manera en la que respondemos a los momentos difíciles. Nos cuida con mucho interés. ¿Por qué? Debido a su inmensa misericordia, demostrada liberalmente a pesar de que no la merecemos. ¡Qué noticias más alentadoras, nos liberan de nuestra culpa!

De los doce discípulos, ninguno pudo haber sido más agradecido que Pedro... o, si él lo hubiera permitido, ninguno pudo sentirse más culpable que él. Llamado a servirle a su Salvador, de corazón fuerte, determinado, celoso, hasta un tanto pomposo ocasionalmente, el hombre había conocido las alturas del éxtasis pero también conoció la dolorosa agonía de la derrota.

Pese a ser advertido por el Maestro, Pedro anunció ante sus compañeros: «Aunque todos se escandalicen de ti, yo nunca me escandalizaré» (Mt 26.33). Y luego: «Señor, dispuesto estoy a ir contigo no solo a la cárcel, sino también a la muerte» (Lc 22.33). Empero solo unas pocas horas después negó siquiera conocer a Jesús... ¡tres veces!

Qué amargas lágrimas lloró cuando el peso de sus negaciones aplastó su espíritu. Pero nuestro Señor rehusó dejarlo allí, revolcándose en la depresión y el desánimo desesperado. Encontró al hombre quebrantado y lo perdonó... y lo usó poderosamente como líder en la iglesia primitiva. ¡Qué gracia... qué misericordia!

Charles Wesley captura de forma hermosa la teología de esa misericordia en la segunda estrofa de su magnífico himno, *And Can It Be?* [¿Y así puede ser?]

> Abandonó el trono de su Padre en lo alto,
> ¡Su gracia es tan infinita y libre!
> Se vació de todo excepto el amor,
> ¡Y sangró por la indefensa raza de Adán!
> Su misericordia lo es todo, inmensa y libre,
> Porque, oh Dios mío, me encontró a mí.

Nuestras vidas son vigiladas

Amados, yo os ruego como a extranjeros y peregrinos, que os abstengáis de los deseos carnales que batallan contra el alma, manteniendo buena vuestra manera de vivir entre los gentiles; para que en lo que murmuran de vosotros como de malhechores, glorifiquen a Dios en el día de la visitación, al considerar vuestras buenas obras (1 P 2.11-12).

Pedro comienza su resumen práctico de esta sección con las palabras «Amados, yo os ruego». A él le apasiona esto, y aquí hay una advertencia. Pedro nos dice que en vista de todo lo que somos como hijos de Dios, en vista de nuestra función como piedras vivientes en un edificio que jamás será destruido, y en vista de que somos todas estas cosas que él ha descrito, un sacerdocio real, una raza escogida, una nación santa, pueblo adquirido por Dios, los que han recibido misericordia, debemos vivir de cierta manera. Nuestro comportamiento terrenal debe encuadrar con nuestros beneficios provistos de manera divina.

Para los incrédulos, la tierra es un patio de recreo en donde la carne está libre para celebrar y andar salvajemente. Pero para los creyentes, la tierra es un campo de batalla. Es el lugar en donde combatimos las lujurias que batallan contra nuestras almas. Durante el breve período de servicio que tenemos los cristianos en la tierra, no podemos quedarnos estancados en el pecado o, en vista de esto, incapacitarnos por la culpa. Para vivir la vida que Dios requiere, Pedro nos ofrece cuatro sugerencias.

Primero, viva una vida limpia. No piense ni por un momento que a los incrédulos no les importa cómo viven los cristianos. Vivimos nuestra fe ante un mundo vigilante. Por eso es que Pedro nos apremia a abstenernos de las codicias de la carne, «para atraer su atención» y para probar que lo que creemos realmente da resultado.

Usted y yo no sabemos cuántas personas incrédulas nos están vigilando hoy mismo, determinando la verdad del mensaje del cristianismo estrictamente en base a cómo vivimos, cómo laboramos, cómo respondemos a las pruebas de la vida o cómo nos conducimos con nuestras familias.

Cada vez que escucho a un pastor o a un líder cristiano o algún artista cristiano de renombre que ha fallado moralmente, me rompe el corazón. No solo porque escandaliza a la Iglesia y quizá destruye su familia, aunque esas verdaderamente son tragedias. Pero pienso en lo que les dice a los incrédulos que lo leen en los encabezados o escuchan las bromas acerca de ellos en los programas de televisión. Vivir una vida limpia no es meramente una opción a considerar; es lo menos que podemos hacer para demostrar nuestra gratitud por la liberación de Dios.

Segundo, no den lugar a la difamación. Cuando al antiguo filósofo griego Platón se le contó acerca de cierto hombre que había comenzando a hacer unas acusaciones injuriosas contra él, Platón respondió: «Viviré de forma tal que nadie creerá lo que dice».[3]

La defensa más convincente es la integridad silenciosa de nuestro carácter, no cuán vociferantemente neguemos las acusaciones.

Tercero, hagan buenas obras entre los incrédulos. Es fácil para los cristianos tener una visión tan estrecha que limitemos todas nuestras buenas obras a la familia de Dios. Pero si va manejando y ve a alguien con una llanta desinflada, para determinar si debe ayudar, usted no baja el vidrio y dice: «Oye... ¡tú con la llanta desinflada! ¿Eres cristiano?...» Haríamos bien en extender nuestras buenas obras a los que están fuera de nuestra familia.

¿Qué hace que el relato del Buen Samaritano nos llame tanto la atención? Las obras misericordiosas se realizaron en favor de un extraño. Así es como nos ganamos el derecho a ser escuchados, no por una ingeniosa campaña publicitaria sino mediante nuestras acciones abnegadas y compasivas.

Note que Pedro dice: «Al considerar vuestras buenas *obras*», no sus buenas *palabras*. Quienes no son cristianos vigilan nuestras vidas. Cuando nuestras buenas obras son indisputables el incrédulo dice: «Ahí hay algo». Es muy probable que en ese momento la persona escuchará lo que tengamos que decir.

Cuarto, jamás olvide, nos están vigilando. El mundo está vigilándonos para ver si lo que decimos es cierto en nuestras vidas. Warren Wiersbe cuenta un breve pero poderoso relato que ilustra esto de manera hermosa.

En el verano de 1805, varios jefes y guerreros indios se reunieron en un concilio en Buffalo Creek, Nueva York, para escuchar una presentación del mensaje cristiano por un señor Cram de la

---

[3] Citado en William Barclay, *The Letters of James and Peter* [Las cartas de Santiago y Pedro], edición revisada, The Daily Study Bible Series [La serie de estudio bíblico diario], Westminster Press, Filadelfia, Pennsylvania, 1976, p. 203.

Sociedad Misionera de Boston. Luego del sermón, *Red Jacket* [Casaca roja], uno de los principales jefes, ofreció su respuesta. Entre otras cosas el jefe dijo[...]

«Hermano, se nos dice que ha estado predicándole a las personas blancas en este lugar. Estas personas son nuestros vecinos. Estamos familiarizados con ellos. Esperaremos un poco y veremos qué efecto tendrá su predicación en ellos. Si vemos que los beneficia, que hace que sean honestos y menos dispuestos a engañar a los indios, consideraremos una vez más lo que usted tenga que decir».[4]

¡Vaya! Eso sí que es ponerlo difícil. Me pregunto cuántas personas nos están viendo y diciéndose: «Oigo lo que dice. Ahora voy a ver cómo vive. Veré si lo que dice es lo que hace».

No lo olvidemos, Dios está por nosotros

La escritura de este capítulo ha sido escrutadora. No he intentado suavizar las palabras de Pedro, para que no ignoremos sus puntos. Valga lo que valga, también he sentido los agudos reproches. Algunas veces un autor tiene que tragarse su propia medicina... excepto que en este caso, Dios nos da la medicina mediante la pluma de Pedro, ¡no la mía! Y así, usted y yo la hemos recibido en la quijada. Se espera que cambie las cosas.

Pero no olvidemos las buenas nuevas: ¡Hay esperanza más allá de la culpa! ¿Podría recordarle esa oración tan frecuentemente repetida de Romanos 8? «Dios está por nosotros». En amor devoto nos eligió. En gran gracia se inclinó para aceptarnos en su familia. En inmensa misericordia todavía nos encuentra vagando, nos perdona nuestros tontos caminos, y (así como hizo con Pedro) nos libera para servirle aunque no merezcamos tal tratamiento.

Así que... ¡fuera con la culpa! Si necesita un poco de resolución para que eso suceda, lea la paráfrasis de Romanos 8.19-31.

4 Wiersbe, *op. cit.*, p. 57.

Léalo en forma lenta, preferiblemente en voz alta. Como me dijera un buen amigo en una ocasión: «Si esto no enciende tu fuego, ¡tienes madera mojada!»

Así que, ¿qué piensa? Con Dios a favor nuestro, ¿cómo podemos perder? Si Dios no titubeó en arriesgarlo todo por nosotros, aceptando nuestra condición y exponiéndose a lo peor al enviar a su propio Hijo, ¿acaso hay algo más que no haría alegre y libremente por nosotros? ¿Y quién se atrevería a embrollarse con Dios molestando a uno de sus elegidos? ¿Quién se atrevería siquiera a levantar un dedo? Aquel que murió por nosotros, ¡que fue resucitado por nosotros!, está en la presencia de Dios en este instante defendiéndonos. ¿Cree que alguien podrá separarnos del amor que nos tiene Cristo? ¡No hay manera alguna! Ningún problema, ni momento difícil, ni el odio, ni el hambre, ni la destitución, ni las amenazas, ni las traiciones, ni siquiera el peor de los pecados enumerados en la Escritura:

«Nos matan a sangre fría porque te odian.
Somos blanco fácil; nos matan uno a uno».

Nada de esto nos alarma porque Jesús nos ama. Estoy absolutamente convencido de que nada, vivo o muerto, angélico o demoníaco, hoy o mañana, alto o bajo, pensable o impensable, absolutamente *nada* puede interponerse entre nosotros y el amor de Dios debido a la forma en la que Jesús nuestro Maestro nos ha aceptado (Ro 8.31-39 MSG).

Una oración por esperanza más allá de la culpa.

Padre... querido Padre, nosotros somos nuestro peor enemigo. Nos enfocamos en nuestros fracasos en vez de tus rescates... en nuestras equivocaciones en lugar de tu

compromiso de corregirnos... en nuestros endebles esfuerzos en vez de tus poderosos planes para nuestro bien. Hasta nuestros intentos de dedicarnos a ti pueden llegar a ser tan egocéntricos. Haz que volvamos a prestarte atención.

- *Recuérdanos nuestra posición exaltada en Cristo.*

- *Refréscanos con recuerdos frecuentes: «Dios está por nosotros».*

- *Renueva nuestros espíritus con el reconocimiento de que somos posesión tuya.*

Entonces, animándonos con esos pensamientos llenos de gozo, destruye la culpa dentro de nosotros para que podamos disfrutar, como nunca antes, de tu abrazo definitivo. Oro mediante Cristo.

AMÉN

6

■

Esperanza más allá de la injusticia

Cómo continuar aunque se hallan aprovechado de usted

¿HA COMPRADO ALGUNA vez un auto usado que le salió mal? ¿Ha pedido en alguna ocasión un accesorio de $16.95 anunciado en un comercial televisivo para terminar con ochenta y cinco centavos de plástico?

¿Quién no ha sido engañado por un vendedor sutil con el cabello a la moda y zapatos costosos? ¿Quién no ha salido mal por una campaña publicitaria que promete más de lo que puede presentar? ¿A quién, en algún momento, no le han tomado el pelo?

Sin embargo, nos recuperamos relativamente fácil y con rapidez de engaños como esos. Lo que en verdad es difícil de soportar es la clase de abuso o que nos afecta cuando alguien injuria nuestras reputaciones, nos arranca la alfombra económica del suelo que pisamos, o hasta amenaza nuestras vidas. Es bastante difícil ocuparse de las consecuencias de nuestros tropiezos, cálculos equivocados y errores estúpidos. Pero parece insoportable sufrir las consecuencias de algo que no era por culpa nuestra o que no merecíamos.

Si en algún momento ha sido tratado de esa manera, tiene buena compañía bíblica. David fue estafado por Saúl, Esaú fue engañado por Jacob, José fue maltratado por sus hermanos, y a Job lo embaucaron los caldeos y los sabeos.

David, cuando era un joven pastor, mató a Goliat y ayudó a vencer al enemigo filisteo. Después de eso, llegó a ser abrumadoramente popular entre el pueblo. También se convirtió en el objeto de la ira del rey Saúl. David solo le había hecho bien a Saúl y a su pueblo. Por lo tanto, el pueblo le cantó las alabanzas adecuadas a David: «Saúl hirió a sus miles, y David a sus diez miles» (1 S 18.7). Ese canto popular llevó a Saúl a una ira vengativa contra el joven héroe que tuvo que huir por su vida, por más de una década, mientras Saúl lo cazaba y lo atormentaba. David no se merecía eso, pero sucedió.

José no pidió ser el favorito de su padre, pero cuando Jacob mostró favoritismo para con su hijo más joven, los hermanos de José, en un momento de odio absoluto, lo vendieron como esclavo. Aunque José triunfó sobre sus circunstancias, inicialmente sus hermanos abusaron de él.

Anteriormente, Jacob, el padre de José, había engañado a su hermano, Esaú, para quedarse con su primogenitura. Es cierto que Esaú fue irresponsable e imprudente, pero Jacob se aprovechó de su hermano en un momento vulnerable.

¿Y qué de aquel buen hombre Job? De acuerdo con las Escrituras, era «irreprensible» y «recto» y no se había aprovechado de nadie... pero debido a que Satanás lo había usado como conejillo de indias, Job perdió toda su tierra, todos sus siervos, todas sus posesiones, y sobre todo, sus diez hijos.

A pesar de que Dios usó en última instancia todas estas situaciones para el bien de los creyentes y su honor, inicialmente todos estos hombres pudieron haber dicho: «¿Qué pasa? ¡Esto es injusto! ¡No merezco esto!»

Así que aunque podamos estar en buena compañía, y a la miseria le encanta la compañía, esta no alivia el dolor del trato injusto.

Reacciones naturales al tratamiento injusto

He observado que cuando se nos trata injustamente, respondemos con tres reacciones reflexivas comunes.

Primero, está el patrón agresivo: culpamos a otros. Esta reacción no solo se enfoca en la persona que nos defraudó y lleva cuenta de lo malo que nos ha hecho, sino que también se ingenia maneras de vengarse. Esta reacción dice: «No solo me enojo sino que me vengo». En el proceso, la agresión aumenta de una simple ira hasta la rabia. Comienza con la semilla del resentimiento, germina en la venganza, y en el proceso nutre una profunda raíz de amargura que envuelve tenazmente a nuestros corazones. Cuando se le permite crecer por completo, nos deja determinados a vengarnos de *cada persona* que nos haya hecho algo.

Es como el tipo que lo mordió un perro y luego su médico le dijo: «Sí, en verdad, tiene rabia». Al escuchar esto, el paciente inmediatamente sacó una libreta y un lapicero y comenzó a escribir.

Pensando que el hombre estaba haciendo su testamento, el médico le dijo: «Mire, eso no quiere decir que se va a morir. Hay cura para la rabia».

«Eso yo lo sé», dijo el hombre. «Estoy haciendo una lista de las personas que voy a morder».

Es probable que unos cuantos de los que lean estas palabras hagan listas ahora mismo de personas que han de morder en la próxima oportunidad que tengan. Algunos de ustedes ya están involucrados en eso. El juego de culpar a los demás podrá satisfacer temporalmente una picazón interna agresiva, pero no lleva a una solución duradera. No en balde Dios nos advierte: «No os venguéis vosotros mismos[...] Mía es la venganza, yo pagaré, dice el Señor» (Ro 12.19).

Segundo, hay un patrón pasivo: nos apenamos por nosotros mismos. Hacemos fiesta con nuestro penar, quejándonos con cualquiera que nos ofrezca un oído simpático. «La vida no es justa», nos quejamos. Pero si nos revolcamos en este lodazal de desconsuelo demasiado tiempo, nos deprimimos e inmovilizamos, y vivimos el resto de nuestra vida con las cortinas y las puertas cerradas. Al igual que la arena movediza, apenarnos por nosotros mismos nos hundirá.

Aunque pueda contenerse, también hay mucha ira en este patrón pasivo. Ceda a esta tentación, y puedo asegurarle, que jamás volverá a ser vulnerable para con alguien.

Recuerdo algunos muchachos en el servicio militar que estaban asignados a Corea durante la guerra coreana. Mientras estaban allí, emplearon un joven coterráneo para que limpiara y cocinara para ellos. Como eran un grupo de bromistas, estos muchachos se aprovecharon rápidamente de la aparente inocencia del joven. Le ponían vaselina a los botones de la estufa para que cuando la encendiera por la mañana se engrasara sus dedos. Colocaban pequeños cubos con agua sobre la puerta para que se mojara al abrir la puerta. Hasta clavaron sus zapatos al suelo durante la noche. Día tras día el muchacho soportó sus bromas sin decir nada. Sin culpar a nadie... sin meterse en la autocompasión... sin berrinches.

Finalmente los hombres se sintieron culpables por lo que hacían, así que se sentaron con el joven coreano y le dijeron:

—Mira, sabemos que estas bufonadas ya no son graciosas, y lo sentimos. Jamás volveremos a aprovecharnos de ti.

Al joven le pareció demasiado bueno para creerlo.

—¿Ya la estufa no va a estar pegajosa? —preguntó.

—No.

—¿Ya no habrá agua en el suelo?

—No.

—¿Ya no clavarán los zapatos al piso?

—No, nunca jamás.

—Muy bien —dijo el joven con una sonrisa—, ya no habrá más esputos en la sopa.

Aun de manera pasiva, usted puede escupir en la sopa de alguien.

Tercero, esté el patrón de espera: posponemos o negamos nuestros sentimientos. Podríamos llamar a esto el Síndrome de Scarlett O'Hara: «Pensaré en eso mañana». Se deja cada asunto candente a que hierva a fuego lento en la hornilla trasera. En la superficie todo se ve calmado, «no me molesta», pero por dentro, nuestros sentimientos hierven, comiéndonos como el ácido. El no ocuparse del problema con franqueza solo lleva a la duda y a la desilusión y debilita la fibra de nuestras vidas. Además, es físicamente insalubre sostener sentimientos de resentimiento.

Una alternativa que honra a Dios

Aunque sean muy comunes, no espere encontrar ninguna de estas reacciones en la maravillosa carta de Pedro en donde nos informa cómo tener esperanza más allá de la injusticia. Espere, en vez de eso, una reacción alterna al tratamiento injusto.

El mandamiento

> Por causa del Señor someteos a toda institución humana, ya sea al rey, como a superior, ya a los gobernadores, como por él enviados para castigo de los malhechores y alabanza de los que hacen bien (1 P 2.13-14).

Es importante entender el contexto histórico de este mandamiento. El Imperio Romano, a través del cual estaban esparcidos los lectores de la carta de Pedro, no era una monarquía benévola. Era una dictadura regida por el demagogo demente Nerón, cuya maldad y crueldad hacia los cristianos era especialmente notoria. Muchos de los creyentes que recibieron la carta de Pedro sufrían persecución. Los cuerpos de sus amistades y sus amados habían ensangrentado la arena del coliseo romano. Sus cadáveres, empapados en aceite, habían iluminado ese vasto imperio. Así que era completamente natural y apropiado que Pedro se ocupara del tema del trato injusto. Estos creyentes habían sido blanco del maltrato más asqueroso del gobierno, sus compatriotas y sus vecinos.

¿Deberían estos cristianos tomar las armas y resistir un gobierno con esa clase de líder al timón? No, dijo Pedro. Increíblemente, en medio de todo esto, tuvo la audacia de decir: «Someteos».

Dios no promueve la anarquía. Jesús dijo: «Dad, pues, a César lo que es de César, y a Dios lo que es de Dios» (Mt 22.21). Y Pablo nos exhorta a orar por los que están en autoridad sobre nosotros (véase 1 Ti 2.1-2). En ninguna parte de la Escritura se recomienda la insurrección contra el gobierno. El creyente no fue puesto en la tierra para trastornar gobiernos sino para establecer en el corazón humano un reino que no es de este mundo.

Por supuesto, pueden haber ocasiones cuando tengamos que resistir, cuando debamos permanecer firmes y desobedecer una ley que transgrede la ley de Dios. No debemos doblegarnos comprometiendo nuestras convicciones o renunciando a nuestra fe. Pero esas son las excepciones, no la regla general. Siempre y cuando sea posible debemos darle al César la moneda de la obediencia civil, orar por los que están en autoridad, pagar nuestros impuestos, obedecer las leyes de la tierra, y vivir honorablemente bajo el dominio de los líderes terrenales electos.

La manera de vivir honorablemente, dice Pedro, es «someterse». La palabra griega es *hypotasso*, un término militar que significa «entrar a las filas bajo una autoridad». Se compone de dos palabras: *tasso*, que significa «señalar, ordenar, o arreglar», e *hypo*, que significa «poner debajo o subordinar». En esta construcción en particular expresa la idea de sujetarse o colocarse bajo la autoridad de otro.

Este reconocimiento de la autoridad existente, unido a una disposición a apartar los deseos personales, muestra una profunda dependencia de Dios. Esta sumisión a la autoridad no solo es respecto a Dios, la preeminente autoridad humana, sino a oficiales menores también, a reyes y gobernadores así como a oficiales de la ley y maestros.

Estoy convencido en mi corazón de que si fuéramos buenos estudiantes de la sumisión nos llevaríamos mejor en la vida. Pero también estoy convencido de que esto es lo que, más que ninguna otra cosa, trabaja contra nuestra naturaleza misma, que argumenta: «No quiero someterme. No quiero ceder. No dejaré que se salga con la suya». Y así vivimos abrasivamente.

Vamos a aclarar algo aquí. Nuestro problema no es entender lo que significa la sumisión. Nuestro problema es hacer lo que dice.

Debido a que la sumisión es tan difícil, tenemos que ver la razón tras el mandamiento de Pedro.

La razón

Porque esta es la voluntad de Dios: que haciendo bien, hagáis callar la ignorancia de los hombres insensatos (1 P 2.15).

La palabra griega traducida «silencio» aquí significa «cerrar la boca con un bozal». Verá, los cristianos en el primer siglo eran blanco de toda clase de rumores injuriosos. «Son una secta secreta», decían las personas. «Son personas de otro reino»... «Ellos siguen a otro dios»... «Tienen planes de derrocarnos». A través del Imperio Romano chismeaban en cuanto a reuniones secretas, sus ideologías subversivas, su lealtad a otro reino, sus planes de infiltrar, indoctrinar y llevar a la insurrección. Esta clase de paranoia era común, y llegaba hasta Nerón. Para silenciar estos rumores, Pedro promovía la sumisión a los que estaban en el poder. Pedro dijo que al someterse, al hacer lo correcto ante Dios, les silenciarían las bocas a los que diseminaban esos rumores.

Traduzcámoslo en términos actuales. Vivimos en una ciudad en donde el gobierno es dirigido por autoridades civiles. El edificio de nuestra iglesia está localizado en esa ciudad. Ahora, esas autoridades civiles no tienen derecho a decirnos qué predicar, qué enseñar o cuál filosofía adoptar como Iglesia. De intentar hacerlo, tenemos el derecho, en realidad el deber, de rebelarnos, porque hay una ley superior que su ley, la ley superior relacionada con la declaración de la verdad. Sin embargo, ellos sí tienen el derecho de decir: «En este cuarto ustedes pueden ubicar solamente 150 personas. Si hay más de eso están violando el código incendiario y estarán sujetos a una multa y posiblemente otras penalidades». No es ni correcto ni sabio que quebrantemos esa ley civil. No viola la ley de Dios y está, en verdad, para protección nuestra. Así que debemos someternos a esa ley.

En la iglesia en que serví en Fullerton, California, tuvimos que obedecer las leyes locales, una de las cuales decía que no podíamos utilizar sillas plegadizas en el auditorio para la adoración; los asientos tenían que estar sujetos al piso. Además, la ley local requería cierto porcentaje predeterminado entre los autos que aparcaban en el estacionamiento y las personas que se sentarían en el auditorio. Cualquier iglesia que construyera un centro de adoración tenía que proveer estacionamiento para «X» cantidad de personas en la reunión de adoración. Accedimos a cooperar con eso.

Al someternos a esa autoridad civil, silenciamos cualquier rumor de que fuéramos un grupo disidente, que hacíamos lo que nos daba la gana. No hubiéramos ganado nada rebelándonos contra las autoridades civiles. Es más, habríamos perdido de varias maneras.

El principio

> Como libres, pero no como los que tienen la libertad como pretexto para hacer lo malo, sino como siervos de Dios. Honrad a todos. Amad a los hermanos. Temed a Dios. Honrad al rey (1 P 2.16-17).

Es importante que mantengamos la perspectiva correcta en este principio. No nos sometemos porque necesariamente estemos de acuerdo. No nos sometemos porque muy adentro apoyemos todas las reglas, códigos, y reglamentos. En algunas ocasiones podrían parecer insignificantes y molestas, terriblemente restrictivas, y hasta prejuiciadas. Nos sometemos porque es la «voluntad de Dios» y porque somos «siervos de Dios».

Ahora, verá, el principio sale a la superficie. No use su «libertad como pretexto para hacer lo malo». No use, ni abuse de, la gracia para que su libertad se convierta en una capa para el mal.

En pequeños arranques tipo *staccato*, Pedro nos da varios mandamientos en los versículos 16 y 17: actúen como personas libres; honren a todos los seres humanos; amen la hermandad; teman a Dios; honren al rey. Y alrededor de los mandamientos está el principio más importante: «No usen su libertad como cubierta para el mal».

Siempre debemos estar conscientes de la tentación a abusar de la libertad. Es tan fácil estirarla; tan fácil hacer que trabaje para nosotros en lugar de para la gloria de Dios.

Un ejemplo y *el* ejemplo

> Criados, estad sujetos con todo respeto a vuestros amos; no solamente a los buenos y afables, sino también a los difíciles de

soportar. Porque esto merece aprobación, si alguno a causa de la conciencia delante de Dios, sufre molestias padeciendo injustamente. Pues ¿qué gloria es, si pecando sois abofeteados, y lo soportáis? Mas si haciendo lo bueno sufrís, y lo soportáis, esto ciertamente es aprobado delante de Dios. Pues para esto fuisteis llamados (1 P 2.18-21a).

Para entender el pleno valor de lo que Pedro dice debemos entender algo de la naturaleza de la esclavitud en tiempos de la iglesia primitiva. William Barclay da una luz histórica sobre esto.

En tiempos de la iglesia primitiva[...] había casi 60,000,000 de esclavos en el Imperio Romano.

Los esclavos no solo realizaban tareas viles. Había médicos, maestros, músicos, actores, secretarios y mayordomos que eran esclavos. Es más, todo el trabajo en Roma era realizado por esclavos. La actitud romana era que no había razón de ser amos del mundo y trabajar. Que los esclavos hagan eso y que los ciudadanos vivan en cómoda vagancia. El suministro de esclavos jamás se acabaría.

A los esclavos no les estaba permitido que se casaran; pero cohabitaban; y los niños que nacían de esa unión eran propiedad del amo, no de los padres, así como los corderos nacidos de ovejas le pertenecían al dueño del rebaño, y no a las ovejas.

Sería equívoco pensar que la suerte de los esclavos siempre era desolada e infeliz, y que siempre eran tratados con crueldad. Muchos esclavos eran miembros amados y confiables de la familia; pero un enorme e inescapable hecho dominaba toda la situación. En la ley romana un esclavo no era una persona sino una cosa; y no tenía derecho legal alguno. Por esa razón no podía existir justicia alguna en lo que al esclavo se refería[...] Pedro Crisólogo resume el asunto: «Lo que un amo le haga a un esclavo, inmerecidamente, enojado, voluntaria o involuntariamente, en olvido, después de pensarlo con cuidado, a sabiendas o en ignorancia, es juicio, justicia y ley». En cuanto al esclavo, la voluntad de su amo, y hasta el capricho de su amo, es la única ley».[1]

---

[1] Barclay, *op. cit.*, pp. 210, 211.

Esa era la realidad del mundo del primer siglo cuando Pedro se dirigió a los esclavos y les dijo que «se sometieran» a sus amos. Hubiera sido fácil para los esclavos que se convertían en cristianos pensar que su cristianismo les daba la libertad para romper con sus amos. Pedro, bajo la inspiración del Espíritu Santo, declaró que eso no era así.

Siglos después, el cristianismo impregnó la cultura y venció a la esclavitud, pero no sucedió en el primer siglo. Esta es una buena lección para nosotros en cuanto al tiempo de Dios contra el nuestro, aun cuando se refiera a la adversidad. Aunque Él ciertamente nos ordena ser sal y luz y así ocasiona justicia y cambio en nuestra cultura, su prioridad definitiva es cambiar el corazón de cada humano.

Es difícil para nosotros en la actualidad leer algunos de esos versículos. Nuestro punto de referencia es tan diferente, tan occidental, tan al siglo veinte, que algunas veces procuramos volver a escribir la Palabra de Dios para que se ajuste a nosotros. No podemos hacer eso. Debemos dejar que hable por sí misma.

«Bueno, eso está bien si uno tiene un buen amo», dirá usted. Es maravilloso si uno es esclavo de San Francisco de los EE.UU.... o de la Madre Teresa de su comunidad. Si trabaja para un jefe maravilloso y casi beato, todo será bien. Uno se somete con alegría. Pero ¿y si su dueño se ajusta a la descripción de la última parte del versículo, y si trabaja para los «difíciles de soportar?»

¿Tiene usted un jefe antipático? ¿Tiene un supervisor o un administrador que no es justo? ¿Tiene que relacionarse con personas irrazonables? Quizás no quiera escuchar esto hoy, pero hay mucha verdad para usted en los versículos 18 y 19, verdades que no aparecerán jamás en su periódico local o en un programa televisivo.

La tendencia natural del corazón humano es pelear contra el tratamiento injusto e irrazonable. Pero el punto de Pedro es que buscar venganza por el sufrimiento injusto puede ser una señal de señorío autodesignado sobre los asuntos propios. Entonces, la venganza es algo totalmente inapropiado para alguien que se haya sometido al señorío de Jesucristo. Los cristianos deben contrastar con los que los rodean. Esto incluye una diferencia en la actitud y una diferencia de enfoque. Nuestra actitud debe ser «sumisa», y nuestro enfoque debe ser «hacia Dios». ¿Y cómo percibe Dios este cambio? Dios lo aprueba.

Entonces, nuestro enfoque no debe consumirse en la obtención de una promoción salarial en la oficina sino en conseguir la alabanza de Dios, no obteniendo la gloria para nosotros mismos sino dándole la gloria a Él.

Pues ¿qué gloria es, si pecando sois abofeteados, y lo soportáis? Mas si haciendo lo bueno sufrís, y lo soportáis, esto ciertamente es aprobado delante de Dios (1 P 2.20).

El contraste es elocuente. A una persona que sufre lo merecido no se le debe crédito alguno. Si usted se mete a una casa y roba, será arrestado, y podría ser encarcelado. Y si soporta pacientemente su sentencia en la cárcel, nadie va a pensar que usted es maravilloso por ser un prisionero tan bueno y paciente. No será elegido «Ciudadano del año».

Pero si es un empleado trabajador, leal, diligente, honesto, productivo, puntual, afectuoso, que labora para un jefe que es contencioso, terco, miope y desagradecido, y soporta pacientemente esa situación, ¡ajá! ¡Eso Dios lo aprueba! (¡Le dije que esta no es información que el público generalmente acepte!) En realidad, otro significado para la palabra traducida «aprobado» es *gracia*. Así que cuando usted soporta, despliega la gracia. Y cuando usted despliega la gracia para la gloria de Dios, podría revolucionar su lugar de trabajo o cualquier otra situación.

¿Puede ver por qué la filosofía cristiana es absolutamente radical y revolucionaria? ¡No trabajamos para el crédito o el prestigio o el salario o los beneficios! Trabajamos para la gloria de Dios en todo lo que hagamos. El propósito del creyente en la sociedad es glorificar y honrar el nombre de Cristo, no que se nos trate bien o que se nos facilite la vida o ni siquiera ser felices, a pesar de lo maravillosas que sean esas cosas. De nuevo, esto no se promueve en los lugares de trabajo de hoy en día.

Pues para esto fuisteis llamados; porque también Cristo padeció por nosotros, dejándonos ejemplo, para que sigáis sus pisadas (1 P 2.21).

Usted fue llamado «para esto». Por eso está en esa compañía. Por eso cumple esa función. Por eso estas cosas le están sucediendo. ¿Por qué? Para que pueda seguir en los pasos de nuestro Señor Jesús, que sufrió por nosotros.

Dejé a Cristo deliberadamente fuera de la lista de ejemplos bíblicos al comienzo del capítulo porque quería mencionarlo aquí. A nadie lo han «defraudado» más que a nuestro Salvador. Absolutamente nadie. Jesús de Nazaret fue el único hombre perfecto que jamás haya vivido, empero sufrió continuamente durante su breve vida en este planeta. Fue malinterpretado, difamado, odiado, arrestado y torturado. Por último, lo crucificaron.

Y Pedro dice que hemos de andar en las pisadas de Jesús.

Cristo padeció por nosotros, dejándonos ejemplo, para que sigáis sus pisadas; el cual no hizo pecado, ni se halló engaño en su boca; quien cuando le maldecían, no respondía con maldición; cuando padecía, no amenazaba, sino encomendaba la causa al que juzga justamente; quien llevó Él mismo nuestros pecados en su cuerpo sobre el madero, para que nosotros, estando muertos a los pecados, vivamos a la justicia; y por cuya herida fuisteis sanados (1 P 2.21b-24).

En estos versículos Pedro cambia de *un* ejemplo de tratamiento injusto *al* ejemplo que debemos seguir, pasa del de un siervo al de un Salvador.

John Henry Jowett escribe acerca de la perfección de Jesús.

La fina y sensible membrana del alma no había sido abrasada en manera alguna por el fuego de la iniquidad. «¡Ningún pecado!» Era perfectamente puro y saludable. Ningún poder había sido explotado por el relámpago de la pasión. Ningún nervio había sido atrofiado por la pestilencia debilitadora de la negligencia criminal. Toda la superficie de su vida era tan finamente sensitiva como la piel saludable y atractiva de un niñito[...] No había duplicidad. No había desdobleces, secretos o repliegues en su vida que encubrieran motivaciones ocultas. No había nada clandestino. Su vida yacía expuesta en perfecta autenticidad y sinceridad. El significado real e interno de su vida se presentó sobre una superficie simple de sencillez impasible. «¡Ningún pecado!» Nada embotecido o entorpecido. «¡Ningún engaño!» Por lo tanto nada estaba endurecido por la afrenta del engaño.[2]

Ese es el Cristo sin pecado. Pero aun así se burlaron de Él, lo magullaron, lo golpearon y lo *crucificaron*. Cuando Pedro nos dice que es nuestro ejemplo, ¡eso es decir algo!

Considere este enfoque. «Encomendaba la causa al que juzga justamente».

Eso es algo bueno que puede hacerse a través de su día. «Señor, este es un momento difícil para mí. Hoy las cosas me resultan duras. Aquí estoy de nuevo, ocupándome de esta persona irrazonable, esta persona que me está tratando injustamente. Señor, ayúdame. Me encomiendo a ti. Te entrego mi lucha. Protégeme. Provéeme la sabiduría y el autocontrol que necesito. Ayúdame a hacer lo correcto».

Debemos entender que el propósito del sufrimiento de Jesús era diferente al nuestro. Sé que llega un punto en que la sujeción a ciertas situaciones puede llegar a ser absolutamente imprudente y poco saludable. Aquí no hay argumento. Pero la mayoría de nosotros no estamos siquiera cerca de eso. Nos apuramos a defendernos. Somos una generación que se protege. Conocemos mejor los teléfonos de nuestros abogados que los versículos en la Escritura acerca del autocontrol. ¡Estamos prestos a enojarnos! ¡Estamos prestos a pelear! ¡Prestos a responder! ¡Prestos a demandar! «No te ATREVAS a pasar esa línea... ¡Tengo mis derechos!»

¿Cuándo fue la última vez que deliberadamente, para la gloria de Cristo, soportó un golpe en la quijada, mostró la otra mejilla, se quedó callado, y le dio a Él toda la gloria?

[2] J.H. Jowett, *The Epistles of St. Peter* [Las epístolas de San Pedro], segunda edición, Hodder and Stoughton, Londres, s.f., p. 92.

Un beneficio que acompaña a esa obediencia

Porque vosotros erais como ovejas descarriadas, pero ahora habéis vuelto al Pastor y Obispo de vuestras almas (1 P 2.25).

Al mirar con horror a la cruz, uno no puede evitar marearse por un enjambre de preguntas. ¿Por qué? ¿Por qué este hombre inocente soportó un sufrimiento tan injusto? ¿Por qué debemos soportarlo nosotros? ¿Por qué no hemos de resistir las espinas y los azotes que estamos forzados a aguantar? ¿Por qué debemos someternos a los martillazos, a los clavos traspasadores, a la cruz del sufrimiento injusto?

Porque eso nos lleva a volver a nuestro Salvador por protección más que para defendernos o pelear por «nuestros derechos». Esa clase de reacción ha llegado a ser tan parte de nuestra manera de vivir y de nuestra cultura que ni siquiera nos damos cuenta cuando reaccionamos de esa forma. Ni siquiera reconocemos que debemos ser diferentes a los que nos rodean.

De paso, ¿vio las palabras «por cuya herida fuisteis sanados»? ¡Eso sí es vívido! Pedro había visto en carne propia el yugo del sufrimiento injusto que le colocaron a Jesús en los hombros. Indudablemente recordaba. Podía verlo tan claro como si fuera ayer, ese momento cuando vio el cuerpo de su Maestro magullado y ensangrentado tambaleándose por las estrechas calles de Jerusalén de camino al Gólgota. Y mientras recordaba esa escena, dijo: «Por eso nos sana».

¿Siente las astillas de alguna cruz de sufrimiento injusto? ¿Le ha traicionado un amigo? ¿Lo ha crucificado algún jefe? ¿Le ha acaecido un desastre en su vida casi demasiado difícil de soportar? De ser así, no se defienda. El sufrimiento puede ser una experiencia confusa. Para mantenerse balanceado en esos momentos cuando las cosas están revoloteando a su alrededor, es importante encontrar un punto de referencia asegurado y enfocarse en él. Regrese a la protección y la tutela del Buen Pastor que soportó la cruz y entregó su vida... por usted.

Fue porque David rehusó vengarse del Rey Saúl que recordamos su relato hasta hoy. Fue porque José estaba tan dispuesto a perdonar a sus hermanos que lo admiramos hasta hoy. Y fue porque Job no titubeó en su fe, a pesar de todas esas calamidades injustas, que nos impresionan hasta este día.

Si desea que lo olviden porque vivió consumido con culpa y vergüenza, siga luchando. Vénguese. Quédese enojado.

Pero si espera que lo recuerden, lo admiren y lo recompensen, continúe a pesar de que lo hayan defraudado.

Una oración por esperanza más allá de la injusticia

Querido Señor, halla dentro de nosotros un espíritu silencioso y manso, de sumisión. Para que suceda eso, necesitamos que llegues como un diluvio. Ocúpanos como el agua que llena los lugares vacíos. Ocupa las porciones reservadas de nuestras vidas en donde la ira está ulcerándose y los lugares secretos en donde se guardan las rencillas. Barre nuestras casas... no olvides un cuarto, ni siquiera una área, limpia cada armario oscuro, mira debajo de cada alfombra. No permitas que nada pase desapercibido a medida que controlas nuestras motivaciones así como nuestras acciones. Muy profundamente dentro de nuestros corazones oramos para que nos limpies de la culpa y la venganza, de la vergüenza y de recordar las cosas malas que nos han hecho. Capacita a cada uno de nosotros para que seamos tan grandes como para continuar independientemente del tratamiento injusto que tengamos que soportar. Elimina las cicatrices del mal tratamiento y las palabras crueles. El perdón llega con dificultad... pero es esencial. ¡Ayúdanos a perdonar aun a los que jamás reconocen sus malas acciones y nos hieren! Danos paz en vez de tumultos y borra los recuerdos que nos mantienen ofendidos. ¡Necesitamos esperanza para continuar!

Pido esto en el nombre de Aquel que no tuvo pecado y no hizo mal, pero murió, el justo por el injusto: Jesucristo nuestro Señor.

AMÉN

7

Esperanza más allá del «Sí»

El toma y dame
de la
armonía doméstica

LA BODA ES UNA COSA. El matrimonio es otra. Qué diferencia hay entre la manera en la que las cosas comienzan en la casa... y la forma en la que continúan.

En su libro *Secrets to Inner Beauty* [Secretos para la belleza interna], Joe Aldrich describe de manera humorística las realidades de la vida matrimonial.

> No le toma mucho tiempo a los recién casados descubrir que «nadie lo tiene todo en una persona». Pronto aprenden que una licencia matrimonial es un permiso de aprendizaje, y preguntan con agonía, «¿Hay vida después del matrimonio?»
>
> Un antiguo proverbio árabe declara que el matrimonio comienza con un príncipe besando a un ángel y termina con un hombre calvo mirando al otro lado de la mesa a una dama gorda. Sócrates les dijo a sus estudiantes: «Cásense. Si consiguen una buena esposa, serán doblemente bendecidos. Si consiguen una mala esposa, se convertirán en filósofos». El conde Herman Keyserling lo dijo bien cuando declaró que "Las dificultades de la vida no terminan, sino que comienzan con el matrimonio"».[1]

[1] Joseph C. Aldrich, *Secrets to Inner Beauty* [Secretos de la belleza interna], Vision House, Santa Ana, California, 1977, pp. 87-88.

El matrimonio comienza como un paseo romántico en trineo bajo la luna, deslizándose suavemente sobre la brillante nieve. Es vivir juntos después de la luna de miel lo que resulta ser un viaje cargado con mochila a través de rocas y arena ardiente. Que dos personas vivan en armonía doméstica, requiere mucho toma y dame. Si necesita confirmación de esto fuera de su vida, simplemente vea las estadísticas. No, olvídese de ellas. Simplemente vea a su alrededor. En el trabajo. En la oficina. En su vecindario. En la iglesia. Matrimonios disueltos. Separaciones. Divorcios. Hogares fracturados. Algunos niños tienen tantos padrastros y madrastras que ya no pueden contarlos.

La boda es una cosa. El matrimonio es algo completamente diferente.

Soy realista, no idealista. He estado casado por cuarenta y un años, y han sido años de aprendizaje y crecimiento, años de dificultad y éxtasis, años de deleite y descubrimiento, años de desánimo y escollos, años de tener niños y de perderlos (dos abortos), años de crecer juntos y, debo confesar, algunos días en los cuales pareciera que nos estábamos separando.

Al principio, por supuesto, engañados por los lentes color rosa del amor romántico, no vimos nada de eso. Y al mirar hacia atrás a través de la neblina de la desilusión, podemos observar pocas cosas claramente.

En un ensayo sobre el tema de los «matrimonios arreglados», el escritor Philip Yancey ofrece estas ideas.

En Estados Unidos y otras culturas de corte occidental, las personas tienden a casarse porque son atraídas a las cualidades atractivas de otros: una sonrisa fresca, buen humor, una figura agradable, habilidad atlética, una actitud alegre, encanto. Al transcurrir el tiempo, estas cualidades pueden cambiar; los atributos físicos, especialmente, se deteriorarán con la edad. Mientras tanto, pueden surgir sorpresas: trabajo casero aburrido, tendencia a la depresión, desacuerdos sexuales. En contraste, los cónyuges en un matrimonio arreglado [más de la mitad de todos los matrimonios en nuestra villa global internacional se ajustan a esta descripción] no centran su relación en atracciones mutuas. Una vez escuchada la decisión de sus padres, se acepta que vivirán por muchos años con alguien que apenas conocen. Así que la pregunta preponderante cambia de «¿Con quién me casaré?» a «Dado este cónyuge, ¿qué clase de matrimonio podemos construir juntos?»[2]

Verdaderamente, esa es la clase de actitud que necesitamos si vamos a avanzar más allá del romance a la realidad de edificar juntos una vida fuerte y duradera. El apóstol Pedro nos da unos consejos útiles. Él ofrece esperanza más allá del «Sí».

Oculta en el corazón de esta carta hay una pequeña gema de verdad, como el diamante de un anillo. Sin el contexto correcto para mejorar su belleza, esta pequeña gema se perdería; pero vista desde su contexto apropiado se convierte en deleite deslumbrante. En la Biblia, esto se llama contexto bíblico.

El contexto colectivo comienza en 1 Pedro 2.13 y continúa a través del final del capítulo 3. Estos múltiples versículos nos retan a responder de manera correcta, hasta en circunstancias injustas. Algunas de esas circunstancias son ilustradas brevemente: ciudadanos en varias situaciones (2.13-17), esclavos con amos injustos (2.18-20), esposas con esposos injustos (3.1-6), y cristianos en una sociedad que no lo es (3.13-17).

El término clave en este contexto es la palabra *someteos*, que definimos y analizamos en el capítulo anterior. Recordará que es una traducción de un término militar que significa «entrar en las filas bajo la autoridad de otro[...] someterse con el propósito de obedecer o complacer a otro». Algunos hombres han llevado esta palabra al extremo en el matrimonio, promoviendo comportamiento femenino cobarde y servil ante las peores clases de abuso. Otros se han ido al otro extremo y han etiquetado estos pasajes como anticuados y por lo tanto culturalmente obsoletos, diciendo que solo son para la era en que fueron originalmente escritos. El balance de la posición bíblica yace en algún lugar entre estos dos polos.

---

[2] Philip Yancey, *I Was Just Wondering* [Simplemente me preguntaba], Eerdmans, Grand Rapids, Michigan, 1989, pp. 174-175.

Sabio consejo a las esposas

Los primeros seis versículos del pasaje, nuestra «gema de verdad», se refiere a las esposas, y el séptimo versículo se refiere a los esposos. Un erudito del Nuevo Testamento ofrece una buena explicación de esta aparente discriminación.

> Podría parecer extraño que el consejo de Pedro a las esposas es seis veces más largo que el ofrecido a los esposos. Esto se debe a que la posición de la esposa era mucho más difícil que la de los esposos. Si un esposo se convertía en cristiano, llevaba automáticamente a su esposa a la iglesia... Pero si una esposa se convertía en cristiana mientras su esposo no lo hacía, tomaba un paso sin precedente y producía agudos problemas.[3]

Pese a esa explicación, sé que este pasaje probablemente es una de las papas más calientes en la Escritura, sobre todo para las mujeres. Permítanme tranquilizarles. No creo que ni esta ni ninguna otra parte de la Escritura amoneste a una esposa a quedarse en una situación en que su salud sea amenazada o en que su vida, o la de sus niños, peligre. Eso no tiene nada que ver con la sumisión. Así que, por favor, no vaya a ese extremo para esconderse allí, pensando que puede evitar o negar la importancia de la sumisión en cualquier otra área o a cualquier otro nivel.

Encuentro no menos de tres imperativos entretejidos en la tela de estos importantes versículos. Son mandamientos razonables y realizables. No son culturalmente irrelevantes. ¡Lo mejor de todo es que dan resultados!

Analice sus acciones

> Asimismo vosotras, mujeres, estad sujetas a vuestros maridos, para que también los que no creen a la palabra, sean ganados sin palabra por la conducta de sus esposas, considerando vuestra conducta casta y respetuosa (1 P 3.1-2).

[3] Barclay, *op. cit.*, p. 218.

Muchas esposas tienden a percibir sus funciones como algo condicional; su comportamiento depende del de sus esposos. «Seguro, seré la clase de esposa que debo si él es el tipo de esposo que debe ser». Superficialmente, eso parece bien. La alternación de privilegios es un juego justo. Solo hay un problema: Este pasaje no está escrito simplemente para las esposas que tienen esposos que juegan recto. Pedro no nos saca del anzuelo tan fácilmente. El pasaje es escrito a todas las esposas, hasta aquellas cuyos esposos «no creen a la palabra». Es más, por implicación este párrafo está dirigido a las mujeres que viven con esposos desobedientes, esposos que andan por su propio camino, esposos que se ocupan poco de las cosas de Dios, esposos que hasta se burlan de las cosas de Cristo. En resumen, estos son esposos que no alcanzan la medida de Dios.

Sin embargo, tener que mostrar comportamiento consagrado bajo tales circunstancias puede hacer que las esposas utilicen la manipulación secreta en vez de un espíritu tranquilo. Esto podría tomar muchas formas: gesticular, refunfuñar, negociar, molestar, predicar, presionar o humillar. Las esposas que usan esta estrategia no confían en Dios para que cambie las vidas de sus esposos. Confían en ellas mismas.

La verdad es que la esposa no es responsable por la vida de su esposo, sino de su propia vida. Usted no puede convertir a su esposo en algo que no es. Solo Dios puede hacer eso.

Creo que fue la señora Ruth, esposa del evangelista Billy Graham, quien una vez dijo: «Mi trabajo es amar a Billy. El trabajo de Dios es que sea bueno». Creo que esa es una filosofía maravillosa para que cualquier esposa la acepte.

Esposa, tu trabajo es amar a tu marido. El trabajo de Dios es cambiar su vida.

Y las esposas que son verdaderamente obedientes a Cristo encontrarán que Él honrará su espíritu seguro. Sí, la sumisión es una señal de seguridad. No es acobardarse de manera débil, basada en la inseguridad y el temor. Es abnegación voluntaria, un espíritu dispuesto y cooperativo que procura el mayor bien para el esposo.

«Bueno, eso parece una calle sin salida, Chuck» podrían decir algunos. «Si supiera lo que estoy pasando, cuán villano, cuán réprobo, cuán impío es él».

Pero note lo que Pedro dice: «Sean ganados sin palabra por la conducta de sus esposas, *considerando vuestra conducta casta y respetuosa*». El término griego para *considerar* sugiere que es una observación cuidadosa e inteligente, no un vistazo casual. A medida que un esposo que «no cree en la palabra» observa el comportamiento consagrado de su esposa, su corazón se ablandará, en una u otra forma, respecto a las cosas espirituales. Esa manera de vivir ha sido llamada «la predicación silenciosa de una vida amorosa».

Vigile su atavío y su actitud

Vuestro atavío no sea el externo de peinados ostentosos, de adornos de oro o de vestidos lujosos, sino el interno, el del corazón, en el incorruptible ornato de un espíritu afable y apacible, que es de grande estima delante de Dios (1 P 3.3-4).

Es obvio que Pedro contrasta agudamente la belleza interna con la externa, o como él lo afirma, entre el atavío externo (versículo 3) y el interno (versículo 4).

Damas, es fácil en nuestra cultura que promueve el consumismo dejarse llevar por las cosas externas. Nuestros hogares los inundan los catálogos ofreciendo cada prenda de vestir que se pueda concebir, y nos invitan con sus números telefónicos gratis ansiosos de tomar su orden a cualquier hora de la noche o el día. Si eso no es lo suficientemente conveniente, tenemos canales de televisión dedicados de manera exclusiva a las compras, así como tiendas disponibles en el Internet. ¡Listas... cámara... *cárguelo a su tarjeta*!

Aquí el punto de contraste es restaurar el balance. Pedro no prohíbe el trenzado del cabello o el uso de joyas así como no prohíbe el uso de vestidos. Meramente desea que esas cosas ocupen el trasfondo y se traiga el carácter de la mujer al frente. La perspectiva es la clave.

Llevado a un extremo irreal, usted en verdad puede fallar el blanco en su adorno externo. He visto algunas mujeres que piensan que es una señal de espiritualidad verse como una cama desordenada. Eso no es lo que Dios piensa. Por otro lado, si el énfasis en las cosas externas es desmedido, se le da demasiado significado a la apariencia, a los cosméticos y a la ropa. Usted puede estar tan preocupada con su adorno externo, que puede comenzar a juzgarse a sí mismo y a otros solo por la apariencia, que es lo que hace nuestra cultura con frecuencia.

La belleza externa es efímera. La belleza interna es eterna. La primera es atractiva para el mundo; la última agrada a Dios. Pedro describe esta belleza interna como «un espíritu afable y apacible». Esto podría parafrasearse como «tranquilidad gentil». Sin duda, esta es la cualidad más poderosa de la mujer, el verdadero carácter. Y ese carácter proviene de adentro, de la persona oculta en el corazón, porque usted sabe quién es y sabe a quién adora y sirve, al Señor Cristo. Dios valora esta clase de belleza interna como algo «imperecedero» y «precioso».

El adorno exterior no requiere mucho tiempo. He visto mujeres hacerlo en unos minutos en camino al trabajo en la mañana. (¿Ha manejado detrás de una mujer maquillándose en el auto mientras maneja al trabajo?) ¡Es un proceso sorprendente! Y peligroso. Siempre temo y me pregunto, ¿qué sucede si cae en un hueco en la carretera?) Podría necesitar solo unas pocas horas para prepararse para las noches más elegantes, pero toma toda una vida para prepararse y desarrollar la persona oculta en el corazón.

El adorno es importante pero no tanto como la actitud. Si la actitud interna es correcta, es sorprendente cuán insignificante llega a ser la apariencia externa. Sabia es la esposa que se ocupa de ambas.

Evalúe su atención

Porque así también se ataviaban en otro tiempo aquellas santas mujeres que esperaban en Dios, estando sujetas a sus maridos; como Sara obedecía a Abraham, llamándole señor; de la cual vosotras habéis venido a ser hijas, si hacéis el bien, sin temer ninguna amenaza (1 P 3.5-6).

El hecho de que Sara llamara señor a su esposo (Gn 18.12) revela mucho en cuanto a su relación. Muestra que lo respetaba, atendía sus necesidades, cooperaba con sus deseos, y se adaptaba a sus anhelos.

Esposas, ¿están moldeándose según el modelo de Sara? Vea qué es lo que más ocupa su atención, dónde invierte su tiempo, cuál es el enfoque de su vida de oración. ¿Su esposo ocupa el tope de su lista terrenal?

Esposas, las animaría a evaluar qué es lo que ocupa la mayor parte de su atención, y esto es especialmente útil a las mujeres que andan ocupadas criando una familia. Es muy fácil poner las necesidades de su esposo en espera bajo la presión de ocuparse constantemente por las de sus hijos. La experiencia me ha enseñado que ahí es donde muchas veces comienza el rompimiento de la relación matrimonial.

Pedro afirma: «Sara obedecía a Abraham». Una buena paráfrasis sería: «Sara se ocupaba de él».

Mandamientos fuertes para los esposos

> Vosotros, maridos, igualmente, vivid con ellas sabiamente, dando honor a la mujer como a vaso más frágil, y como a coherederas de la gracia de la vida, para que vuestras oraciones no tengan estorbo (1 P 3.7).

El versículo final en esta sección centra su atención en los maridos. Es breve, pero penetrante. Noto que aparecen tres imperativos fuertes.

Primero, viva con su esposa. Aquí el término griego es una palabra compuesta de *sun* (con) y *oikeo* (morar, residir); juntos obviamente significa «vivir juntos». Ahora, quizá piense: «Bueno, en verdad, vivo con mi esposa. Estoy *casado* con ella». Pero a eso no es a lo que Pedro se refiere. Él habla acerca de una «cercanía contigua». *Sunoikeo* sugiere mucho más que vivir simplemente bajo el mismo techo. Hay una profundidad, un sentido de intimidad, en la palabra. Dice que los maridos son responsables de que esto ocurra en la relación. Proveer una buena manera de vivir jamás debería convertirse en un sustituto para compartir profundamente en la vida. El marido necesita «estar en casa» con su esposa, entendiendo cada espacio en el corazón de su esposa y ser sensible a sus necesidades. «Morar juntos» definitivamente significa más que comer en la misma mesa, compartir la misma cama y pagar la mensualidad de la casa.

Segundo, conozca a su esposa. Pedro exhorta a los maridos a vivir con sus esposas «sabiamente». Esa frase significa, de manera literal, «de acuerdo con el entendimiento»; no es un conocimiento académico, sino un entendimiento minucioso de la composición de su esposa.

«Oh, conozco a mi esposa», podría decir. «Pelo marrón. Ojos azules. Peso. Estatura. Sé qué es lo que le gusta para cenar. Su color favorito es el azul. Sé a dónde le agrada ir a cenar». Tampoco es esa clase de conocimiento. ¡Cualquier hombre puede conocer esas cosas en cuanto a ella!

Su esposa es un vaso singular, construido cuidadosamente y entretejido de manera hermosa por su Creador. «Conocer a su esposa» implica saber las respuestas a esas preguntas complejas acerca de ella. ¿Cuál es su composición interna? ¿Cuáles son sus preocupaciones y sus temores más profundos? ¿Cómo la ayuda usted a resolverlos en la seguridad y el resguardo de su amor? ¿Por qué ella responde de esa manera?

No hay un manual para esos conocimientos en su vida. Ni siquiera su suegro puede darle esta información interna. Tiene que encontrarla en la intimidad del matrimonio y en el proceso de cultivar su vida juntos. Requiere tiempo. Necesita escuchar. Necesita prestar atención, concentrarse, orar por conocimiento, buscar entendimiento. La mayoría de las esposas anhelan eso. Algunas mueren anhelándolo. Pocas cosas le dan a una mujer más seguridad que saber que su esposo realmente la conoce. Eso es lo que lleva a la intimidad. Eso es lo que convierte el romance en un amor profundo, y para toda la vida. Eso es lo que la mantiene enfocada y comprometida con usted, anhelando tenerlo ahí, deleitándose en su presencia, sus palabras, su oído atento.

De paso, tenemos que ocuparnos de otra frase que incide aquí: «vivid con ellas sabiamente, dando honor a la mujer *como a vaso más frágil*». Ahora una palabra de precaución: Esto no tiene nada que ver con debilidad de carácter o inteligencia.

La mujer es llamada «vaso más frágil» (*skeuos*, literalmente, «vaso»); pero esto no debe tomarse en términos morales, espirituales o intelectuales. Simplemente significa que la mujer tiene menos fuerza física. El marido debe reconocer esta diferencia y considerarla.—Edwin A. Blum, «1 Peter» [1 Pedro] en *The Expositor's Bible Commentary* [El comentario bíblico de los expositores], editado por Frank E. Gaebelein, Zondervan, Grand Rapids, Michigan, 1981, XII:237.

Algunas veces esto es algo difícil de comprender cuando consideramos lo que soporta una mujer al tener hijos. No hay duda acerca de la clase de fuerza que tienen las mujeres dentro de sí para soportar el dolor. Cuando mi hija dio a luz a su segundo hijo, nuestro cuarto nieto, tuvo un parto natural. (Me pareció extraño —parto «natural»—, y agradecí que jamás tuve que pasar por eso. ¡Jamás he oído de alguien que tuviera una apendicitis natural o que requiriera un trabajo dental natural!) ¡Qué fortaleza demostró!

Pero en cuanto a la fuerza física el Dr. Robert Kerlan, cirujano ortopédico y especialista en medicina deportiva, dice: «Si la batalla de los sexos se redujera a un juego en el que se tira de una cuerda con una fila de cien hombres en un lado de la trinchera y cien mujeres en el otro, los hombres ganarían». Lo que hace la diferencia, dice él, es la composición muscular.[4]

La meta de Dios para nosotros como maridos es ser sensibles en vez de probar cuán fuertes y machos somos. Necesitamos amar a nuestras esposas, escucharlas, adaptarnos a sus necesidades. Necesitamos negarnos a permanecer más tiempo en nuestro trabajo para que podamos acceder a pasar más y más tiempo en nuestros hogares... para que podamos acceder a las necesidades de nuestros niños y nuestras familias. (¿De qué otra manera aprenderán sus niños qué es lo que significa ser un buen esposo y padre?)

Ahora bien, esta no debe ser una atención tan asfixiante, que convierte al esposo en tan inseguro que no puede perder de vista a su esposa. Al contrario, es la clase de amor que significa que

---

4 *Los Angeles Times*, 23 de junio de 1988.

su esposa no puede regresar lo suficientemente rápido a sus brazos. Lo cual nos lleva al tercer imperativo.

Tercero, honre a su esposa. Darle «honor» es asignarle un lugar honroso. La misma palabra traducida en 3.7 como «honor» se refiere a la sangre de Cristo como «preciosa» en 1.19. A eso le llamaría una analogía bastante significativa, ¿no es cierto?

Los autores Gary Smalley y John Trent definen bien esta palabra en su libro *The Gift of Honor* [El regalo de honor].

> En los escritos antiguos, algo de honor era algo sustancioso (literalmente pesado), valioso, costoso, hasta inapreciable. Para Homero, el erudito griego: «Mientras más costoso sea el regalo, más honra tiene».

> No solo indica algo o alguien que es un tesoro inapreciable, sino que también se usa para alguien que ocupa una posición muy respetada en nuestras vidas, alguien al tope de nuestra lista de prioridades.[5]

Así es como los maridos han de tratar a sus esposas, honrarlas asignándoles la principal prioridad en su lista de relaciones humanas... en sus itinerarios... y más importante aún, en sus corazones.

¿Podría hacerle unas cuantas preguntas muy personales? ¿Cómo trata a su esposa en un día corriente? ¿La honra? ¿Le da un lugar significativo? ¿Se sabe ella su «principal prioridad»? ¿Comunica eso tanto con palabras como con acciones? Honrar a otro jamás es algo con lo cual nos quedamos por dentro.

Esta es una verdad extraordinaria, y solo la obtendrá de las Escrituras. Revolucionó mi hogar. Por eso sé que resulta. No vengo de un hogar modelo y mi esposa no proviene de un hogar en el que su madre fuera honrada. Cynthia y yo sabíamos que si íbamos a hacer que nuestro matrimonio marchara, teníamos que ir por el camino de Dios, lo cual indicaba que ambos teníamos que estar dispuestos a cambiar. Determinamos hacer precisamente eso. Y reconozco sinceramente, de los dos, soy el que más he tenido que cambiar. Más o menos cuando creo que tengo las cosas en su lugar, surge otro aspecto, ¡y tengo que

5 Gary Smalley y John Trent, *The Gift of Honor* [El don del honor], Thomas Nelson, Nashville, Tennessee, 1987, pp. 23, 25, 26.

ocuparme de eso! ¡El viaje hacia la madurez marital es muy largo! Y cada año siempre hay algunos cambios por realizar.

Permítame resumir lo que Pedro escribió. Esposas, sus acciones, su adorno, sus actitudes, su atención son cruciales en su matrimonio. Maridos, vivir con su esposa, llegar a conocerla y honrarla son imperativos si su matrimonio ha de ser lo que debe ser a los ojos de Dios. El matrimonio es una calle en ambas direcciones. Deben mantenerse los dos lados.

Una promesa a ambos cónyuges

Para sellar esta «transacción celestial», Pedro cierra con una promesa para ambos cónyuges: «Para que vuestras oraciones no tengan estorbo». Este es un incentivo adicional para que el marido y la esposa vivan juntos en armonía familiar.

Si usted y su cónyuge esperan cultivar una vida de oración efectiva, el secreto yace en su relación mutua. Sus oraciones no serán obstaculizadas si cultivan una relación atenta e íntima. ¿Podría eso explicar el por qué sus oraciones ahora no reciben respuesta?

Un proyecto para añadir esperanza a su hogar

Durante la semana próxima me gustaría que trabajara en un proyecto muy práctico. Tendrá que hacer dos cosas. *Primero*, escriba las cuatro cualidades que más aprecia de su cónyuge. Luego de meditar en ellas dígaselas a su cónyuge y por qué se le ocurrieron. Ofrezca ejemplos. Tome su tiempo. Explíquelas. Afirme a su cónyuge de manera genuina. *Segundo*, usando esta sección de 1 Pedro como guía, reconozca lo que más le gustaría cambiar en cuanto a sí mismo. No tema ser vulnerable. Su cónyuge apreciará su disposición a ser transparente.

Ahora bien cuidado con hacerlo a la inversa. ¡No mencione las cuatro cosas que desea que su cónyuge cambie y lo que más le agrada acerca de sí mismo!

Diga la verdad. Rehúse buscar culpa. Protéjase para que esto no se convierta en una noche de confrontación. Conviértala en una noche para volver a unirse. Vamos... atrévase a arriesgarse.

Se sorprenderá al descubrir cuán rápido puede regresar la nueva esperanza para su matrimonio. El secreto no es tan profundo. Un buen matrimonio no es tanto el conseguir el cónyuge correcto sino ser el cónyuge correcto.

Y eso comienza con usted.

Una oración por la esperanza más allá del «sí»

Señor, el matrimonio fue tu idea original. Tienes la patente de esto. Tú uniste la primera pareja y les diste sabia instrucción a Adán y a Eva acerca de cómo hacer que su matrimonio floreciera.

Creo que todavía unes a hombres y mujeres... alrededor de este enorme mundo. Pero hoy oro específicamente por los que lean este capítulo. Para algunos, sus esperanzas son oscuras. No saben dónde comenzar o cómo volver a encender la llama que una vez brillara de forma deslumbrante. Para otros, comenzar nuevamente parece una valla demasiado grande... una montaña demasiado grande como para escalarla... demasiado difícil de enfrentar.

De una manera u otra, Señor, quebranta las barreras. Devuelve el «querer». Restaura un destello de esperanza, especialmente en las vidas de esa pareja que piensa que jamás marcharán bien. Que tu Espíritu renueve milagrosamente su esperanza en este momento. Pido esto en el nombre de Cristo, en el cual nada es imposible.

AMÉN

8

*Esperanza más allá
de la ínmadurez*

Puntos de revisión
en cuanto a
la madurez

DURANTE LOS AÑOS más odiosos de mi adolescencia casi siempre recibía dos amonestaciones. La primera era abrupta: «¡Cállate!» La segunda era: «¡Madura!»

Aunque a veces me resultaba difícil, por lo general me las arreglaba para cumplir la primera con bastante rapidez. Pero debo confesar, aún hay días cuando lucho con el segundo consejo.

Camino a la madurez, todos derramamos la leche, decimos cosas indebidas y no actuamos según nuestra edad. A veces actuamos como un niño de dos años con un berrinche. En otras ocasiones refunfuñamos como un pubescente o pasamos por altibajos emocionales como un adolescente poco diestro en etapa de ajuste.

A este proceso se le llama «la madurez». No menospreciemos la verdad, es doloroso. En este proceso, luchamos más, con pruebas y errores que con la gracia de una escuela de buenos modales. Por consiguiente, de vez en cuando, nos pelamos un codo, nos magullamos una rodilla, o sangramos por la nariz por caernos de cara.

Crecer. Tarde o temprano todos tenemos que hacerlo. Mientras más pronto lo hagamos, será más fácil caminar las disparejas y a veces inciertas aceras de la fe.

El problema es, ¿cómo determinamos si hemos madurado? ¿Significa que nuestro cabello comienza a tornarse gris? No, eso significa que estamos envejeciendo pero no indica necesariamente que somos más sabios. He conocido personas con pelo blanco que todavía son inmaduros. Los signos de envejecimiento no necesariamente significan que mostremos señales de madurez.

Si piensa que es más fácil decirlo de adentro hacia afuera, olvídelo. ¿Cómo sabe que es más maduro este año que el anterior? ¿Vivir doce meses más ha causado alguna diferencia? Sabemos que estamos envejeciendo, ¿pero cómo sabemos que estamos madurando? Y, ¿madurar es algo que Dios requiere de parte nuestra? Quizás Él solo desea que vivamos en su familia, algo así como existir entre ahora y la eternidad, y luego planifica llevarnos a casa. No, no es así. Madurar es un objetivo establecido para cada miembro de la familia de Dios. Así lo dice Dios en su Palabra.

El escritor de Hebreos se ocupa de este mismo asunto cuando les llama la atención a sus lectores por su falta de madurez. Habían envejecido en la fe, pero no habían madurado. En lugar de edificar sobre el fundamento puesto por los apóstoles, aún jugaban como niños.

Porque debiendo ser ya maestros, después de tanto tiempo, tenéis necesidad de que se os vuelva a enseñar cuáles son los primeros rudimentos de las palabras de Dios; y habéis llegado a ser tales que tenéis necesidad de leche, y no de alimento sólido. Y todo aquel que participa de la leche es inexperto en la palabra de justicia, porque es niño; pero el alimento sólido es para los que han alcanzado madurez, para los que por el uso tienen los sentidos ejercitados en el discernimiento del bien y del mal.

Por tanto, dejando ya los rudimentos de la doctrina de Cristo, *vamos adelante a la perfección*; no echando otra vez el fundamento del arrepentimiento de obras muertas, de la fe en Dios, de la doctrina de bautismos, de la imposición de manos, de la resurrección de los muertos y del juicio eterno (Heb 5.12—6.2, énfasis añadido).

¿Percibe la preocupación que tiene el Señor porque algunos parecen estar perpetuamente inmaduros? «Tenéis necesidad de que *se os vuelva* a enseñar cuáles son los primeros rudimentos de las palabras de Dios», dice el escritor (énfasis añadido). «Tenéis necesidad de leche, y no de alimento sólido». Qué interesante que lo exprese de esa manera. Nosotros diríamos: «Has vuelto a comer como los infantes». Comerciantes me han dicho que en su comunidad venden más comida infantil a los ancianos que a los padres de niños. A medida que envejecemos, regresamos a la niñez de muchas maneras. Físicamente no podemos evitarlo, a medida que envejecemos y nos enfermamos, nuestros cuerpos se deterioran. Pero en lo espiritual, la inmadurez es algo que no debemos permitir. Dios desea que vayamos más allá de los asuntos rudimentarios de la fe y salgamos a buscar la madurez durante toda la vida. Él anhela que crezcamos en la fe.

Abandonemos las enseñanzas rudimentarias, dice la carta a los hebreos. Continúen hacia la madurez.

Es muy posible que al referirse a las «enseñanzas rudimentarias» el escritor se refiera a las señales y sacrificios mencionados en el Antiguo Testamento. «Ahora hemos superado eso», dice él. En términos actuales podríamos decir: «Avancen más allá del evangelio. Han escuchado el evangelio, han respondido al evangelio, han creído al evangelio, ahora prosigan. Crezcan. Entren en áreas de enseñanza y aprendizaje que profundizan mucho más en su vida». Ese tipo de comida sólida lleva a la fortaleza espiritual. Es más, lo he escuchado de la siguiente manera: «Hemos de dejar el ABC de la fe». En otras palabras, hemos de dejar de jugar con juguetes, de ingerir leche de un biberón y desear que se nos entretenga. Abandonen las cosas que caracterizan la infancia y continúen con una manera de vivir madura.

Hablando doctrinal y bíblicamente, hay pocas cosas más patéticas que aquellos que han conocido al Señor por años y aún no pueden resguardarse de la lluvia. En resumidas cuentas, han envejecido, pero no han crecido.

¿Se alimenta regularmente con la Palabra de Dios o necesita la enseñanza de otro para continuar creciendo? Ahora bien, no me malinterprete; no condeno la enseñanza y la predicación.

¿Cómo podría hacer eso? ¡Esa es mi estabilidad laboral! Todos necesitamos que alguien nos instruya y nos exhorte en las cosas de Dios. Pero no es porque no tengamos manera de asimilarlo por cuenta propia. La enseñanza y la predicación son como suplementos alimenticios nutritivos.

Permítame hacerle varias preguntas penetrantes. ¿Explora la Palabra de Dios? ¿Anda verdaderamente escudriñando las Escrituras por su propia cuenta? ¿Está involucrado en un ministerio de oración prevaleciente y colectivo? ¿Puede hoy lidiar con la presión mejor que, por así decirlo, tres años atrás? ¿Avanza más en su tabla de crecimiento que hace un año, dos o cinco?

Formas de verificar la madurez

¿Cómo podemos saber que estamos creciendo? Exteriormente tenemos varias señales de crecimiento físico y envejecimiento. Pero en lo que se refiere a la madurez espiritual, necesitamos otra clase de tabla de crecimiento, y Pedro, en su carta de esperanza, nos ofrece una serie de puntos de verificación para ayudarnos a saber que estamos creciendo y perseverando en la vida espiritual.

En los últimos tres años he volado en más aviones que nunca antes en mi vida, en viajes de ida y vuelta de California a Texas, además de a docenas de otros puntos. Cuando las personas nos preguntan a Cynthia y a mí dónde vivimos, algunas veces respondo: «Asientos 16 C y D, de la aerolínea American». Ahora ya nos tuteamos con muchos de los empleados de la aerolínea.

Como resultado de esta extraña manera de vivir en continuo movimiento, he tenido muchas ocasiones para velar el procedimiento por el que pasan los pilotos a medida que se preparan para un vuelo venidero. Quizás usted también lo ha observado. La próxima vez que viaje, párese en la terminal y mire por las ventanas a la cabina del aeroplano estacionado en la puerta de salida. Verá al piloto sentado con un manual, inspeccionando todos los sistemas y los instrumentos. También saldrá e inspeccionará la parte exterior del aeroplano, caminando a su alrededor.

Este es un piloto experimentado, que quizás tiene decenas de miles de horas en el aire. Aun así, en cada ocasión, antes de que el avión despegue, verifica su lista de preparación para el vuelo. ¡Le agradecemos que lo haga!

Vea 1 Pedro 3.8-12 y encontrará otra clase de lista de verificación, una lista para la madurez espiritual. Nos ayuda a evaluar cómo nos va en este peregrinaje de la tierra al cielo.

Finalmente, sed todos de un mismo sentir, compasivos, amándoos fraternalmente, misericordiosos, amigables; no devolviendo mal por mal, ni maldición por maldición, sino por el contrario, bendiciendo, sabiendo que fuisteis llamados para que heredaseis bendición. Porque: El que quiere amar la vida y ver días buenos, refrene su lengua de mal, y sus labios no hablen engaño; apártese del mal, y haga el bien; busque la paz, y sígala. Porque los ojos del Señor están sobre los justos, y sus oídos atentos a sus oraciones; pero el rostro del Señor está contra aquellos que hacen el mal (1 P 3.8-12).

Si cuento correctamente, hay no menos de ocho puntos de verificación en esta sección de la Escritura. Ellos nos ayudan a determinar cómo nos va en nuestro crecimiento hacia la madurez.

Unidad

El primer punto de verificación es la unidad: «Sed todos de un mismo sentir». Esto se refiere a la unidad de corazón, similaridad de propósito, y concordancia en los principales puntos de doctrina.

Por favor, recuerde, esta cualidad no es lo mismo que *uniformidad*, en donde todo el mundo debe tener la misma apariencia y pensar de la misma manera, forjar convicciones idénticas y tener las mismas preferencias. A eso es lo que llamo mentalidad de «lata de galletas». Pedro no promueve la uniformidad. Ni se refiere a la *unanimidad*, en la que hay cien por ciento de acuerdo. Y no es lo mismo que la *unión*, en donde hay una afiliación con otros pero no hay un vínculo común que los una en el corazón.

El secreto de esta clase de armonía es no enfocarse en diferencias periféricas e insignificantes sino en el terreno común de Jesucristo, su modelo, su mensaje y su misión.

¿Cuán maduro es usted en el área de la unidad? ¿Está en armonía con otros creyentes en la familia de Dios? ¿Es usted alguien que trabaja bien *con* otros?

Interés mutuo

El segundo punto de verificación es el interés mutuo: «Sed todos[...] compasivos». La raíz griega nos lleva a la palabra *condolencia*, que significa «sentir con».

Esto quiere decir que cuando otros lloran, usted llora; cuando se regocijan, usted se regocija. Connota la *ausencia* de la competencia, la envidia o los celos hacia un compañero cristiano.

Romanos 12.15-16 lo declara bien: «Gozaos con los que se gozan; llorad con los que lloran. Unánimes entre vosotros». Los creyentes que crecen hacia la madurez tienen sentimientos mutuos, problemas y gozos mutuos.

Este es uno de los mejores beneficios de ser parte del cuerpo de Cristo y una razón principal por la que necesitamos estar involucrados en una iglesia. En esa comunidad local tenemos un contexto en el que podemos regocijarnos el uno con el otro y llorar juntos. Piense en lo que sucede cuando se muda a una comunidad nueva, y a una casa nueva. Tristemente deja la iglesia que ha sido su hogar, su familia espiritual, en donde Dios lo ha usado y lo ha animado. Pero entonces lo lleva a otra. Cuando usted se muda a una nueva ciudad o pueblo, como cristiano una de las primeras cosas que hace es buscar una nueva iglesia, en donde sus nuevos hermanos y hermanas le dan la bienvenida y lo reciben en su vida y en su comunión. Inmediatamente está rodeado de una nueva familia.

¿Cómo está su nivel de madurez en este segundo punto de verificación? ¿Puede verdaderamente decir que entra en los sentimientos de otra persona? Cuando otros se sienten heridos, ¿se siente herido usted? Cuando disfrutan de la vida, ¿la disfruta realmente con ellos? Cuando Dios los bendice con prosperidad material o algún premio o promoción significativa, ¿se regocija con ellos o los envidia? Cuando pierden, ¿siente la pérdida con ellos, o simplemente siente un pequeño pellizco de satisfacción?

He escuchado que «La madurez comienza a crecer cuando uno puede sentir que su preocupación por los demás sobrepasa la preocupación por sí mismo».

Los creyentes que maduran se interesan mucho en las cosas que otros están experimentando.

Afecto fraternal

El tercer punto de verificación es la amistad y el afecto: «amándoos fraternalmente».

Aquí la palabra traducida como «fraternalmente» proviene de la palabra griega *filos*, que se relaciona con el amor de un amigo afectuoso. El poeta Samuel Coleridge describió en una ocasión a la amistad como «un árbol que ofrece refugio». Cuando uno tiene esta cualidad, las ramas de su amistad alcanzan las vidas de otros, ofreciéndoles refugio, sombra, descanso, alivio y ánimo.

Se ha escrito mucho acerca de la importancia de la amistad. James Boswell dijo: «No podemos decir cuál es el momento preciso cuando se forma. Como cuando se llena un envase gota a gota, hay una última que hace que se colme; así en una serie de bondades, al final hay una que hace que el corazón se derrame». Longfellow escribió: «¡Ah! Qué bien se siente, la mano de un viejo amigo». ¡Verdad que sí!

Los amigos ofrecen consuelo. Encontramos fuerza cerca de ellos. Ellos producen fruto que provee nutrición y ánimo. Cuando algo problemático ocurre en nuestra vida, tomamos el teléfono y llamamos a un amigo, porque necesitamos el consuelo que provee. Creo que pocas cosas son más solitarias que no tener a ningún amigo a quien llamar. Las amistades se interesan lo suficiente en nosotros como para que les rindamos cuentas... jamás dudamos de su amor o de su respeto.

¿Cultiva usted ese tipo de amistades? ¿Está siendo amigo? ¿Hay algunas personas que se paran cerca de usted, que le protegen con sus ramas?

Jay Kesler, mi viejo amigo que actualmente dirige la Universidad Taylor, ha dicho que una de sus grandes esperanzas en la vida es terminar con al menos ocho personas asistiendo a su funeral sin que miren ni siquiera una sola vez a sus relojes. ¡Me encanta! ¿Tiene usted a ocho personas que hagan eso?

A medida que maduramos, es saludable para nosotros tener un círculo de amistades que nos tengan amorosamente cerca, sin importar nada... que se interesen por su dolor, que estén allí con nosotros cuando no podamos resolvérnoslas por nosotros mismos. La otra cara de la moneda es igualmente saludable, que seamos esa clase de amigo para otros. Eso trabaja en ambos sentidos. A medida que maduramos nuestras amistades se profundizan.

Misericordiosos

El cuarto punto de verificación es la misericordia. «Sed todos[...] misericordiosos». El término griego también pudiera traducirse como «bondadoso», y se usa en los evangelios para describir a Jesús.

> Y al ver las multitudes, tuvo *compasión* [bondad] de ellas; porque estaban desamparadas y dispersas como ovejas que no tienen pastor (Mt 9.36; énfasis añadido).

Como buen pastor, Jesús miró las ovejas perdidas de la humanidad que estaban esparcidas, asustadas y hambrientas. Lo que vio le haló las cuerdas del corazón. Estaba lleno de ternura hacia ellos. Se compadeció de ellos. Así como estas personas dolidas tocaron el corazón del Salvador, los adoloridos de hoy deberían tocar nuestros corazones. De así hacerlo, tendríamos una señal definitiva de crecimiento espiritual. Nadie que es maduro es tan importante que no le afecten las necesidades de los demás.

Acabo de terminar de leer un volumen fascinante, *Character Above All* [Carácter sobre todo]. Es una compilación de diez ensayos sobre diez presidentes de los EE.UU. desde Franklin D. Roosevelt, en los 1930, hasta George Busch en los 1990, cada uno escrito por personas que conocían bien a estos presidentes. Fueron amigos, escritores de discursos, compañeros políticos, u otros colegas que trabajaron junto a ellos.

Mi favorito fue el capítulo acerca de Ronald Reagan, que sirvió a nuestro país del 1981 al 1989. Peggy Noonan, su escritora de discursos, escribió una pieza y captó la esencia de su carácter en veintidós páginas. ¡Maravillosa lectura!

Ella concluye con un relato acerca de, en sus propias palabras, «la bondad casi linconiana que era otra parte del carácter de Reagan... todo el que trabajó con Reagan tiene un relato acerca de su bondad». Antes de volver a contar ese relato, vuelva atrás y lea esas palabras. ¿Acaso no sería bueno que eso mismo se pudiera decir en cuanto a cada uno de nosotros? ¿Acaso no sería maravilloso que se nos recordara por nuestra bondad?

Noonan, al señalar esta cualidad en el carácter de Reagan, cuenta el relato de Frances Green, una mujer de ochenta y tres años de edad que vivía sola con la cuota de su seguro social en un pueblo justamente en las afueras de San Francisco. Tenía poco dinero, pero por ocho años le había enviado un dólar al año a la Convención Nacional Republicana.

Entonces un día Frances recibió una carta para recaudar fondos para la Convención Nacional Republicana en el correo. Era un hermoso pedazo grueso de papel color crema con letras en negro y oro que invitaba al receptor a venir a la Casa Blanca a conocer al Presidente Reagan. Ella jamás se percató de la pequeña carta para reservaciones que sugería que al confirmar su asistencia debía acompañar una generosa donación. Pensó que había sido invitada porque apreciaban su apoyo de un dólar al año.

Frances reunió cada centavo que tenía e hizo un viaje de cuatro días en tren a través de los EE.UU. Como no podía pagar por un cuarto en un vagón con cama, durmió sentada en el área más barata. Finalmente llegó a la puerta de la Casa Blanca: una pequeña mujer anciana con pelo blanco, polvo blanco por todo su rostro, medias blancas, un viejo sombrero con una malla blanca, y un vestido completamente blanco, que ya estaba amarillento por el tiempo. Sin embargo, cuando se acercó al guardia de la puerta y le dio su nombre el hombre frunció el ceño, miró su lista oficial, y le dijo que su nombre no estaba allí. No podía entrar. Frances Green estaba desilusionada.

Un ejecutivo de la Compañía Ford Motor que estaba en fila tras ella vio y oyó el diálogo. Percatándose de que algo andaba mal, sacó a Frances a un lado y conoció su historia. Entonces le pidió que regresara a las nueve de la mañana al día siguiente y que lo encontrara allí. Ella accedió. Mientras tanto, él se puso en contacto con Anne Higgins, una ayudante presidencial, y obtuvo el permiso para darle a ella una gira por la Casa Blanca y presentársela al presidente. Reagan, «por supuesto», accedió a verla.

El día siguiente no fue muy calmado en la Casa Blanca. Ed Meese acababa de renunciar. Había un levantamiento militar en el extranjero. Reagan entraba y salía de sesiones secretas de alto nivel. Pero Frances Green llegó a las nueve de la mañana, llena de expectativa y entusiasmo.

El ejecutivo se encontró con ella, le ofreció una maravillosa gira por la Casa Blanca, luego la llevó silenciosamente a la Oficina Ovalada, pensando quizás que lo mejor que pudiera pasar sería que le echara un vistazo al presidente a su salida. Los miembros del Consejo de Seguridad Nacional salieron. Generales de alto rango entraban y salían. En medio de toda la conmoción, el presidente Reagan miró hacia afuera y vio a Frances Green. Con una sonrisa, le hizo un gesto para que entrara a su oficina.

Mientras entraba, él se levantó de su oficina y dijo: «¡Frances!» Esas malditas computadoras, ¡se dañaron de nuevo! De haber sabido que venías yo mismo hubiera salido para que entraras». Luego la invitó a sentarse, y hablaron relajadamente acerca de California, su pueblo, su vida y su familia.

El presidente de los EE.UU. le dio a Frances mucho tiempo ese día, más tiempo del que tenía. Algunos dirán que fue tiempo perdido. Pero los que digan eso no conocen a Ronald Reagan, de acuerdo con Peggy Noonan. Él sabía que esta mujer no tenía nada que darle, pero ella necesitaba algo que él podía darle. Él (así como el ejecutivo de la Ford) tomó tiempo para ser bondadoso y compasivo.[1]

---

[1] Robert A. Wilson, editor, *Character Above All* [Carácter sobre todo], Simon and Schuster, Nueva York, 1995, pp. 219-221.

En nuestra era ciberespacial de alta tecnología es tan fácil distanciarse. Podemos vivir sin ser tocados e intocables. En un mundo que anda apurado no es difícil llegar a ser desalmado y preocuparnos solo por nuestros planes. La autopista de la vida requiere que sigamos moviéndonos, sin importar lo que sucede alrededor. El paso al que viajamos no nos permite detenernos fácilmente. Y aunque pudiéramos, hemos visto los relatos en las noticias acerca de personas que se detuvieron a ayudar y fueron despedidos, asaltados o víctimas de secuestro, y hasta asesinados. Así que aprendemos a mantener nuestros ojos hacia adelante y seguimos... ¡rápidamente! ¿La persona desamparada en la acera? ¿El extraño con perturbaciones mentales en el centro comercial? Apúrese y aléjese. Simplemente siga viendo al frente, siga y pase por su lado, bajando por el camino de la vida.

Por supuesto, debemos ser sabios; debemos usar discernimiento. Aun así, ¿acaso no hay lugar para la bondad y la compasión en nuestro mundo? ¿Acaso no hay tiempo para tiernas mercedes?

Lea de nuevo las palabras que aparecen al final de Efesios 4:

Antes sed benignos unos con otros, misericordiosos, perdonándoos unos a otros, como Dios también os perdonó a vosotros en Cristo (Ef 4.32).

Las personas que maduran son gente tierna. ¡Cuán valiosas son en una sociedad tan ocupada como la nuestra!

Humildad

El quinto punto de verificación es la humildad: «Sed todos[...] amigables». La frase «amigable» literalmente significa «humilde» o «postrado» en actitud. Habla acerca de la actitud interna en vez de una apariencia externa. La humildad no es un espectáculo que realizamos; es más, si nos creemos humildes, probablemente no lo seamos. Y en nuestros días de autopromoción, de autoasertividad, de exaltación de «celebridades de la fe», y de magnificar la carne, esta cualidad, tan enormemente valorada por el Señor Jesús, es verdaderamente una mercancía rara.

Oswald Chambers escribe acerca de esto de manera muy inteligente:

> Tenemos la tendencia a buscar maravillas en nuestra experiencia, y confundimos acciones heroicas con los verdaderos héroes. Una cosa es pasar por una crisis de manera grandiosa, empero otra es pasar cada día glorificando a Dios cuando no hay testigo, ni atención pública, ni nadie prestándonos ni siquiera la más remota atención. Si no andamos buscando halos, al menos deseamos algo que haga que la gente diga: «¡Qué maravilloso hombre de oración es él!» o «¡Qué mujer más devota!» Si está apropiadamente dedicado al Señor Jesús, ya alcanzó la excelente altura en la que nadie jamás se dará cuenta de quién es usted personalmente. Lo único que sobresale es el poder de Dios saliendo en todo momento de su persona.
>
> Queremos poder decir: «Oh, ¡tengo un maravilloso llamado de parte de Dios!» Pero realizar hasta las tareas más humildes para la gloria de Dios requiere al Todopoderoso Dios Encarnado trabajando en nosotros.[2]

Si es bendecido con habilidades, si es dotado, si ha sido usado por Dios, es fácil comenzar a creer en lo suyo. Empero una de las marcas de una vida verdaderamente madura es humildad de espíritu.

> Puede decirse sin calificación que ningún ser humano podría considerarse maduro si reduce el uso de sus esfuerzos, talentos o medios para su propio provecho. El concepto mismo de la madurez descansa en el grado de crecimiento interno caracterizado por una aspiración dentro del individuo a trascender su autoconcentración extendiéndose a las vidas de otros. En otras palabras, la madurez es una etapa en su desarrollo cuando para vivir consigo mismo de manera satisfactoria le resulta imperativo dar así como recibir.[3]

---

[2] Oswald Chambers, *En pos de lo supremo*, edición especial revisada editada por James Reimann, Discovery House, Grand Rapids, Michigan, 1995, s.p.

[3] Alvin Goeser, citado en *Quote-Unquote* [Cita, termina la cita], compilado por Lloyd Cory, SP Publications, Victor Books, Wheaton, Illinois, 1977, p. 200.

Una persona verdaderamente humilde busca oportunidades para ofrecerse con libertad a otros en vez de refrenarse, liberar en lugar de acaparar, edificar en vez de derrumbar, servir en lugar de ser servido, aprender de otros en vez de vociferar por el podio pedagógico. Cuán bendecidos son aquellos que aprenden esto temprano en la vida.

Carl Sandberg habló en un ocasión respecto a una mujer que llevó su hijo recién nacido al General Robert E. Lee para que lo bendijera. El caballero sureño arrulló con ternura al niño en sus brazos y entonces miró a la madre y dijo: «Señora, por favor enséñele que debe negarse a sí mismo».[4]

Perdón

Hasta ahora, Pedro ha escrito acerca de cómo la madurez afecta la manera en la que pensamos y cómo nos sentimos. En sus últimos tres puntos de verificación, en los versículos 9 al 11, nos dice cómo la madurez afecta *lo que hacemos y lo que decimos*. En el versículo 9 nos dice que no devolvamos mal por mal. En otras palabras, que estemos dispuestos a perdonar.

> No devolviendo mal por mal, ni maldición por maldición, sino por el contrario, bendiciendo, sabiendo que fuisteis llamados para que heredaseis bendición (1 P 3.9).

¿Acaso no es esa una gran declaración? Toca todas las bases importantes en cuanto al perdón. Simplemente mire los cuatro pasos en ella; observe el proceso.

Primero, cuando tenemos verdadero perdón en nuestros corazones, rehusamos vengarnos o vindicarnos.

Segundo, nos refrenamos de responder de manera grotesca.

Tercero, ofrecemos bien por el mal, «bendiciendo [en lugar de maldad o insulto]».

Y cuarto, recordamos que fuimos llamados a soportar ese arduo tratamiento.

4 Citado en Jon Johnston, «Growing Me-ism and Materialism» [El creciente yoísmo y el materialismo], *Christianity Today* [Cristianismo hoy], 17 de enero de 1986, 16-I.

Es fácil obviar esa última, ¿cierto? Al principio pensé que la había malinterpretado, y entonces regresé al capítulo 2 y encontré que eso es lo que Pedro también dice allí. Así que eso debe ser lo que indica. ¿Recuerda su comentario anterior?

Pues ¿qué gloria es, si pecando sois abofeteados, y lo soportáis? Mas si haciendo lo bueno sufrís, y lo soportáis, esto ciertamente es aprobado delante de Dios. Pues para esto fuisteis llamados (1 P 2.20-21a).

¿Cuál es una señal segura de que estoy creciendo? Cuando dejo de defenderme. Cuando abandono mi sentimiento de superioridad. Cuando dejo de trabajar en mi respuesta astuta para poder golpear con un puñetazo sarcástico.

Siempre que nos sobrevenga la necesidad de vengarnos, es importante que nos percatemos de que la venganza es un signo de adolescencia mientras que la restricción es una señal de madurez.

Una lengua controlada

Porque: El que quiere amar la vida y ver días buenos, refrene su lengua de mal, y sus labios no hablen engaño (1 P 3.10).

Usted sabía que teníamos que hablar de ella, ¿verdad? La lengua... ¡qué batalla! Por toda la Biblia hay advertencias entretejidas acerca de la lengua. Es más, en este versículo y el siguiente Pedro cita del Salmo 34.12-16.

Aquí dice que «refrenemos» la lengua de la maldad. Realmente el salmista usó un lenguaje un poco más fuerte: «Guarda tu lengua del mal». La idea es llegar a controlar su lengua o como lo dice Santiago, ponerle una brida. Es la idea de frenarla para que no salga galopando de cabeza a una maldad mayor (véase Stg 3.1-10). ¡Controle su lengua!

Muéstreme una persona que haya aprendido a refrenarse del chisme, que haya dejado de pasar información confidencial, que haya dejado de hacer comentarios sin verificar, y le mostraré a alguien que va camino a la madurez.

¿Realmente quiere amar la vida? ¿Desea ver buenos días? Controle mejor su lengua. La vida será más feliz para usted. Hasta le resultará más fácil. Verá mejores días.

Algunos jamás aprenden esta lección. ¿Recuerda la clásica lápida de la antigua y alegre Inglaterra?

> Bajo esta grama,
> este bulto de barro,
> yace Arabella Young,
> quien, el 24 de mayo
> comenzó a refrenar su lengua.

¿Hará falta que se muera para que controle su lengua? ¡Eso no es necesario! Ore que Dios controle su lengua, ¡comenzando hoy! Ore que le ponga un bozal en su boca cuando alguien diga: «Por favor no le cuentes esto a nadie más». Cuando alguien le hable en confidencia, selle la información en la bóveda secreta de su mente.

Créame, soy predicador, y sé cuán tentador es usar ejemplos de la vida real en las ilustraciones de mis sermones, especialmente los relacionados con la familia. ¡Recientemente escuché acerca de un predicador en el noroeste que le pagaba una regalía de un dólar a sus hijos cada vez que los usaba para una ilustración! Les pide permiso, ellos lo aprueban, él cuenta la historia, y reciben un billete. ¡Eso verdaderamente controlará rápidamente una lengua suelta!

Una señal de madurez es una lengua controlada.

Un versículo en el Salmo 141 expone esto muy claramente. Es de los antiguos escritos de David, y muchas veces lo he percibido como una gran oración para comenzar cada día.

> Pon guarda a mi boca, oh Jehová;
> guarda la puerta de mis labios (Sal 141.3).

¿Cómo le va hasta ahora con la lista de verificación? Unidad. Interés mutuo. Afecto fraternal. Bondad y compasión. Humildad. Perdón. Una lengua controlada. Es una lista bastante convincente, ¿cierto? Pero si deseamos tener esperanza más allá de nuestra inmadurez, estas cualidades son dignas de nuestro tiempo y atención. Y hay otro punto de verificación dual.

Pureza y paz

> Apártese del mal, y haga el bien; busque la paz, y sígala.
> Porque los ojos del Señor están sobre los justos,
> y sus oídos atentos a sus oraciones;
> pero el rostro del Señor está contra aquellos
> que hacen el mal (1 P 3.11-12).

Vea una vez más el consejo de Pedro. «Apártese del mal, y haga el bien». Eso es pureza. «Busque la paz, y sígala». Eso es paz. Y luego nos dice que el Señor nos está vigilando y nos escucha. ¿Por qué? Porque quiere que mostremos esas cualidades.

Los ojos y los oídos del Señor son símbolos del cuidado providencial de Dios por su pueblo. Qué maravillosa razón para buscar la pureza y la paz, ¡la promesa del cuidado providencial de Dios!

Un vistazo final a la lista de verificación

Es una tremenda lista, ¿cierto? Ocho marcas distintivas para señalar nuestra madurez cristiana. ¿Cuál es el resultado de la evaluación?

Se nos dice que maduremos. Se nos dice que avancemos hacia la madurez. Pero crecer jamás es fácil. Todos tenemos áreas problemáticas, retrasos, puntos de tropiezo por el camino. (No conozco ni siquiera un artículo en esta lista que no sea una batalla para mí en distintos momentos de mi propia vida.) Así que esas son las cosas por las que oramos, para que sus oídos estén atentos a nuestras oraciones.

He aquí una sugerencia práctica. Repase esta lista al final de cada mes. Escríbala y péguela donde pueda verla. Póngala bajo un adorno magnético del refrigerador. Péguela al espejo. Pídale fuerza a Dios en estas ocho áreas.

Como hijos de Dios avanzando hacia la madurez, vamos a comprometernos a la armonía, a un espíritu de unidad. Nos involucraremos en una preocupación mutua por nuestras vidas. Desarrollaremos amistades distinguidas por el afecto, por un «amor tangible», amor que sea genuino y demostrativo. Vamos a ser bondadosos y compasivos. Mostraremos un espíritu humilde y una mente que se preocupe más por los demás que por nosotros mismos. Finalmente, vamos a perdonar, controlar nuestras lenguas, y buscar la pureza y la paz.

Estoy agradecido por los pilotos de aerolínea que invierten tiempo en verificar sus listas antes de que despeguemos. Estoy especialmente alegre porque no encogen sus hombros cuando ven un bulto en unas de las llantas y dicen: «Bueno, vamos a esperar lo mejor». Me alegro de que no olviden el más mínimo detalle, aun a pesar de que han repasado esa misma lista cientos de veces en sus carreras. Me alegro de que no dan por sentadas ni mi seguridad ni mi vida. Por eso es que estoy dispuesto a retornar a esa lista una y otra y otra vez.

Tampoco debemos atrevernos a dar por hecha nuestra madurez cristiana. Debemos regresar a la lista verificadora de Dios una y otra y otra vez.

No debemos atrevernos a hacer menos si esperamos avanzar más allá de una vida de inmadurez.

Una oración por esperanza más allá de la inmadurez

Padre, gracias por recordarme hoy las cosas que son parte importante de nuestras vidas. Aunque ninguna de estas cualidades es nueva, necesitamos que nos las recuerdes siempre. Cuántas veces hemos venido a pedir ayuda en una o más de estas áreas. Has escuchado nuestros ruegos en muchas ocasiones. Deseamos avanzar a la madurez... ¡pero el viaje dura una eternidad! Y así, en este mismo instante, te agradecemos por el Señor Jesucristo, nuestro

modelo y maestro, que cumplió cada una de estas señales de madurez y docenas de otras cualidades del carácter a la perfección, aunque era plenamente humano. Gracias por la esperanza que tenemos de que tu Espíritu Santo estará con nosotros cada paso del camino en nuestro peregrinaje a la madurez. En verdad necesitamos su fortalecimiento para mantenernos creciendo activos.

Por último, pediría que nos des esperanza más allá de la inmadurez. Protégenos del desánimo a medida que repasamos la lista de verificación y nos damos cuenta de lo que nos falta. Recuérdanos que hemos avanzado mucho hacia la meta, mediante tu gracia. Por Jesucristo oro.

AMÉN

9

Esperanza más allá de la amargura

Cuando la vida simplemente no es justa

UN ANTIGUO CUENTO de hadas francés relata la historia de dos hijas, una mala y otra buena. La mala era la favorita de su madre, pero la buena era injustamente ignorada, despreciada y maltratada.

Un día, mientras sacaba agua del pozo de la villa, la hija buena se encontró con una pobre mujer que le pidió un trago. La niña respondió con palabras bondadosas y le dio a la mujer una taza de agua. La mujer, que realmente era una hada madrina disfrazada, se complació tanto con la bondad y los buenos modales que le dio un regalo.

«Cada vez que hables», dijo la mujer, «una flor o una joya saldrá de tu boca».

Cuando la niñita llegó a la casa, su madre comenzó a regañarla por tardarse tanto en traer el agua. La niña comenzó a disculparse, y dos rosas, dos perlas, y dos diamantes salieron de su boca.

Su madre se sorprendió. Pero luego de escuchar el relato de su hija y ver la cantidad de hermosas joyas que salieron durante el relato, la madre llamó a la otra hija y la envió a conseguir el mismo regalo. Sin embargo, la hija mala rehusaba que la vieran haciendo la tarea vil de sacar agua, así que refunfuñó amargamente durante el camino al pozo.

Cuando llegó al pozo, una mujer de belleza real —la misma hada madrina con otro disfraz—, llegó y pidió un trago. La niña, desagradable y orgullosa, respondió con rudeza. Por eso, también recibió una recompensa. Cada vez que abría su boca, salían sapos y culebras.[1]

¡Qué le parece eso en términos de justicia poética!

Hay algo en cada uno de nosotros que anhela que las circunstancias sean justas, ¿verdad? Quizás por eso es que los cuentos de hadas son tan atrayentes. Las personas buenas reciben su recompensa y «viven felices para siempre» mientras que las malas son castigadas por completo. La vida marcha bien, se hace justicia, y la equidad reina suprema.

Lamentablemente, la vida real casi nunca resulta de esa manera. Hay que enseñar a cada niño. «La equidad es rara». Todo epitafio podría decir: «La vida es difícil».

Nuestras vidas son acosadas por la injusticia cuando queremos equidad. En vez de justicia estamos rodeados por la injusticia. Queremos que se descubra el engaño, que se revele la deshonestidad, y que se recompense la verdad. Pero las cosas no salen de esa manera. Al menos no como las percibimos.

Algunas familias han sido atormentadas por la injusticia. Un cónyuge deja a una compañera amorosa y fiel. La enfermedad se roba prematuramente a un ser amado. Una situación injusta en el trabajo o en la escuela sigue desarrollándose.

La vida simplemente no resulta justa para algunos... ¡para la mayoría!

Ciertamente, la vida *es* difícil. Pero ahí yacen algunas de las mejores lecciones de la vida.

Recordé esas palabras cuando leí esta sorprendente declaración de un reconocido escritor británico y personaje de radio:

> Contrario a lo que pudiera esperarse, recuerdo experiencias que en aquel entonces parecían particularmente desoladas y dolorosas

---

[1] Citado de «Toads and Diamonds» [Sapos y diamantes], en *The Riverside Anthology of Children's Literature* [La antología Riverside de literatura infantil], 6ta. edición, Houghton Miffiin, Boston, Massachusetts, 1985, pp. 291-293.

con satisfacción particular. Es más, puedo decir con completa certeza que todo lo que he aprendido en mis setenta y cinco años en este mundo, todo lo que verdaderamente ha mejorado e iluminado mi existencia, ha sido mediante la aflicción y no mediante la felicidad. En otras palabras, si en algún momento fuera posible eliminar la aflicción de nuestra existencia terrenal mediante alguna droga u otra charlatanería médica[...] el resultado no haría que la vida fuera deleitosa, sino que la convertiría en algo demasiado trivial e insípida como para soportarla. Esto, por supuesto, es lo que significa la cruz. Y es la Cruz, más que ninguna otra cosa, la que me ha llamado inexorablemente a Cristo.[2]

Ahora una cosa es leer esas palabras de un hombre como Malcolm Muggeridge y conmoverse casi hasta llorar. Otra cosa es aceptarlas en nuestras vidas. Sé que no hay una persona leyendo esto que no haya tenido en algún momento razón para amargarse debido a la manera en la que fue tratado por alguien o debido a alguna experiencia o aflicción injusta. ¡Todo el mundo puede echarle la culpa a alguien por algo!

Como cristianos sabemos que, en última instancia, el bien triunfará sobre el mal y que nuestro Dios es justo, bondadoso y equitativo. Pero, mientras tanto, ¿qué podemos hacer con las injusticias y la falta de equidad? ¿Cómo podemos continuar avanzando a pesar de ese maltrato?

Dos perspectivas diferentes y distintas

Nuestra respuesta a la falta de equidad, así como a otros asuntos, se basa en nuestra perspectiva, es decir, el punto particularmente ventajoso desde el que vemos la vida. En este caso, podemos elegir en base a dos perspectivas: la humana o la divina.

[2] Malcolm Muggeridge, *Twentieth-Century Testimony* [Testimonio del siglo veinte], Thomas Nelson, Nashville, Tennesseee, 1988, pp. 18-19.

La perspectiva humana

Nuestra perspectiva natural, humana, afirma: «La vida no es justa, voy a conseguir mi parte. Me ocuparé de mí mismo. Invertiré mi energía recuperando lo mío o enderezando las cosas o corrigiéndolas. No voy a soportar esto más».

Nuestro mundo está lleno de literatura y orientadores que le ayudarán a realizar este plan. El problema es que podrá vengarse pero eso no le dará paz. Podrá sentirse mejor durante poco tiempo, pero no conseguirá satisfacción duradera. Podría encontrar una manera de canalizar su ira, pero si su meta principal es la retribución, no glorificará a Dios. Los que viven desde esta perspectiva tienen mayor probabilidad de terminar sus vidas como personas amargas, cínicas y hostiles. Trágicamente, acabo de describir cómo la mayoría de los estadounidenses eligen vivir.

La perspectiva divina

Afortunadamente, tenemos otra opción, y la encontramos explicada por completo en 1 Pedro.

Porque los ojos del Señor están sobre los justos,
y sus oídos atentos a sus oraciones;
pero el rostro del Señor está contra aquellos que hacen el mal
(1 P 3.12).

Este es el principio que Pedro nos da: A Dios no se le escapa nada. Él se ocupa de nosotros. Escucha nuestras oraciones. Y está completamente consciente del mal que nos aqueja.

Jamás piense que no se dio cuenta del mal. Él ve, y recuerda. Podrá ser paciente, pero no compromete su justicia. Su ojo no solo está sobre los justos, su rostro está contra el mal. En última instancia, el bien vencerá al mal. Al final, ¡Dios gana!

Pero si esto es cierto, nos preguntamos, ¿por qué no hace algo en cuanto al mal? ¿Por qué permite que continúe por tanto tiempo? Porque la línea del tiempo de Dios es infinita, Él no cierra los libros al final del mes. Podría tomar toda una vida, o más tiempo aun, antes de que se ejecute la justicia. Pero al final, puede contar con ello, *Dios será justo*. Al final, Él «obrará todo para el bien» y para gloria suya.

Ese pensamiento nos provee esperanza más allá de la amargura. Si no creemos eso y no nos concentramos en eso, nos convertimos en perdedores. Nos pasamos nuestros años como una rata en un sumidero, existiendo en un estrecho radio de cinismo y amargura. En última instancia, llegamos a ser, en nuestros años de ancianidad, viejos iracundos y viejas desgastadas.

Algunas ideas y técnicas útiles para mantener viva la esperanza

Para edificar sobre esta perspectiva divina, Pedro nos ofrece cinco maneras con las que podemos vivir en un mundo injusto y arbitrario. Pero primero hay un principio general que necesitamos enfatizar.

Principio general

¿Y quién es aquel que os podrá hacer daño, si vosotros seguís el bien? (1 P 3.13)

Si parafraseáramos este versículo, podríamos decir que los que viven con honestidad casi nunca sufrirán daño. *Casi nunca*. Por supuesto, hay excepciones para toda regla, como veremos más adelante. Pero como norma general, si lleva una vida de pureza e integridad, a la larga usted casi nunca sufrirá tanto como los que habitualmente trafican en el mal.

Por ejemplo, si paga sus deudas, hay buenas probabilidades de que no se meta en problemas financieros. Si paga todos sus impuestos a tiempo, es probable que no tendrá al gobierno persiguiéndolo. Si se ocupa de su cuerpo, hace suficiente ejercicio y duerme bien, vigila su dieta y su nivel de tensión, tendrá buenas oportunidades para llevar una vida más saludable que aquellos que no lo hacen. Si ayuda a otros, tiene buenas probabilidades de que cuando tenga necesidad alguien le brinde ayuda. Para parafrasear el principio de Pedro, los que hacen lo correcto casi nunca están en el camino del daño. *Casi nunca* es la regla.

Injusticias ocasionales

Sin embargo, para regresar a la realidad, debido a que la vida es difícil, hay momentos cuando «simplemente es injusta». Así que habrá circunstancias cuando, pese a ese principio general, pese a su vida justa, pese a caminar lealmente con Dios, las situaciones se vuelven en su contra. Y son esas excepciones a la regla las que Pedro trata en el capítulo 3, versículos 11 al 17. Él comienza con un resumen general de la condición.

> Mas también si alguna cosa padecéis por causa de la justicia, bienaventurados sois (1 P 3.14a).

Antes de continuar, observe las palabras: «Mas también si alguna cosa». En el griego neotestamentario, hay cuatro condiciones introducidas por la palabra *si*. Tres eran bastante comunes. La condición de primera clase, que significa «asumido como cierto», tenía un uso común (véase Mt 4.3, 6); la condición de segunda clase, que significa «asumido como algo que no es cierto», también se usaba regularmente (véase Gl 1.10); la condición de tercera clase, que significa «quizás o a lo mejor no», la usaban frecuentemente los escritores (como se vio anteriormente en 1 Pedro 3.13). La condición de cuarta clase, que significa «dudoso pero posible», se usa poco en la Escritura. Es interesante que esta es la condición que Pedro usa aquí en el versículo 14. Podría parafrasearse: «Es dudoso que sufran por causa de la justicia, pero de ser así». Eso, solamente, ¡debe aumentar nuestra esperanza!

Entonces Pedro continua sugiriendo cinco maneras con las que usted y yo debemos responder si eso sucediera. Recuerde, este no es un consejo mío; es el consejo de Dios. El consejo humano dice: «Castígalo. Esta es la revancha». Ese no es un buen consejo, pero se escucha a menudo. Así que necesitamos conocer lo que Dios tiene que decir respecto a cómo responder cuando hacemos lo que es correcto pero se nos paga con mal.

Escribir esas respuestas en una tarjeta podría ayudarle si la mantiene a la mano. Sugeriría que la vea al menos una vez al día. Podría pegarla en el espejo de su baño o ponerla bajo el cristal de su escritorio.

¿Cómo hemos de responder cuando ocurra la excepción a la regla?

Primero, considérese singularmente bendecido por Dios.

En cuanto a la injusticia misma se refiere, el sorprendente consejo de Pedro es: «¡Alégrense! ¡Considérense bendecidos!» Santiago nos dice algo parecido en el primer capítulo de su carta.

> Hermanos míos, tened por sumo gozo cuando os halléis en diversas pruebas (Stg 1.2).

Usted podría decir, en verdad me parece bien, pero hablando con sinceridad, ¿cómo podemos estar felices y considerarnos bendecidos cuando nos acaban de golpear en el ojo con el puño de la injusticia?

Bueno, podemos hacerlo recordando dos cosas: primero, como vimos en el capítulo 6, somos llamados a soportar con paciencia el trato injusto (véase 1 P 2.21; 3.9) para que cuando llegue podamos saber que aún experimentamos el plan de Dios y cumplimos con nuestro llamado. Ese tratamiento nos recuerda que la mano de Dios todavía está en nuestras vidas. Y segundo, algún día se nos recompensará por resistir estas pruebas inmerecidas (véanse Mt 5.10-12; Stg 1.12).

Cualquiera puede aceptar una recompensa de buena gana, y muchas personas hasta pueden aguantar su castigo pacientemente cuando hacen algo malo. Pero, ¿cuántos están equipados para lidiar con el maltrato después de haber hecho lo correcto? Solo los cristianos están equipados para eso. Eso es lo que hace que los creyentes sobresalgan. Esa es nuestra singularidad. Y, sí, hay ocasiones en la vida en que seremos llamados para ese mismo propósito. En el misterio del plan soberano de Dios, seremos destacados. Entonces, luego, cual Job, seremos recompensados por soportar esas pruebas que no merecimos.

¿Recuerda la instrucción de Jesús?

Bienaventurados los que padecen persecución por causa de la justicia, porque de ellos es el reino de los cielos. Bienaventurados sois cuando por mi causa os vituperen y os persigan, y digan toda clase de mal contra vosotros, mintiendo. Gozaos y alegraos, porque vuestro galardón es grande en los cielos; porque así persiguieron a los profetas que fueron antes de vosotros (Mt 5.10-12).

Debido a estas promesas (hay varias parecidas a través de las Escrituras) los cristianos pueden hacer algo diferente al resto de la humanidad. Podemos responder a la injusticia con una actitud positiva. Cuando lo hacemos, las bocas se abren... y con frecuencia se nos ofrece una oportunidad de explicar por qué no somos carcomidos por la venganza.

Segundo, no tenga pánico y no se preocupe.

Por tanto, no os amedrentéis por temor de ellos, ni os conturbéis (1 P 3.14b).

No se necesita un erudito en lingüística para interpretar ese consejo. Pedro pone su dedo en dos respuestas comunes. Pánico y preocupación. Hago esas dos cosas cuando opero en la carne, ¿acaso no hace usted lo mismo? Pero observe lo que dice Pedro.

Primero, vea la palabra *amedrentar*. Proviene del término original *fobos*, del cual también obtenemos la palabra *fobia*. Esta clase de temor es el que se apodera de nosotros con terror y hace que huyamos, alejándonos de la presión. Pedro dice: «No hagas eso. No hay razón para correr. No intenten escaparse de la prueba. No sientan pánico».

En la segunda frase nos dice que no debemos «conturbarnos». La palabra *conturbado* en griego significa «estar inquieto y agitado», la idea de sentir tumulto interno o agitación. ¿Recuerda Juan 14.1: «No se turbe vuestro corazón»? Aquí tenemos la misma raíz.

La energía y el esfuerzo que invertimos preocupándonos jamás soluciona nada. Es más, casi siempre nos empeora la situación, creando un terrible tumulto interno, que de intensificarse, puede paralizarnos.

El consejo de Pedro para nosotros es que, aun cuando las pruebas nos presionen y las personas traten de intimidarnos, podemos tener un espíritu tranquilo. En lo que al perseguidor e instigador concierne, podemos estar libres de pánico y preocupación. ¿Cómo? ¿Por qué? Porque sabemos que Dios está de nuestro lado.

Tercero, reconozca a Cristo como Señor aun por encima de este acontecimiento.

Sino santificad a Dios el Señor en vuestros corazones.
(1 P 3.15a)

Muchas veces pasamos por alto la primera frase de este versículo al concentrarnos en la segunda parte:

Y estad siempre preparados para presentar defensa con mansedumbre y reverencia ante todo el que os demande razón de la esperanza que hay en vosotros (1 P 3.15b).

Casi siempre aplicamos esas palabras a alguna defensa pública de la fe. Aunque pueden usarse de esa manera, el versículo realmente aparece en un contexto del mal que nos sobreviene como resultado de hacer lo correcto. Y dice: «Santificad a Dios el Señor en vuestros corazones».

Usted y yo podemos hacer eso en oración. Cuando pensamos que se nos ha hecho un mal inmerecido, podemos responder: «Señor, estás conmigo ahora mismo. Estás allí, y tienes tus razones para lo que está sucediendo. No te aprovecharás de mí. Eres demasiado bondadoso como para ser cruel. Eres demasiado bueno como para ser injusto. Te interesas por mí demasiado como para dejar que esto se descontrole. Ocúpate de esto. Usa mi integridad para defenderme. Dame gracia para quedarme quieto. Controla mis emociones. Enseñoréate de mi situación». En tal oración, «santificamos a Cristo como Señor» en nuestros corazones.

Si elevé esa clase de oración una vez, debo haberla orado docenas de veces. «Señor, parece que no puedo enderezar las cosas. Las cosas se están complicando y me encuentro completamente a tu disposición... bajo tu misericordia. Señor, toma el control. Que seas el Maestro soberano de este momento. No puedo cambiar esta persona... No puedo alterar las circunstancias. Que seas el Señor de esta escena».

Cuando nuestra hija mayor, Charissa, estaba en la secundaria, era animadora del equipo de fútbol americano. Un día estando en la oficina de la iglesia me llamaron de emergencia de su escuela. Se cayó accidentalmente, desde el tope de una pirámide humana que hacían las chicas durante la práctica, sobre la parte posterior de su cabeza. Para sorpresa de ella y del resto, no podía moverse. Me tomó quince minutos manejar de mi oficina al recinto de la escuela. Pronunciaba esta clase de oración por todo el camino. «Señor, tú controlas esta situación. No tengo idea de qué es lo que voy a enfrentar. Tú serás el Señor y Maestro. Confío en ti en todo esto».

Cuando llegué a la escuela, ya estaba inmovilizada en una camilla asegurada. Me arrodillé a su lado.

—Papi, no puedo mover mis dedos. Mi pies y mis piernas están entumecidas —me dijo—. No puedo sentir nada bien en mi cuerpo. Es como si fuera un hormigueo.

En ese momento, confieso que tuve sentimientos de temor. Pero me acerqué más a Charissa y le susurré al oído:

—Cariño, estaré contigo en todo esto. Pero más importante aún, Jesús está aquí contigo. Él es el Señor de todo este asunto.

Su madre y yo estábamos desconsolados por completo. No teníamos control alguno sobre la situación ni en cuanto a la sanidad del cuerpo de nuestra hija. Estaba a la merced de Dios. Todavía puedo recordar cuán deliberadamente reconocí a Cristo como Señor en mi corazón y la animé para que hiciera lo mismo. Cynthia y yo aguardamos por horas en el pasillo del hospital mientras nuestra hija se exponía a los rayos X y un equipo de médicos la examinaba. Oramos ferviente y confiadamente.

Hoy, Charissa está bien. Se recuperó sin daño permanente. Sí tuvo una fractura, pero gracias a Dios no fue una lesión que resultara en parálisis. De haberse quedado permanentemente paralizada, aún creeríamos que Dios estaba en control soberano. ¡Jesucristo todavía sería Señor!

Un buen ejemplo de alguien que santificó a Cristo como Señor en su corazón es Esteban. Cuando ofreció una elocuente y penetrante defensa de Jesús ante el Sanedrín judío, enfureció a muchos de los que le escucharon. Su odio se desencadenó. ¿Recuerdan su respuesta?

> Pero Esteban, lleno del Espíritu Santo, puestos los ojos en el cielo, vio la gloria de Dios, y a Jesús que estaba a la diestra de Dios, y dijo: He aquí, veo los cielos abiertos, y al Hijo del Hombre que está a la diestra de Dios (Hch 7.55-56).

No querían escucharlo. Se cubrieron los oídos y se lanzaron contra él. Lo sacaron de la ciudad y lo apedrearon con violencia hasta matarlo.

Mientras Esteban moría, «él invocaba y decía: Señor Jesús, recibe mi espíritu. Y puesto de rodillas, clamó a gran voz: Señor, no les tomes en cuenta este pecado» (Hch 7.59-60). Y entonces murió.

Esteban no merecía ese ataque salvaje. Ciertamente no merecía la muerte. Por eso, pudo haber muerto con amargura y cinismo. Pudo haber muerto con una maldición en los labios. Pero le santificó el momento a Dios y murió con una oración en los labios, pidiendo perdón por los que lo mataron sin misericordia. Cuando esos hombres vieron el rostro de Esteban, no encontraron un reflejo de odio; vieron el reflejo de la gracia y el amor del Salvador.

Como Esteban, necesitamos reconocer el control de Cristo en nuestras circunstancias injustas y hacer lo mejor que podamos para que sea glorificado en ellas. Esa es la única cosa que nos traerá satisfacción duradera y paz.

Cuarto, estén listos para testificar.

> Y estad siempre preparados para presentar defensa con mansedumbre y reverencia ante todo el que os demande razón de la esperanza que hay en vosotros (1 P 3.15b).

Esto me intriga. Algunos estamos tan ansiosos por dar testimonio que exigimos que nos escuchen aun cuando no sea apropiado o no sea el momento adecuado. Pero esto dice que estemos listos *cuando se nos pida* que demos razón. Y créame, si está lidiando con el maltrato o la injusticia o el sufrimiento para la gloria de Dios, las personas preguntarán.

«¿Cómo lo haces?» «¿Cómo puedes lidiar con esto?» «¿Cómo vives con eso?» «¿Cómo es posible que no hayas perdido tu gozo?» «¿Qué te mantiene de pie?» «¿Por qué no te has marchado corriendo?» «¿Por qué no te has defendido?» Preguntas comunes de observadores curiosos.

«Estad siempre preparados para presentar defensa». La palabra *defensa* viene del término *apologia*. Nuestra palabra *apología* viene de esta palabra griega. Se refiere a hacer declaraciones verbales defensivas. Y *razón* viene de la palabra *logos*, traducida en otras partes de la Escritura como «la palabra o el verbo». En esos momentos hemos de estar listos para ofrecer un testimonio verbal... una declaración amable pero penetrante de la verdad.

Deténgase y considere. El maltrato es una plataforma perfecta para un testigo. Sus vecinos querrían saber cómo se queda quieto en medio de ello, cómo puede sobrepasarlo sin reaccionar de manera fuerte. Su amigo en el trabajo querrá saber: «¿Cómo pudiste hacerlo?»

Alístese para presentar defensa, ofrecer una respuesta, testificarle a cualquiera que pregunte. En escasas ocasiones habrá un momento más oportuno para expresar su fe como cuando está sufriendo y glorificándole mediante ello. Otros que saben lo que soporta le escucharán. Se ha ganado el derecho a ser escuchado. Pero no desatienda la manera en la que debe testificar: «Con mansedumbre y reverencia». Sabio consejo de parte de Pedro, un hombre que había sido quebrantado.

William Barclay ofrece una excelente explicación de cómo debe ser nuestra «defensa» y «razón».

Debe ser *razonable*. Es un *logos* [razón] que el cristiano debe ofrecer, y un *logos* es una declaración razonable e inteligente de su posición[...] Para hacer eso debemos conocer lo que creemos; debemos haberlo meditado; debemos ser capaces de declararlo de manera inteligente e inteligible[...]

Su defensa debe ofrecerse con mansedumbre[...] La razón del cristianismo debe presentarse con amor y hermosura[...] Los seres humanos pueden ser atraídos a la fe cristiana pero no pueden ser forzados a ella.

Su defensa debe ofrecerse *con reverencia*. Es decir, cualquier argumento en el que se involucre el cristiano debe realizarse en un tono que Dios pueda escuchar con gozo[...] En cualquier presentación del caso cristiano y en cualquier argumento para la fe cristiana, el acento debe ser el del amor.[3]

Y quinto, mantenga una buena conciencia.

Aquí Pedro excava bajo la superficie, revolviendo el rico terreno del carácter interno. ¿Y cuál es la preciosa gema que está tratando de desenterrar? *Integridad*.

Teniendo buena conciencia, para que en lo que murmuran de vosotros como de malhechores, sean avergonzados los que calumnian vuestra buena conducta en Cristo (1 P 3.16).

Nada habla más alto o más poderosamente que una vida de integridad. ¡Absolutamente nada! Nada soporta la prueba como el carácter sólido. Usted puede lidiar con el estallido como un buey en una tormenta de nieve. Podrá formarse hielo en sus cuernos, pero usted se queda parado contra el viento y la pululante tormenta salvaje porque Cristo está obrando en su espíritu. El carácter siempre gana el día. Como escribió Horace Greely: «La fama es un vapor, la popularidad un accidente, las riquezas alzan vuelo, y solo el carácter permanece».

No hay una defensa más elocuente y efectiva que la existencia vivida continua y consecuentemente en integridad. Ella tiene poder invencible para silenciar sus calumnias.

El principio subyacente e inconmovible

Porque mejor es que padezcáis haciendo el bien, si la voluntad de Dios así lo quiere, que haciendo el mal (1 P 3.17).

[3] Barclay, *op. cit.*, pp. 230-231.

Declarado de forma sencilla, el principio es este: El sufrimiento injusto siempre es mejor que el castigo merecido. Y algunas veces, aunque no podemos explicar completamente por qué, es la voluntad de Dios que su pueblo sufra por hacer lo correcto.

Un antiguo relato hebreo cuenta de un hombre justo que sufrió inmerecidamente. Era un hombre que se había apartado del mal, se ocupó de su familia, andaba con Dios, y era reconocido por su integridad. Pero súbitamente, sin advertencia, y aparentemente sin razón, lo perdió todo: sus rebaños, su ganado, sus siervos, sus niños, y finalmente su muerte. Este antiguo relato hebreo no es un cuento de hadas. Es el relato verdadero de una persona real, Job.

Aunque sufrió terriblemente, y aunque jamás pudo haberlo previsto por sí mismo o comprenderlo cuando sucedió, Job ha sido recordado a través y hasta hoy como el modelo de la perseverancia paciente. «La paciencia de Job» sigue siendo una de nuestras frases axiomáticas.

No le desearía la vida de Job a nadie. Pero, bueno, no soy Dios. Jamás he sido muy bueno en dirigir la vida de nadie. Se me dificulta bastante mantener la mía en su lugar. Pero he observado unos cuantos «Jobs» en mis años de ministerio. Ellos vienen bajo esa condición de cuarta clase: «Si Él quiere... difícil pero posible».

Si usted es uno de esos «Jobs» modernos, no desperdicie su tiempo tratando de averiguar el *por qué*. Un día todo se aclarará. Por ahora, siga las cinco respuestas bosquejadas por Pedro.

El Dr. Bruce Waltke fue mi profesor de hebreo durante tres de mis años en el Seminario Dallas. Desde ese entonces se ha convertido en algo así como un amigo y mentor. Es un hombre brillante con un corazón tierno para Dios. Cuando sobrepasaba un momento muy difícil en mi último año en el seminario y deseaba algunas respuestas a los *porqués*, Bruce dijo algo así como esto: «Chuck, he llegado al lugar en donde creo que solo en muy raras ocasiones Dios nos dice el porqué, así que decidí dejar de preguntar». Ese consejo me pareció muy útil. Desde ese momento en adelante, comencé a reconocer que no soy el «hombre respuesta» para acontecimientos de la vida que no tienen lógica o sentido humano. Ahora estoy convencido que aun si explicara sus razones, solo entendería en raras ocasiones. Sus caminos son mucho mayores y mucho más profundos que lo que nuestras mentes finitas pudieran entender. Así que ahora acepto las instrucciones de Dios, y vivo con ellas lo mejor que puedo. Y francamente, ahí lo dejo. He encontrado que esa respuesta no solo me alivia, me ofrece esperanza más allá de la amargura.

Si Dios lo ha llamado a ser un Job, un llamado extraño, recuerde que el Señor no solo está lleno de compasión, también está lleno de control. Él no lo dejará sin esperanza. Él nos ofrece sus promesas:

> Porque mis pensamientos no son vuestros pensamientos,
> ni vuestros caminos mis caminos, dijo Jehová.
> Como son más altos los cielos que la tierra,
> así son mis caminos más altos que vuestros caminos
> y mis pensamientos más que vuestros pensamientos
> (Is 55.8-9).

> Cuando los caminos del hombre son agradables a Jehová,
> aun a sus enemigos hace estar en paz con él (Pr 16.7).

Escuche el consejo de Pedro. Calmada y silenciosamente permita que estos cinco breves consejos penetren.

- Considérese singularmente bendecido por Dios.
- No salga huyendo asustado, ni se quede sentado preocupándose.
- Reconozca a Cristo como Señor aun de este acontecimiento.
- Prepárese para testificar.
- Mantenga una buena conciencia.

Una oración por esperanza más allá de la amargura

Nuestro Padre, al reconocer a tu Hijo como Señor, lo hacemos con un suspiro, porque no podemos negar el dolor o ignorar la dificultad de las pruebas terrenales. Para algunos de los que lean estas palabras, la realidad de esto es casi insoportable. Pero como soberano y con plena capacidad para ocuparse de nuestras necesidades, no dista de tu fortaleza tomar la carga y, darnos la perspectiva que necesitamos.

Aquieta nuestros espíritus. Danos un sentido de alivio a medida que enfrentemos el inevitable hecho de que ella es difícil y que existirán esos momentos cuando no todo será justo. Borra cualquier rastro de amargura. Capacítanos para ver más allá del presente, para enfocar en lo invisible, y para reconocer que siempre estás allí. Recuérdanos, también, que tus caminos son mayores y mucho más profundos que los nuestros.

Gracias por el gozo de este día. Gracias por el placer de una relación contigo y unos cuantos amigos buenos, amorosos y desinteresados. Padre, y gracias especialmente por la verdad de tu Palabra que vive y permanece para siempre. En el nombre poderoso de Quien es superior, Jesús el Señor.

AMÉN

10

❖

Esperanza más allá de los credos

Cómo concentrarse plenamente en Jesucristo

CUANDO ERA NIÑITO, mi familia se mudó a Houston, donde mi padre fue empleado para trabajar en lo que, en aquellos años de la Segunda Guerra Mundial, se llamaba «planta de defensa». Houston es una ciudad industrial, y durante esos años de guerra muchas de las industrias cambiaron su maquinaria para fabricar implementos, municiones y equipo bélico. El lugar en particular donde trabajaba mi padre construía transmisiones para los rústicos tanques Sherman y el tren de aterrizaje para los poderosos B-17 llamados «Flying Fortresses» [Fortalezas voladoras].

No vimos mucho a mi papá durante esos cinco años porque trabajaba de diez a quince horas al día, y algunas veces dieciocho, seis a siete días a la semana. Como nuestra familia solo tenía un auto, que Papá manejaba cada día para llevar a otros compañeros de trabajo al taller, el resto de la familia tenía que caminar al mercado, a la escuela y a la iglesia.

La iglesia más cercana era una metodista que estaba al final de nuestra calle. Aún me veo sentado en aquellos bancos de madera casi cada domingo. Y todos los domingos, como parte de la liturgia del servicio de adoración de esa iglesia metodista en particular, recitábamos el Credo de los Apóstoles.

No recuerdo un sermón de los que se predicaron durante esos cinco años. No puedo evocar ningún acontecimiento,

auspiciado por la iglesia, que me impactara. Pero recuerdo con
claridad haber repetido el Credo de los Apóstoles. Es más,
memoricé esa declaración de fe en pocos meses simplemente
porque lo repetíamos domingo tras domingo. Usted, también,
podría conocer estas palabras bien:

> Creo en Dios Padre Todopoderoso, creador del cielo y la tierra;
> Y en Jesucristo, su único Hijo primogénito, Señor nuestro, que
> fuera concebido por el Espíritu Santo, nacido de la Virgen María,
> sufrió bajo Poncio Pilato, fue crucificado, murió y fue sepultado;
> descendió al infierno; el tercer día se levantó nuevamente de los
> muertos; ascendió al cielo, y está sentado a la diestra de Dios Padre
> Todopoderoso; desde donde vendrá para juzgar a los vivos y a los
> muertos.
>
> Creo en el Espíritu Santo, la santa iglesia católica, la comunión
> de los santos, el perdón de los pecados, la resurrección del cuerpo,
> y la vida eterna. Amén.

Aunque solo era un jovencito cuando recitaba el credo, dos
de sus afirmaciones me atribulaban. Mi primera preocupación
era: «Creo en la santa iglesia católica». Sabía que mi familia
no era católica, ¿entonces cómo podía continuar diciendo que
creía en la Santa Iglesia Católica? Entonces en algún momento, un joven obrero me explicó que católico (con «c» pequeña) realmente significaba «universal», así que lo que en verdad
decíamos era: «Creo en la iglesia universal». No hay problema
con eso.

Sin embargo, más difícil de resolver era la parte en la que
decíamos que Jesucristo «descendió al infierno». Eso me atri-
bulaba. No había nadie alrededor que pudiera responderme esa,
ni siquiera mi madre. Es interesante que fue casi veinte años
después, en una clase de griego en el seminario, que experimenté
el recuerdo inmediato de aquellos días cuando era jovencito en
la iglesia metodista. Escudriñábamos el texto y al final de 1
Pedro 3, me tope con el versículo que describía en la Escritura
lo que había declarado como jovencito pero que jamás entendí.

Permítame recordarle los últimos cinco versículos en 1 Pedro 3:

Porque también Cristo padeció una sola vez por los pecados, el justo por los injustos, para llevarnos a Dios, siendo a la verdad muerto en la carne, pero vivificado en espíritu; en el cual también fue y predicó a los espíritus encarcelados, los que en otro tiempo desobedecieron, cuando una vez esperaba la paciencia de Dios en los días de Noé, mientras se preparaba el arca, en la cual pocas personas, es decir, ocho, fueron salvadas por agua. El bautismo que corresponde a esto ahora nos salva (no quitando las inmundicias de la carne, sino como la aspiración de una buena conciencia hacia Dios) por la resurrección de Jesucristo, quien habiendo subido al cielo está a la diestra de Dios; y a Él están sujetos ángeles, autoridades y potestades (1 P 3.18-22).

¿Acaso no es esa una magnífica declaración de fe? Es casi como otro credo que podríamos recitar en la iglesia domingo tras domingo.

Nuestro ejemplo

En mi estudio de la Biblia hallo que una de las mejores reglas a seguir para entender cualquier sección particular de la Escritura es ver toda la escena (el contexto) antes de intentar trabajar a través de cada versículo. Es como mirar al bosque antes de examinar los árboles.

Siguiendo esa regla, primero tenemos que responder a una pregunta importante: ¿Cuál es el tema principal de este párrafo? Como recordará, basados en la temática que tratamos en el capítulo 9, es el sufrimiento injusto. ¿Recuerdan las palabras de Pedro?

Porque mejor es que padezcáis haciendo el bien, si la voluntad de Dios así lo quiere, que haciendo el mal (1 P 3.17).

Si el sufrimiento injusto es el tema principal, ¿cuál es la enseñanza de todo el párrafo? Claramente es esta: las bendiciones seguirán al sufrimiento si hacemos el bien.

Ahora en este punto, inmediatamente después que Pedro escribió el versículo 17, el Espíritu de Dios lo motiva a mencionar a Quien mejor ejemplifica esa verdad. ¿Quién, en la mente de cada creyente, ejemplificaría mejor la bendición que sigue al sufrimiento injusto? Obviamente, Cristo. Y por eso es que Pedro dice en el versículo 18: «Porque también Cristo». No lo dice, pero podríamos insertar entre paréntesis: «Como ejemplo».

Porque también Cristo (como ejemplo) padeció una sola vez por los pecados[...] el justo por los injustos, para llevarnos a Dios[...]

¿Cuál es la bendición que nos sobrevino como resultado del sufrimiento injusto de Cristo? Nuestra salvación. ¿Y cuál fue la bendición para Él, personalmente, luego de su sufrimiento injusto? Su resurrección. Eso se declara al final del versículo 20.

Aquí el foco de atención es Jesucristo, no los receptores de la carta o los que la leerían siglos después. Es Jesús mismo. Solo Él es el centro de atención. Mire esta gran declaración de fe en cuanto al Señor Jesús.

Versículo 18: «Padeció una sola vez por los pecados». Esa es su *crucifixión*.

Versículo 19: «*Predicó*». Eso es su proclamación.

Versículo 21: «Por la *resurrección* de Jesucristo».

Versículo 22: «Está a la diestra de Dios; y a Él están sujetos ángeles, autoridades y potestades». Eso es *exaltación*.

Lo que aquí tenemos, en resumen, es una prueba de la crucifixión, proclamación, resurrección y exaltación del Señor Jesucristo. Pedro está clara y sinceramente enfatizando algunas de las principales doctrinas relacionadas con Jesucristo. Hasta aquí todo va bien. Pero el párrafo también incluye una digresión (véanse los versículos 19—21).

Algunas veces al escribir una carta mencionará un tema importante para usted, que le recuerda algo que no es tan pertinente como el tema pero que completa la imagen, y por eso lo añade. Podría tomar un párrafo para hacerlo, o una oración o dos. En esta ocasión, Pedro completa el pensamiento general en cuanto a Cristo añadiendo algunos detalles... cosas que apenas se mencionan en otras partes de la Biblia. Es más, aquí hay dos asuntos enredados con los que el estudiante serio del Nuevo Testamento tiene que luchar. Uno de ellos tiene que ver con el descenso de Cristo al hades (véanse los versículos 19-20), y el otro con lo que parece ser una afirmación de la regeneración bautismal: «El bautismo que corresponde a esto ahora nos salva» (v. 21), luego hablaremos más en cuanto a esto.

Nuestra entrada

Ahora, una vez considerado el contexto general, permítame llegar al tema central del pasaje. Vea nuevamente el versículo 18. Este es uno de esos versículos que abarcan todo y que declara el evangelio de la manera más breve y concisa. Esa declaración concisa respecto al Señor Jesús es hermosa: «Porque también Cristo padeció una sola vez por los pecados». No tenemos que revivir o rehacer la muerte de Cristo. No tenemos que anticipar su muerte en una o varias ocasiones. Ha muerto «una sola vez». Fue la muerte de todas las muertes, solucionando permanentemente el problema del pecado.

Cuando Cristo vino, fue el sustituto perfecto para el pecado. Y como cordero sin mancha y sin defecto, colgó de la cruz y murió. Su sangre se convirtió en el pago total y definitivo a Dios por los pecados. La ira divina fue satisfecha, porque el pago de Cristo por el pecado canceló la cuenta, de una vez por todas. Además, se borró toda la deuda que teníamos mientras que se nos acreditó la justicia de Cristo a nuestra cuenta. No era justo que Él muriera. Él era justo. Murió, «el justo por los injustos».

Tal vez usted no lo sabe, pero se le menciona (por implicación) varias veces en la Escritura. Y esta es una de esas ocasiones. Su nombre podría aparecer en lugar de las palabras «el injusto».

Apliquemos esta declaración a mi caso: «Porque también Cristo padeció una sola vez por todos, el justo por Chuck Swindoll...»

O usted podría poner *su* nombre allí: «El justo por [su nombre]».

¿Por qué lo hizo? «Para llevarnos a Dios». Un estudiante muy cuidadoso del Nuevo Testamento le llama a esto «una entrada fuerte». Nuestro Señor Jesucristo, al morir en la cruz, nos proveyó de «una entrada» hacia el cielo. Nos dio acceso. Como resultado de su muerte, el acceso al cielo ahora está permanentemente pavimentado. Está disponible para todos los que creen en el Señor Jesucristo.

Fue «muerto en la carne, pero vivificado en el espíritu». Entonces, ¿qué está haciendo ahora? «Está a la diestra de Dios». Quizás usted no sabía eso, muchas personas no saben qué es lo que Cristo está haciendo en la actualidad. Ascendió desde esta tierra, y regresó al lugar de gloria en forma corporal. (Él es el único miembro de la Divinidad que es visible. Dios el Padre está en forma espiritual. Dios el Espíritu está en forma espiritual. El único miembro visible de la Trinidad es el Señor Jesucristo.) Él se sienta a la diestra de Dios intercediendo por nosotros. Ora por nosotros. Se conmueve por nuestras necesidades; los sentimientos de nuestras enfermedades lo conmueven. Está allí por nosotros, su pueblo, e intercede por nosotros. Ya que está a la diestra de Dios, no hay duda de su puesto de autoridad.

El Credo de los Apóstoles está en lo correcto cuando dice: «Ascendió al cielo y está sentado a la diestra de Dios; de donde vendrá a juzgar a los vivos y a los muertos». Vendrá a juzgar a ambos, y ese juicio aguarda su regreso a esta tierra. ¡Qué poderosas verdades hay aquí! ¡Pedro conocía su teología!

Su proclamación

Todo eso es bastante claro... ahora viene lo difícil. Primero, ocupémonos del tema del descenso de Jesús. El credo lo llama el descenso, «al infierno». Refiriéndose al Señor Jesucristo, Pedro traza su itinerario luego de su crucifixión.

> En el cual también fue y predicó a los espíritus encarcelados, los que en otro tiempo desobedecieron, cuando una vez esperaba la paciencia de Dios en los días de Noé, mientras se preparaba el arca, en la cual pocas personas, es decir, ocho, fueron salvadas por agua (1 P 3.19-20).

¿Qué significa eso? ¿Cuándo exactamente ocurrió? ¿Quiénes eran estos espíritus a los que visitó? ¿Y cuál fue la «predicación» que hizo? Buenas preguntas.

Permítame depender de su conocimiento de las Escrituras y pedirle que recuerde una escena en los días antes del diluvio. Se registra en el sexto capítulo de Génesis. (Cuando tenga tiempo, es posible que quiera volver a leerlo.) Se nos dice que durante este período la depravación de los hombres y las mujeres alcanzó la cúspide de todos los tiempos. La impiedad de ellos era tan severa que apenó el corazón de Dios, ¡hasta lamentó haber creado a la humanidad!

> Y se arrepintió Jehová de haber hecho hombre en la tierra, y le dolió en su corazón. Y dijo Jehová: Raeré de sobre la faz de la tierra a los hombres que he creado, desde el hombre hasta la bestia, y hasta el reptil y las aves del cielo; pues me arrepiento de haberlos hecho (Gn 6.5-6).

Si lee esto en el contexto de los primeros cuatro versículos de Génesis 6, se enterará de una serie de, sorprendentes y raramente mencionados, acontecimientos que sucedieron. En esta tierra y en ese entonces, hubo cohabitación sexual entre seres espirituales y las mujeres. Se cree que durante la época antediluviana, el tiempo que precedió al diluvio, estos espíritus vinieron en forma corporal y de una manera u otra tuvieron relaciones sexuales con mujeres. Como resultado de eso, nació una generación de seres sobrenaturales, aunque es cierto que ese es un fenómeno extraño raras veces mencionado por los predicadores y por lo tanto escasamente enseñado a los cristianos.

Cuando llegó el diluvio, terminó con esa atroz manera de vivir y esa generación monstruosa. Además, el juicio de Dios cayó sobre esos espíritus que cohabitaron con mujeres, y los puso en un lugar llamado, en el original, *Tartarus*. Era un lugar especial, descrito aquí como «una prisión». Allí fue que Jesús realizó su triunfante proclamación.

¿Cuál era esta proclamación? Me resulta útil saber que esta no es la palabra usada para proclamar el evangelio. Más aún, es un término, *kerusso*, usado para describir a alguien que «proclama» una declaración. Denota a alguien que proclama que el rey tomó una decisión o que declara cierto edicto, en realidad, puede referirse a una proclamación de cualquier tipo. Jesús proclamó sincera y francamente que había cumplido su misión. Había muerto por los pecados del mundo. La obra de salvación se realizó.

Cuando junto todo, concluyo lo siguiente. Creo que los versículos 19 y 20 describen el tiempo inmediatamente después de la muerte de Jesús. Su cuerpo fue bajado de la cruz y colocado en una tumba, pero su ser interior, su alma y espíritu, descendió a las tenebrosas profundidades de la tierra, al lugar de Tartarus (el credo lo llama «infierno»), en donde los malvados espíritus antediluvianos están encarcelados. Una vez allí, les proclamó su muerte victoriosa sobre el pecado y su poder sobre el enemigo, Satanás mismo. Fue esta proclamación la que hizo que se percataran de que su labor al intentar corromper y confundir a la raza humana fue en vano. Todos sus intentos de sabotear la cruz, de que no sucediera, fueron nulos e inefectivos.

Cristo fue a ese lugar a proclamar su victoria en el Calvario.

Nuestra fe

Eso nos lleva a la segunda cuestión presentada por el versículo 21, en donde leemos: «El bautismo que corresponde a esto ahora nos salva». ¿Qué quiere decir esto?

Una vez más, no podemos ignorar el contexto. Primero, debemos entender que en la mente de Pedro está el diluvio. Acabó de decirlo (v. 20). El diluvio fue el que ocasionó la muerte y la destrucción a los que no creyeron. También fue el agua lo que liberó a los que así lo hicieron, ocho de ellos. Imagínese eso. Aunque había varios millones de personas, solo ocho entraron en el arca. Juntamente con los animales, ¡solo ocho seres humanos creyeron y vivieron!

Fue el arca flotando sobre el agua lo que hizo que sobrepasaran el diluvio, lo cual se convirtió en una hermosa imagen de la iglesia primitiva. Es más, el arca se usaba con frecuencia para describir la salvación. Hoy, vemos la cruz como nuestra arca.

Es nuestra manera de vivir. Es la manera en que sobrepasamos el mundo mortal que nos rodea. Así, el bautismo se convirtió en otra hermosa expresión o imagen de ese tipo de liberación de la muerte, mediante el agua.

El bautismo simboliza la liberación, así como lo hizo el arca. Es más, vea las palabras entre paréntesis:

> El bautismo que corresponde a esto ahora nos salva (no quitando las inmundicias de la carne, sino como la aspiración de una buena conciencia hacia Dios) por la resurrección de Jesucristo (1 P 3.21).

El bautismo no limpia a nadie, ni literal ni simbólicamente. No nos limpia por fuera, como lo hace un baño; ni nos limpia por dentro. Pero, en realidad, es nuestro ruego a Dios por una buena conciencia. Lo que nos salva es la fe en el Señor Jesucristo, y esto es lo que se ilustra de manera hermosa en el bautismo cuando salimos del agua. La Biblia, versión en inglés, *Living Bible*, en 1 Pedro 3.21, ofrece una fina paráfrasis de esta sección parentética.

> (Eso, de paso, es lo que el bautismo representa para nosotros: En el bautismo mostramos que hemos sido salvados de la muerte y de la condenación mediante la resurrección de Cristo; no porque nuestros cuerpos fueran limpiados por el agua, sino porque al ser bautizados nos volvemos a Dios y le pedimos que limpie nuestros *corazones* del pecado.)

Ahora entenderá por qué en el servicio bautismal cada candidato testifica personalmente en cuanto a su fe en Jesucristo. Nada en las aguas del bautismo limpia la carne o el alma, pero el agua ilustra lo que ya sucedió en la vida del redimido.

Principios prácticos

Mientras empacamos nuestras ideas aquí, permítame mencionar un par de principios muy prácticos que podemos derivar de esta sección de la carta de Pedro.

Primero, cuando el sufrimiento injusto parezca insoportable, recuerde la crucifixión. Sé que ha escuchado eso antes, es algo que se nos puede recordar con frecuencia. Puede ser un consuelo maravilloso. Es sorprendente cómo el enfoque del cuerpo del Señor Jesucristo, colgando de la cruz como pago por el pecado, realmente ayuda a aliviar el dolor en mi vida. Más o menos, cuando empiezo a pensar que mi sufrimiento es terriblemente injusto, empiezo a prestarle atención a lo que Él sufrió. Eso facilita que alivie o hasta elimine cualquier sentimiento de amargura o rencor dentro de mí. Así que, cuando el sufrimiento injusto parezca insoportable, recuerde la crucifixión.

Segundo, cuando el temor a la muerte le robe su paz, recuerde la resurrección. No hay nada como la esperanza que obtenemos de la resurrección de nuestro Señor. Cada Pascua la celebramos. Es más, cada «Día del Señor» se nos recuerda la misma. Ciertamente el Credo de los Apóstoles lo refuerza y este nos lleva de vuelta a donde comenzamos.

Creo en Dios el Padre Todopoderoso, creador del cielo y de la tierra;

Y en Jesucristo, su único Hijo unigénito, Señor nuestro, que fue concebido por el Espíritu Santo, nacido de la Virgen María, sufrió bajo Poncio Pilato, fue crucificado, murió y fue sepultado; descendió al infierno; el tercer día se levantó de entre los muertos; ascendió al cielo, y está sentado a la diestra de Dios el Padre Todopoderoso; de donde vendrá a juzgar a los vivos y a los muertos.

Creo en el Espíritu Santo...

A pesar de todas las verdades generales contenidas en estas palabras concisas, la parte más personal y crucial del credo está en las primera palabra, «Creo». Sin ella, simplemente es una declaración que alguien hizo, una afirmación que muchos adoradores recitan cada semana sin jamás tener ninguna clase de relación personal con Cristo. Un cuerpo de personas brillantes, consagradas y de mentalidad religiosa afinaron esa declaración para simplificar las características distintivas de nuestra fe. Pero sin nuestra fe, todavía es simplemente un credo, una declaración de *su* fe. Lo que más necesitamos es una esperanza firme más allá de cualquier credo que podamos recitar.

La pregunta es, ¿*creo* la verdad de esa declaración? ¿La *cree* usted? De ser así, hay esperanza para usted más allá de este o cualquier otro credo. Y esa esperanza es un hogar celestial reservado para usted.

Una oración por esperanza más allá de los credos

Padre, gracias por la verdad de tu Palabra, por su claridad y su sencillez. Y, Señor, debido a que es tan exacta, no hay razón para dudar. Creemos. Libre, agradecida y voluntariamente, creemos.

Pero nuestra creencia va más allá de cualquier credo... mucho más allá de cualquier declaración que haya salido de los humanos, no importa cuán consagrada o sincera sea. Con gran fe, Padre nuestro, creemos en el Señor Jesucristo que murió por nosotros. Creemos que sufrió injustamente. Creemos que su pago bastó para lavar pecados. Nuestros pecados. Y ahora que ha sido levantado y ascendió, Padre nuestro, creemos que está vivo, intercediendo por nosotros, y que regresará de nuevo.

Debido a la crucifixión, proclamación, resurrección y exaltación de Cristo, tenemos paz cuando enfrentamos la muerte. Danos un sentimiento de esperanza cuando suframos injustamente. Recuérdanos que el cielo es nuestra esperanza definitiva. Oro en su inigualable nombre.

AMÉN

11

Esperanza más allá de la cultura

Cómo asombrar a
la muchedumbre
pagana

LLEGAR A UNA TIERRA EXTRAÑA en medio de otro idioma y otra cultura por primera vez en la vida, puede ser una experiencia incómoda.

Me sucedió mientras servía en la infantería de marina a finales de los cincuenta. Nuestro barco militar nos había llevado a través del Pacífico, y mis camaradas y yo estábamos a punto de pisar terreno japonés. Anticipábamos ansiosamente estar en tierra después de tanto tiempo en el mar. Para muchos de nosotros, esta era nuestra primera visita a un país extranjero. Estábamos sobresaltados de emoción, imaginación y cualquier otra sensación que se le pudiera ocurrir debido a aquellos diecisiete días en el mismo navío. ¡Estábamos listos!

Sin embargo, antes de abandonar el barco, el comandante de nuestra compañía nos reunió a todos. Se paró frente a nosotros, vio a todo el grupo, y entonces, mirando profundamente a nuestros ojos, dijo en alta y firme voz: «Hombres, quiero que todos recuerden que por primera vez en sus vidas, *ustedes son los extranjeros*. Este no es su país o su cultura. Ahora ustedes son la minoría. Estos no son sus compatriotas. Ellos no hablan su idioma. Ellos no conocen nada acerca de su patria a excepción de lo que ven en ustedes».

Fue una de esas charlas para animar en la que se enfatizó que nos «portáramos bien», pero fue más allá de eso. Nuestro comandante también estaba diciendo: «Ustedes, como individuos, están representando a los EE.UU. ¡No los avergüencen! No se conviertan en otro ejemplo del "estadounidense feo". Actúen de forma tal que el pueblo japonés se lleve una buena impresión de su país y de cómo deben ser los EE.UU. Que podamos sentirnos orgullosos y no avergonzados». Esas palabras resonaron en mis oídos por muchos días.

Como cristianos, enfrentamos una situación similar. Ya que nuestra ciudadanía es el cielo, el planeta Tierra realmente no es nuestro hogar. Para nosotros, es un terreno extraño. Somos ciudadanos de otro dominio. Pertenecemos al reino de Dios. Por consiguiente, necesitamos comportarnos de la mejor forma posible; de otra manera, las personas tendrán una imagen distorsionada de cómo es nuestra patria. Como resultado de nuestro comportamiento, serán atraídos o rechazados por el cielo, el lugar que llamamos hogar.

El viejo canto evangélico todavía es vigente.

> Este mundo no es mi hogar.
> Simplemente ando de paso.
> Mis tesoros están guardados
> En algún sitio más allá del cielo azul.[1]

¡Eso es cierto! Pero fácil de olvidar. Quizás este sea un buen momento para que se nos recuerde... vivimos en una cultura pagana, rodeados por personas que abrazan una filosofía pagana y tienen una manera de vivir pagana.

Simplemente considere la última oferta de Broadway aclamada gozosamente como «el descubrimiento musical de los noventa»... «el musical estadounidense más exuberante y original que haya surgido en este década». El drama, *Rent*, se ubica «entre los artistas, adictos, prostitutas y personas de la calle del

---

[1] J. R. Baxter, Jr., «This World Is Not My Home» [Este mundo no es mi hogar]. Derechos reservados 1946. Stamps-Baxter Music. Usado con permiso de Benson Music Group, Inc.

East Village de la ciudad de Nueva York». Los personajes principales son «una bailarina drogadicta en un club de sado-masoquismo que sufre de SIDA» y un cantante de rock que tiene el virus HIV del SIDA. «El SIDA es la sombra que flota sobre todas las personas en *Rent*, pero el musical no trata de la enfermedad ni se convierte en una predicación; se enfoca en festejar la vida y registrar una crónica de los esfuerzos de sus personajes por sacarle la última gota». Esos personajes son un maestro homosexual, un travesti, una abogada lesbiana, entre otros.[2]

Un amigo mío le llamaría a eso «ser asaltado por la realidad», pero ese es el mundo en el que vivimos. Nuestra cultura terrícola es pagana hasta la médula. No olvidemos que Dios nos dejó aquí a propósito. Estamos aquí para demostrar cómo se siente ser parte de otro país, tener ciudadanía en otra tierra, para que podamos inspirar en otros el deseo de emigrar. Nuestra misión es crear una sed y el interés en esa tierra «más allá del cielo azul».

En 1 Pedro 4.1-6, el apóstol da algunas órdenes a los soldados cristianos que están estacionados en este terreno extranjero para que marchen. Abre el tema pidiendo un comportamiento cristiano ante un mundo vigilante con las palabras *«Puesto que»*.

Puesto que Cristo ha padecido por nosotros en la carne, vosotros también armaos del mismo pensamiento (1 P 4.1a).

Los estudiantes cuidadosos de la Escritura les prestan mucha atención a las palabras, especialmente las que conectan pensamientos principales. Las palabras *puesto que* son términos breves que conectan lo que el autor está a punto de escribir con lo que acaba de escribir. ¿Y qué acaba de escribir? Lea 3.18 y 22.

Porque también Cristo padeció una sola vez por los pecados, el justo por los injustos, para llevarnos a Dios, siendo a la verdad muerto en la carne, pero vivificado en espíritu[...] quien habiendo

---

[2] Citas de Georgia Harbison, «Lower East Side Story» [El relato del Lower East Side], *Time* [Tiempo], 4 de marzo de 1996, p. 71.

subido al cielo está a la diestra de Dios; y a él están sujetos ángeles, autoridades y potestades (1 P 3.18, 22).

Cristo sufrió y murió por nosotros, el justo por los injustos. *Puesto que*... o a raíz de eso. ¿Ve cómo todo está unido? Ya que Cristo murió por nuestros pecados, el justo por los injustos, y ya que ha estado sentado a la diestra de Dios, y debido a que todas las autoridades están sujetas a Él, y ya que sufrió en la carne, debemos armarnos con el mismo propósito que tenía cuando estaba en esta tierra.

Me agrada la manera en la que un erudito ejemplifica lo que indicaba «armaos».

> [Pedro] exhorta a los santos a que se armen con la misma mentalidad que Cristo tuvo en cuanto al castigo injusto[...] La palabra griega traducida por «armaos» se usaba en relación con un soldado griego que se ponía su armadura y tomaba sus armas. El sustantivo de la misma raíz se usaba en relación con un soldado de infantería bien armado que cargaba un enorme escudo y una pica[...] El cristiano necesita la armadura más pesada que pueda para aguantar los ataques del enemigo de su alma.[3]

Esta imagen verbal ofrece un recordatorio ingenuo de que nosotros los cristianos no vivimos en esta tierra como turistas sin preocupación alguna. No andamos de vacaciones hacia el cielo. Somos soldados en terreno crudo y pagano. Alrededor nuestro se batalla furiosamente. El peligro es real, y el enemigo es terrible. Cristo murió no solo para ganar la victoria sobre el dominio del pecado sino para equiparnos para esa pelea, para darnos la fuerza interna que necesitamos para resistirla. Por lo tanto... debemos armarnos con la fuerza que Cristo da ya que nuestro propósito en la vida es el mismo que el de Él.

Vale la pena repetir la advertencia de Martyn Lloyd-Jones:

> No darse cuenta de que uno está en un conflicto solo significa una cosa, y es que está irreparablemente derrotado[...] usted ni

---

[3] Wuest, *First Peter: In the Greek New Testament* [Primera de Pedro: En el Nuevo Testamento griego], p. 110.

siquiera lo sabe, ¡está inconsciente! Significa que está completamente derrotado por el diablo. Cualquiera que no está consciente de una pelea y un conflicto en un sentido espiritual está en una condición drogada y peligrosa.[4]

Transformación: Una extraordinaria diferencia en la vida cristiana

Hace varios años cuando estaba predicando acerca de 1 Pedro, un hombre me llamó y dijo: «Chuck, solo quiero que sepas que lo que dice 1 Pedro está sucediendo en mi vida». Cuando le pregunté qué era lo que quería decir, continúo describiendo algunas dificultades que estaba sobrellevando. Mientras lo hacía señaló: «Recordé cosas de las cuales ha estado hablando recientemente».

Dijo que había sentido una pesadez en su espíritu... la llamó «una opresión oscura». Oramos juntos acerca de su situación. Unos días después cuando lo vi después del servicio matutino dominical, me dijo: «Solo quiero que sepas que la nube se levantó». Había sentido el comienzo de la liberación de su guerra privada en el dominio de las tinieblas.

Muchos de ustedes viven en la competitiva jungla del mundo de los negocios, y algunos podrían trabajar para un jefe que les pide que comprometan su ética y su integridad. Presionado por la tensión entre complacer a su jefe, que puede despedirlo o degradarlo o simplemente dificultar su vida, y su compromiso con Cristo, usted necesita los recursos internos para permanecer firme. «Ármense con el mismo propósito» ciertamente aplica a usted. Las buenas noticias son estas: ¡usted lo tiene! La provisión que Cristo da bastará para esa prueba llena de tensión.

Puesto que Cristo ha padecido por nosotros en la carne, vosotros también armaos del mismo pensamiento; pues quien ha padecido

4 D. Martyn Lloyd-Jones, *The Christian Warfare* [La guerra cristiana], Baker, Grand Rapids, Michigan, 1976, p. 41.

en la carne, terminó con el pecado, para no vivir el tiempo que resta en la carne, conforme a las concupiscencias de los hombres, sino conforme a la voluntad de Dios. Baste ya el tiempo pasado para haber hecho lo que agrada a los gentiles, andando en lascivias, concupiscencias, embriagueces, orgías, disipación y abominables idolatrías (1 P 4.1-3).

Afortunadamente los que están «en Cristo» han sido transformados. Esta transformación trae consigo al menos cuatro beneficios que Pedro menciona. Ya no servimos al pecado como nuestro maestro (v. 1b); no pasamos nuestros días dominados por deseos que teníamos anteriormente (v. 2b); ahora vivimos por la voluntad de Dios (v. 2b); cerramos el libro de la vida impía (v. 3).

Cosechamos de la semilla que sembramos. La mayoría ha tenido suficiente tiempo para ver el resultado final de esta manera de vivir tan amoral. Pedro llama a esa manera de vivir «lo que le agrada a los gentiles».

Antes de que Cristo entrara a nuestras vidas, no teníamos poder para resistir al pecado. Cuando venía la tentación, cedíamos. Éramos incapaces de hacer otra cosa. Cuando aparecía la debilidad de la carne, caíamos en su trampa. Aunque exteriormente pudiéramos parecer fuertes, no teníamos estabilidad interna. Pero cuando Cristo vino a morar a nuestras vidas, nos dio fortaleza para que pudiéramos dejar de servir al pecado como amo nuestro. (Romanos 6 es una maravillosa sección de la Escritura acerca de este tema.) Debido a que Cristo ahora vive dentro de nosotros, hemos sido liberados del control del pecado. Ya no estamos esclavizados al pecado. ¡Hemos sido librados!

Observe como «la voluntad de Dios» (v. 2) es contrastada con «lo que le agrada a los gentiles» (v. 3). Note, también, cómo «lo que le agrada a los gentiles», los antiguos hábitos, prácticas, asociaciones, lugares de diversión, motivos malvados y pasatiempos impíos, todos, son escenas del pasado. Esta lista se parece a la de actividades de las fraternidades en algún recinto universitario estadounidense:

- sensualidad
- codicias
- borracheras, festines y fiestas licenciosas.

Los términos originales son vívidos. *Sensualidad* se refiere a las acciones que disgustan y asombran la decencia pública. Las *codicias* van más allá de la promiscuidad sexual e implican deseos depravados de todo tipo, incluyendo el deseo de venganza y la codicia por el dinero. *Borracheras, festines y fiestas licenciosas* describen todo un espectro miserable de consumismo que procura satisfacer todo placer, desde el abuso de narcóticos hasta las orgías sexuales. ¡Y creíamos que estas cosas representaban la vida salvaje del siglo veinte! En lo que se refiere a la vergonzosa manera de vivir pagana, nada es nuevo.

Lo que es muy liberador respecto a nuestra relación con Cristo es que Él llena el vacío en nuestras vidas que una vez tratáramos de llenar con toda esa basura. Con el vacío lleno, la molesta vacuidad que la acompañaba también se marchó. Y con el despido de esa vacuidad, ya no anhelamos las cosas que antes deseábamos.

Ahí es donde los cristianos son diferentes del mundo. Ahí es donde sobresalimos. Ahí es donde la luz brilla en las tinieblas. E invariablemente las tinieblas reaccionan a esa luz.

Reacción: La sorpresa iracunda del mundo perdido

Aunque podamos vivir en esta tierra extranjera, lejos de nuestro hogar definitivo, vivimos para la voluntad de Dios. Como resultado, hay un contraste señalado entre nuestra manera de vivir y la de los paganos —personas que nos rodean y no conocen al Señor—. Y cuando no participamos de esa forma de vivir, se nos considera «extraños».

No se equivoque. Si no participamos en esa manera de vivir, usted y yo somos extraños. *¡Realmente somos extraños!* Y ellos lo notan. De nuevo, las palabras de Pedro son tan relevantes como el periódico de esta mañana. Mire cómo describe la reacción del mundo perdido.

> A éstos les parece cosa extraña que vosotros no corráis con ellos en el mismo desenfreno de disolución, y os ultrajan (1 P 4.4).

¡Y hablando de la importancia de la Escritura! ¡Parece que Pedro viviera actualmente! Cualquier manera de vivir restringida, sin importar cuán delicados seamos, hace que los incrédulos se sientan incómodos. Algunas veces hace que se pongan a la defensiva y se enojen, haciendo que nos insulten como si el vivir a nuestra manera juzgara la de ellos. Experimenté eso entre los compañeros de la marina muchas veces, aquellos que gastan sus vidas en el dominio de los impulsos codiciosos, los festines y una tras otra bebedera. Hoy vemos lo mismo en el mundo de los negocios. Todo es parte de lo que llaman la «hora feliz» [tiempo en el que las bebidas alcohólicas se venden a precio más bajo en los bares].

Más allá de la incomodidad y de estar a la defensiva, por supuesto, está la vacuidad interna con la que viven, día tras día, como resultado natural de una vida de codicias e indulgencia. ¡Qué vacío queda cuando se acaba la fiesta y todos se van a sus casas! Se quedan con los horrores del amanecer y el intenso dolor de cabeza de la borrachera, la culpabilidad y hasta alguna vergüenza mientras se arrastran de la cama de alguien, preguntándose qué enfermedad pudieron haber contraído esta vez. Y siempre queda ese mal sabor en su boca.

¡Es una manera horrible de vivir! No me importa cuán lindos sean los comerciales, ¡eso apesta! ¡No dura una hora, y no tiene nada que ver con estar feliz! Pero si no tienen poder alguno para vencerlo, la única cosa que pueden anticipar es la próxima «hora feliz». Y si tocan la música lo suficientemente alto y si hay suficiente bebida y drogas, creen poder ahogar sus problemas. Otra mentira del enemigo. Él tiene mil de ellas.

¿Entiende el mensaje? El tiempo que ya pasó sin Cristo basta para que haya tenido su medida de «lo que le agrada a los gentiles». Usted la ha probado. La conoce por experiencia propia. Pero cuando Cristo transformó su vida, llenó el vacío y se llevó gran parte de ese impulso. Es más, es casi milagroso, sobre todo si lo ha capacitado para abandonar rápidamente alguna adicción.

Pero cuando eso sucede, en su vecindario, en su dormitorio universitario, en la fiesta de la oficina, usted sobresale mucho, se destaca. Aun sin siquiera decir una palabra, se destaca. Aun si pide graciosa pero calladamente una soda en lugar de una bebida alcohólica, sale el mensaje.

¿Por qué? Porque ha sido transformado. Ya no es un esclavo indefenso del pecado. No es vencido por sus impulsos glandulares. Ahora está interesado en la voluntad de Dios; ha cerrado la puerta a la vida impía. Y el pagano se sienta como un perro doberman, con los ojos abiertos, y las orejas levantadas. Se pregunta: «¿Qué le pasa a Sam? ¿Recuerdas cuando acostumbrábamos andar juntos? Ahora está en la religión». O «Susana se ha puesto muy extraña... se ha convertido en una «comebiblia». Antes era muy divertida. Ahora es una santita. ¡No te extrañes si se convierte en una televangelista!»

Si toma en serio a Jesús y acaba de separarse de un grupo salvaje de amistades, prepárese para esas reacciones. El hecho es que, Él está transformándolo. Sus viejas amistades no solo se sorprenderán, hasta se asombrarán, de su nueva manera de vivir, también podrían ridiculizarlo y juzgarlo injustamente por ello. Anticipe esa reacción y se protegerá para no ser «asaltado por la realidad». Usted acaba de comenzar a experimentar esperanza más allá de la cultura.

A veces me imagino que estarán pensando: «¿Sabes qué? a la miseria no le gusta estar sola. Si voy a estar así de miserable, entonces tienes que acompañarme, como lo hacías antes. No quiero hacer esto a solas».

La terrible ironía del juicio que realizan las amistades que perdimos es que ellos mismos enfrentarán el juicio definitivo... pero esa es la *última* cosa que quieren escuchar. Sin embargo,

Pero ellos darán cuenta al que está preparado para juzgar a los vivos y a los muertos (1 P 4.5).

Algunos de los lectores han descubierto que sus amistades cercanas han cambiado ahora que están en Cristo. En cuanto a eso, permítame primeramente advertirle, y luego felicitarlo.

Primero, quiero advertirle respecto a pasarse todo el tiempo con cristianos. Si todo su círculo de amistades y conocidos son personas cristianas, realmente llegará a ser muy idealista e irrealista en cuanto al mundo. ¡En verdad llegará a ser muy extraño! Además, ¿cómo van los perdidos a escuchar el evangelio si todos los salvados se quedan amontonados, tomándose sus refrescos y repasando versículos bíblicos? Los perdidos, en lo profundo, sienten curiosidad... y necesitamos estar cerca cuando comiencen a hacer preguntas.

Segundo, lo felicito por cambiar su círculo de amistades íntimas. Algunos de sus antiguos amigos no le vienen bien, sobre todo si no puede resistir las tentaciones a las que lo expone su manera de vivir. La mayoría de las personas que caen en la sensualidad más asquerosa no lo hacen solos. Casi siempre son animados o motivados por otras personas. Usted necesita ser sabio y tener tacto... pero antes de que pase mucho tiempo debe comunicar el cambio en su manera de vivir.

Hay un estribillo de una canción típica estadounidense del grupo Alabama titulada *I'm Not That Way Anymore* [Ya no soy así], que lo dice bien: *Time has closed yesterday's door* [El tiempo ha cerrado la puerta de ayer].

Así es con los cristianos. Ya usted no es así. El hecho es, mi amigo, que Cristo ha cerrado la puerta del ayer. Usted ya no es como era *antes*. No podrá esconderlo... ni debe desear hacerlo. Sin embargo, se espera que se convierta en un un imán de comprensión, atrayendo a otros al Salvador en vez de ser un maloliente puerco espín, que los ahuyenta.

De manera ideal, deseamos ser un aroma fragante de Cristo que conduzca hacia Él a los que no se han salvado. Pero la Escritura, así como nuestra propia experiencia, nos enseña que lo que es fragante para unos a veces es fétido para otros.

Viva de forma auténtica

¿Cuál es la enseñanza de todo esto? Una vez más regresamos al tema de la carta de Pedro: encontrar esperanza más allá del sufrimiento injusto. Soportar pruebas. Percibir las razones tras la injusticia. Solo porque desea vivir para Cristo tendrá personas que una vez realmente disfrutaron de su compañía hablando de usted a sus espaldas, preguntándose si ha enloquecido... si algo le está fallando. Eso es difícil de resistir, porque sabe que no están representándolo de manera justa. Pero eso es de esperarse, si se percibe la vida estrictamente desde su perspectiva pagana.

Es más, mientras más vivo, más veo el valor de tener el cuero duro y el corazón tierno. Así, sus comentarios sarcásticos no lo afectarán. Además, no sentirá la necesidad de «enderezar las cosas». Esas palabras feas y difamatorias como que rebotan, librándolo de una reacción defensiva.

Permítame decirle lo que sucede. La muchedumbre pagana jamás le dirá eso, pero en su interior, muchos le envidian. Se preguntan, *¿Cómo ella hace eso?... ¿Cómo pudo dejar de hacer esas cosas?... Yo no puedo dejar de hacerlas... ¿Qué le habrá hecho cambiar?* Y cuando le encuentran solo, es sorprendente cuántos realmente le escucharán a medida que les dice con tacto y gracia qué es lo que ha transformado su vida. Ese es el gozo de haber sido dejado en tierra extraña. Usted puede presentarles una vida que ahora le pertenece a usted y puede pertenecerles a ellos si le entregan sus vidas de manera genuina y completa a Cristo.

Pero permítame advertirle: No los castigue por su manera de vivir. Nadie se ha salvado al ser reprendido por su manera de beber o por haber sido avergonzado por tomar drogas o acostarse con todo el mundo. Verdaderamente, me sorprende que no haya más personas en el mundo pagano que hagan más cosas para llenar ese vacío. Así que no arme líos en cuanto a la manera de vivir de los paganos. Ellos no pueden hacer nada más. No tienen poder para detenerse. Permita que fluya la gracia y la misericordia. Relájese... y déjele las represiones al Señor.

Es cierto que habrá momentos que le incomodarán... y se encontrará al final de su límite.

Uno de los maestros de Biblia que acostumbraban ofrecer conferencias en el Seminario Dallas, cuando yo estudiaba en el recinto, era una persona de carácter fuerte pero puro de corazón. En una ocasión mientras estaba en la ciudad para presentar una serie de conferencias, fue a una barbería local para recortarse el cabello. (Sucede que un amigo mío trabajaba allí y escuchó la conversación.) El barbero, que no tenía la más remota idea de quién era el hombre, comenzó a hablar acerca de varios asuntos del día, ofreciendo su opinión, como casi siempre hacen los barberos. Salpicaba cada frase con malas palabras. El maestro se mordió el labio lo más que pudo. Finalmente, le agarró el brazo al barbero, lo haló al lado de la silla, y miró al hombre directamente a los ojos. Callada pero firmemente se haló su oreja y le dijo al barbero: «¿Le parece esto una cloaca?» El resto del corte de cabello se realizó en absoluto silencio.

Estoy consciente de que esa clase de reacción no podrá ganar muchas amistades... pero entiendo la frustración.

Algunas veces también me harto de ello, ¿acaso no le ocurre lo mismo? Especialmente algo tan prevaleciente como la profanidad blasfema. A lo largo de mis meses en la marina, escuché tanto esa porquería que pensé que tendría que gritar, así que no es que no lo haya escuchado antes o que no pueda lidiar con ello. Simplemente llego al punto que a veces tengo que decir algo. Si se maneja de la manera correcta, hasta *eso* puede resultar en una oportunidad para testificar.

Pero en última instancia, usted no puede limpiar los labios de nadie hasta que limpie su corazón. Y, en definitiva, ese es trabajo de Cristo. Él es maestro en eso. Así que sopórtelo lo mejor que pueda, percatándose de que esas solo son señales de que está perdido. Esos hábitos hacen que los habitantes de esta cultura parezcan rudos y duros, pero en su interior, casi siempre son niñitos asustados. Y la MUERTE, y lo que ella pueda indicar, los aterroriza, ya sea que crean que no es nada o que es un juicio.

Gracias a Dios, el creyente no tiene que temerle a nada de eso. Nuestro juicio está tras nosotros... pero el juicio de los paganos está frente a ellos. Cristo tomó su juicio, y lo cargó en la cruz. Y nos ha dado el poder que tuvo, ahora que estamos en Cristo. ¿Recuerda las palabras de Isaac Watts?

> ¿Soy yo soldado de Jesús,
> Un siervo del Señor?
> ¿Y, temeré llevar la cruz
> Sufriendo por su amor?

Es menester que sea fiel,
Que nunca vuelva atrás,
Que siga siempre en pos de Él:
Su gracia me dará.

Es un gran himno. ¡Aunque tiene casi 275 años realmente está al día! Es útil para los negociantes y a las mujeres que enfrentan abuso verbal de parte de sus compañeros de trabajo. Es útil para los atletas de hoy que rehúsan vivir de la manera en que otros lo hacen en el equipo. Es valioso para los que están en el servicio militar que aman a Cristo pero sirven con otros que no lo conocen ni lo aman. Usted es un soldado de la cruz. ¿Qué más puede esperar? Usted no es un mártir. Simplemente está soportando unos pocos golpes verbales. Es bueno que se hable así de nosotros. Nos lleva a arrodillarnos ante Cristo y nos recuerda que dependemos de Él.

Todos los creyentes deberían aceptar el compromiso de leer al menos una porción del *Foxe's Book of Martyrs* [El libro de mártires de Fox], que traza el martirio de los cristianos a través de los siglos y demuestra cuán viciosamente puede actuar el mundo en su intento por extinguir la luz del carácter Cristocéntrico. Algunas escenas harán que sacuda su cabeza. ¡Eso sí que es pagar un precio por la fe!

¿Desea, como los valientes santos de la antigüedad, sobresalir como una luz brillante contra las tinieblas de su mundo? ¿Desea sorprender a la muchedumbre pagana? No tiene que ser extravagante o fanático. No necesita levantar sobre su casa una gigantesca bandera que diga JESÚS SALVA o apuntar con el dedo mientras critica la manera de vivir de otros. No necesita mensajes que menosprecien a los no cristianos o camisas con enormes letreros llamativos. Ciertamente no necesita dar sermones o avergonzar a los demás. Lo que sí necesita es vivir de manera diferente. Y necesita estar consciente de las consecuencias de vivir de manera semejante a Cristo. Para algunos podría implicar persecución; para otros, podría significar la muerte... como pasó con Juan Hus, el reformador acusado de herejía.

Antes de comparecer ante el Concilio de Constanza en el 1414, Hus le escribió a uno de sus amigos:

No me dejaré arrastrar por ellos al lado de la maldad, aunque por Su voluntad sufro tentaciones, críticas, encarcelamientos y muertes, como en verdad las sufrió Él también, y expuso a Sus amados siervos a las mismas pruebas, dejándonos un ejemplo para que pudiéramos sufrir por Su causa y nuestra salvación. Si Él sufrió, siendo lo que era, ¿por qué nosotros no?[5]

Me encanta esa última oración: «Si Él [Cristo] sufrió, siendo lo que era [perfecto, el modelo ideal], ¿por qué nosotros no?

¿Quiere saber cómo realmente asombrar a la muchedumbre pagana? *Viva de manera auténtica.* Por supuesto, sin alarde alguno. No necesita ondear banderas escritas con Juan 3.16 en un juego de fútbol... ni avergonzar a sus colegas espetando versículos bíblicos a sus amistades inconversas en el trabajo. Eso es ofensivo, y no atrae. Ellos están perdidos, pero no son ignorantes ni insensibles. Simplemente recuerde tres cosas, tres sugerencias sencillas pero realizables. En realidad no son complicadas.

Primero, continúe viviendo por Cristo. Eso significa ser diferente a propósito. Permita que su integridad hable por sí misma. Cuando tenga oportunidad para hablar acerca de su fe, hágalo con bondad y gracia.

Segundo, espere que lo malinterpreten. No se sorprenda cuando se digan cosas feas o se realicen acusaciones falsas o cuando se comuniquen declaraciones torcidas acerca de su vida. Su vida probará que están equivocados. Relájese... y deje que el Señor lo defienda.

Tercero, mantenga sus ojos fijos en Cristo. Quédese en un curso firme. Continúe siendo diferente. Viva una vida auténticamente consagrada, y desconcertará al mundo. ¡Eso es útil especialmente si mantiene un sentido del humor saludable! No podrán quedarse callados en cuanto a la diferencia entre su vida y la de ellos.

No olvide nunca que este mundo no es su casa... usted simplemente está de paso.

---

[5] Juan Hus, citado en John Moffatt, *The General Epistles: James, Peter, and Judas* [Las epístolas generales: Santiago, Pedro y Judas], Hodder and Stoughton, Londres, 1928, p. 147.

Una oración por esperanza más allá de la cultura

Señor Dios, tu Hijo ha cerrado la puerta del ayer, y ya no vivimos así. No porque hayamos sido fuertes, buenos y nobles sino debido a que has transformado nuestras vidas, Señor. Has cambiado nuestra dirección. Aunque nos has dejado en terreno extranjero, tenemos un hogar en los cielos. ¡Y algunas veces extrañamos mucho la casa!

Escucha las oraciones de tu pueblo mientras acudimos a ti. Danos autocontrol en esas ocasiones cuando somos tentados a moralizar y menospreciar a las personas. Crea en nosotros la conciencia de que solo una vida consagrada predica el mensaje más inolvidable al cual puedan ser expuestos los perdidos. Ayúdanos a recordar que somos soldados fuera de la casa, viviendo en una cultura que ha perdido su rumbo y necesita desesperadamente a Jesucristo. Que sea fácil vivir con nosotros, que seamos fuertes en la fe, que no dobleguemos nuestras convicciones, empero que estemos llenos de gracia hacia aquellos que están atados por el pecado y capturados por hábitos que no pueden quebrantar. Capacítanos para sorprender a esta cultura pagana con vidas que sean reales, que todavía se divierten, y que definitivamente te glorifican, Dios... como lo hizo Jesús. En su nombre oro.

AMÉN

12

■

*Esperanza más allá
del extremismo*

Órdenes de avance

para los soldados

de la cruz

CUANDO EL TIEMPO es corto, las cosas adquieren urgencia. Además se simplifican. Hay algo con la brevedad del tiempo que introduce tanto urgencia como sencillez a la ecuación de la vida.

Cuando un amigo o un familiar le dice a alguien que no le queda mucho de vida, su tiempo juntos se hace urgente y sus discusiones regresan a lo básico. Cuando un huracán sopla o el cono negro de un tornado aparece en el horizonte, usted no saca un juego de Monopolio ni comienza a preparar una comida especializada. Lo que se trata es de la supervivencia, y esta requiere sencillez. Si maneja hacia la iglesia y ve un accidente, y es el único que puede ayudar, usted no se preocupa por llegar tarde, ni porque se le va a ensuciar o ensangrentar la ropa dominguera. La situación es urgente. La misión es simple.

Jesús mismo nos mostró eso. Siempre y cuando hubiera tiempo, lo invertía, comiendo con Sus discípulos, entrenándolos, sirviéndoles siempre que lo necesitaran y en lo que hiciera falta. Se quedaba después de la comida con los amigos. Se sentaba y disfrutaba de momentos relajantes con amistades cercanas como María, Marta y Lázaro. Pero cuando se acercó la hora de la cruz, la urgencia se apoderó de su voz y se concentró en aquellas escasas prioridades que tenía por delante.

Desde entonces comenzó Jesús a declarar a sus discípulos que le era necesario ir a Jerusalén y padecer mucho de los ancianos, de los principales sacerdotes y de los escribas; y ser muerto, y resucitar al tercer día (Mt 16.21).

En ese momento, Pedro, el mismo discípulo que acababa de ofrecer una maravillosa declaración de fe, reprendió a Jesús diciendo: «Señor, ten compasión de ti; en ninguna manera esto te acontezca» (v. 22). Le decía que no hablara así, que esas cosas no deberían sucederle a Él.

¡Qué audacia! Pedro pensaba en un reino. No pensaba en una cruz.

Pero Jesús se volteó y le dijo:

¡Quítate de delante de mí, Satanás!; me eres tropiezo, porque no pones la mira en las cosas de Dios, sino en las de los hombres (Mt 16.23).

Y entonces Jesús les dijo a sus discípulos, efectivamente: «Vamos a lo básico. Vamos a lo esencial, los requisitos sencillos del discipulado».

Si alguno quiere venir en pos de mí, niéguese a sí mismo, y tome su cruz, y sígame (Mt 16.24).

Ahora realizaba demandas urgentes y sencillas. ¿Por qué? Porque la hora era breve.

Durante la Segunda Guerra Mundial, Winston Churchill apoyó y animó al pueblo de Gran Bretaña a través de interminables horas sombrías. Hizo muchas declaraciones y discursos memorables, pero uno es particularmente apropiado mencionarlo aquí. Le hablaba al parlamento justo después que Londres fue demolido por bombardeos, y sintió que el pueblo estaba descorazonándose. Parecía que eso nunca le pasaba a Churchill. Debió haber pasado por momentos difíciles, pero sus discursos no lo revelan. Así que les dijo a esas personas en el parlamento, que probablemente temblaban en sus espíritus: «Este no es el fin. Este ni siquiera es el comienzo del fin. Pero, quizás sí es, el final del principio».

Jesús les expresó lo mismo a sus discípulos, diciéndoles, esencialmente: «Cuando vean estas cosas, todavía no es el fin».

Y oiréis de guerras y rumores de guerras; mirad que no os turbéis, porque es necesario que todo esto acontezca; pero aún no es el fin (Mt 24.6).

Si usted vive a la luz del regreso de Cristo cada día de su vida, esto mejora maravillosamente su perspectiva. Si se percata de que deberá rendir cuentas por cada palabra y acción ociosa cuando comparezca ante el Señor Jesús, eso hará cosas sorprendentes en su conducta. También hará que reconozca la cantidad de actividades innecesarias en las que nos involucramos en esta tierra. Es algo así como volver a organizar las sillas de la cubierta del *Titanic*. ¡Ni se moleste! ¡No se pierda en detalles insignificantes! ¡Él viene pronto! ¡Reconozca la urgencia y la sencillez de la hora!

Pedro aparentemente entendió el mensaje. Él era un hombre práctico. Antes de seguir a Cristo, su vida consistía de cosas muy tangibles y prácticas: botes, redes, pescados, sustentar una familia, trabajar duro. Y entonces enfrentó las duras realidades del Maestro. Por consiguiente, no debe sorprendernos que su personalidad y su prosa coincidieran con esto.

Pedro, que no era ni sofisticado ni erudito, tenía poco interés en discusiones teóricas. La vida no era para hablarse de ella sino para vivirla. Si una situación urgente demandaba acción, Pedro no era del tipo que llamaría un comité para estudiar las alternativas. Traspasaba la burocracia y se involucraba en el asunto.

Así que cuando el gran pescador tomó su pluma para escribir acerca de los santos que sufrían, no anduvo con rodeos. Y cuando se ocupó de la realidad de los tiempos del fin, resumió un plan de emergencia a manera de «un, dos, tres» en vez de exponer elocuentemente las opciones. El pragmático Pedro, en su mejor momento, ofrece cuatro mandamientos y una meta para aquellos que vivimos más cerca que nunca del regreso de Jesucristo. Simple. Directo. Sin rodeo alguno.

Órdenes de avance para los soldados de la cruz

Ahora recuerde que Pedro está tratando con santos que están sufriendo, mujeres y hombres de los cuales se están aprovechando, hombres y mujeres que no pueden anticipar ningún alivio. En los días de sufrimiento muchas veces estamos más intensamente conscientes del fin, del resultado final, sea cual sea. Y al escribirles a sus hermanos y hermanas que sufrían en las trincheras de la persecución, Pedro mismo intensificó su enfoque mientras desplegaba las tropas y les daba instrucciones breves para la batalla.

Observe la urgencia y la sencillez en las siguientes palabras:

Mas el fin de todas las cosas se acerca; sed, pues, sobrios, y velad en oración. Y ante todo, tened entre vosotros ferviente amor; porque el amor cubrirá multitud de pecados. Hospedaos los unos a los otros sin murmuraciones. Cada uno según el don que ha recibido, minístrelo a los otros, como buenos administradores de la multiforme gracia de Dios. Si alguno habla, hable conforme a las palabras de Dios; si alguno ministra, ministre conforme al poder que Dios da, para que en todo sea Dios glorificado por Jesucristo, a quien pertenecen la gloria y el imperio por los siglos de los siglos. Amén (1 P 4.7-11).

De pronto, sin anticipo alguno de alivio, Pedro introduce el pensamiento que siempre ayuda a las personas a tener esperanza de nuevo: *el final de todas las cosas*. Al hacerlo, no solo añade urgencia al momento, sino que también simplifica el plan del juego. Le deja al lector cuatro mandamientos directos para obedecerlos y una meta clara que buscar en medio de todo.

Cuatro mandamientos a obedecer

Primero dice: *Usen un juicio sano y permanezcan calmados en un espíritu de oración.*

Mas el fin de todas las cosas se acerca; sed pues, sobrios, y velad en oración (1 P 4.7).

Ejerzan un juicio sano. Tengan un espíritu sobrio. Cálmense. Hoy diríamos: Cógelo suave. No te pongas ansioso. No temas. Enfrenta la vida de manera realista. Observa que Dios está en control.

Sobrio no significa lo opuesto a *intoxicación*. Es lo opuesto a vivir en un frenesí, en una clase delirante de extremismo. Por ejemplo, no trate de establecer fechas relacionadas con la venida de Cristo. Esa es una reacción extrema a la profecía. He aquí otra. No tema, como si las cosas estuvieran fuera de control. Y otra. No esté ansioso. No abandone su trabajo, no se ponga una bata blanca, ni se siente en algún techo a esperar que Cristo regrese. Eso es extremismo. Y no piense que debe conocer cada detalle de los tiempos del fin para sentirse seguro, como señala correctamente Warren Wiersbe en su libro *Be Hopeful* [Sea esperanzado].

A comienzos de mi ministerio, ofrecí un mensaje acerca de la profecía que procuraba explicarlo todo. Desde ese entonces archivé ese bosquejo y quizá jamás volveré a verlo (excepto cuando necesite ser humillado). Un amigo pastor que tuvo que soportar mi mensaje me dijo luego del servicio: «Hermano, tú ¡debes estar en el comité de planificación para la venida de Cristo!» Entendí lo que me quiso decir, pero lo hizo más pertinente cuando me señaló quedamente: «Yo me cambié del comité de programación al de bienvenida».

No sugiero que no estudiemos la profecía, o que seamos tímidos en cuanto a expresar nuestras interpretaciones. Lo que estoy sugiriendo es que no nos dejemos desbalancear por abusar de la profecía. Hay una aplicación práctica a las Escrituras proféticas. El énfasis de Pedro en la esperanza y la gloria de Dios debe animarnos a ser fieles hoy en cualquier obra que Dios nos haya dado por hacer (véase Lucas 12.31-48).[1]

El secreto de mantener el balance y la calma de la que escribe mi amigo es la oración. No necesitamos pavonearnos por todo el vecindario con un anuncio enorme que diga ¡ARREPIÉNTASE! ¡EL FIN SE ACERCA! A su vez, Pedro afirma: «Cálmense, ejerzan

---

[1] Wiersbe, *op. cit.*, p. 107.

un juicio sano, y háganlo en espíritu de oración». Un consejo tan sabio y razonable de un hombre que no fue así. Antes, Pedro se hubiera asustado fácilmente. Ahora... urge a la oración.

No vamos a entrar soñando a la eternidad. Oramos y vigilamos. Es más, no hay nada como la oración para agudizar nuestra conciencia, para mantenernos alerta, para que seamos más juiciosos, y para recordarnos quién tiene los controles.

Cuando veo a una persona que deambula llena de ansiedad, en el rasgado límite del extremismo, tengo delante a uno que no está pasando suficiente tiempo en oración. La oración calma su espíritu, sin que le cause indiferencia. Al contrario, le recuerda que Él tiene todo bajo control. Use el buen juicio. Quédese calmado.

Permítame regresar, nuevamente, al ayer, a una noche oscura en un jardín a orillas de Jerusalén. Pedro era uno de los discípulos a quienes se les dijo en el jardín del Getsemaní que «Esperaran aquí y oraran, mientras voy allá a orar». Pero cuando el Señor regresó a ellos, encontró a Pedro durmiendo. Completamente dormido. Y le dijo a Pedro y a los demás: «¿Acaso no pudieron esperar conmigo por esta hora?» Eso debe haber dolido, especialmente ya que Pedro fue el discípulo que, unas pocas horas antes, había alardeado respecto a su lealtad y compromiso. ¿Acaso cree usted que Pedro no está escribiendo aquí con un sentido de urgencia y entendimiento? ¿Cree usted que él no recuerda esa reprensión? «Te dejé para que oraras, y te dormiste». Por eso es que Pedro pudo añadir esas palabras a su carta con un verdadero entendimiento.

La oración fue lo que le permitió a Jesús someterse a su arresto, y la falta de ella fue lo que hizo que Pedro resistiera.

El segundo mandamiento es: *Permanezcan fervientes en el amor mutuo.*

Y ante todo, tened entre vosotros ferviente amor; porque el amor cubrirá multitud de pecados (1 P 4.8).

«Ferviente» habla de intensidad y determinación. Viene de la palabra griega *ektene*, que significa literalmente «esforzarse». Se usa para describir atletas esforzándose para alcanzar la cinta en la meta o para poder superar la barra.

Cuando los delgados corredores avanazan en la última vuelta y se esfuerzan por llegar a la meta, llegan al final y entonces deliberadamente se inclinan hacia adelante. Hasta he visto corredores caerse en la pista esforzándose mucho por alcanzar la cinta antes que sus competidores. Eso es «ser ferviente». Es como si se estiraran. Los que hacen el salto largo brincan por el aire y estiran sus pies hacia adelante mientras flexionan cada músculo de su cuerpo para alcanzar la mayor distancia posible. Lo mismo aplica al salto alto o al salto con garrocha. Los atletas se esfuerzan lo más posible para alcanzar el límite. Todas esas acciones describen el término «ferviente». Pero aquí Pedro lo aplica al amor, no a los acontecimientos atléticos. Nos dice que seamos fervientes en nuestro amor mutuo.

Si ha habido algún momento en que necesitamos permanecer unidos, es hoy en día. No le haga el juego al enemigo. Es el momento de quedarnos cerca el uno del otro. No gaste el tiempo precioso criticando a otros cristianos. No desperdicie el tiempo criticando a otra iglesia o pastor. Invierta su tiempo edificándose los unos a los otros, permaneciendo fervientes en amor.

Mire cómo comienza el versículo: «Y ante todo», más que ninguna otra cosa. Y entonces Pedro les ofrece un halago. Dice: «ejerzan amor ferviente». Esto implica que ya eran fervientes. Continúen haciéndolo, dice él. Ya lo están haciendo así que continúen haciéndolo.

Debido a que mi agenda está tan llena de responsabilidades relacionadas tanto con el Seminario Dallas como con nuestro ministerio radial, *Insight For Living* [Visión para vivir], es raro que acepte invitaciones a otras partes. Pero Cynthia y yo hicimos una excepción respecto a la Embajada Cristiana en Washington D.C., y un retiro que auspician para muchos de los oficiales importantes en el Pentágono así como los distintos miembros del congreso que sirven en *Capitol Hill*.

En varias ocasiones hemos regresado a este significativo grupo de mujeres y hombres para servirles e invertir algún tiempo conociendo mejor su mundo. La mayoría de estos generales y almirantes son graduados de academias que han invertido muchos años en liderazgo militar, algunos de los cuales ocurrieron en guerras en tierra o en el mar. Los políticos también son veteranos que han invertido su tiempo y esfuerzo sirviéndole al pueblo de sus estados, defendiendo lo correcto y representando causas por las cuales vale la pena luchar. La mayoría de los que asisten al retiro son cristianos. Operan sus vidas en actividades y lugares importantes. ¡Qué personas más sorprendentes y admirables!

Como resultado de nuestras reuniones anuales, mi esposa y yo hemos podido ver cómo estos hombres y mujeres han crecido espiritualmente en su andar cristiano (sí, ¡hay *muchos* cristianos en lugares importantes!) Lo que más nos sorprende por su elocuencia es su amor por el Señor y su amor entre ellos... así como por nosotros. En vez de ser distantes y sofisticados, estas queridas personas expresan *fervientemente* su amor y demuestran *fervientemente* su compasión.

Pedro hubiera estado orgulloso de ellos. Siguen «fervientes», continúan haciéndolo año tras año.

Si hay algún momento en que nuestro amor debe estirarse al máximo, es en los tiempos del fin, *ahora mismo*. Y, ¿qué es lo que revela este amor? El perdón.

Cuando Pedro dice que «el amor cubre una multitud de pecados», alude al principio de Proverbios 10.12:

> El odio despierta rencillas;
> Pero el amor cubrirá todas las faltas.

Nada resulta ser un testimonio más veraz que el amor y la unidad que los cristianos exhiben el uno para con el otro, y nada desordena o perturba más la unidad del cuerpo que cristianos agitados entre sí y experimentando contiendas. No hay testimonio peor.

¡No crea que los perdidos no nos están vigilando cuando golpeamos a nuestros hermanos y les damos duro a nuestras hermanas! A ellos les *encanta* cuando no podemos llevarnos bien el uno con el otro. Eso se convierte en noticia. Les encanta citar a algún cristiano que persigue al otro. Es como si el periodista o la autoridad se recuesta y dice: «¡Ajá! ¡Te agarré!»

Mahatma Gandhi, el líder nacionalista de India, dijo en una ocasión: «Me gusta su Cristo pero no me agradan sus cristianos[...] Se parecen tan poco a su Cristo».[2]

Qué reprensión. ¡Lamento profundamente que sus palabras son con frecuencia tan ciertas!

¿Y cómo es Cristo? Él se caracteriza por su amor y perdón. Una persona asertiva dijo una vez: «Cuando matamos es cuando más nos parecemos a las bestias. Cuando juzgamos es cuando más nos parecemos a los seres humanos. Cuando perdonamos es cuando más nos parecemos a Dios».

Permítame repetirle algo que dije anteriormente: Jamás he conocido a una persona que no tuviera alguna razón para echarle la culpa a otro. Cada uno de nosotros puede echarle la culpa a otro por algo que suceda en nuestras vidas. Pero no desperdicie su tiempo. Lo que más nos hace falta es una corriente continua de amor que fluya a través de nosotros. Amor que perdone con prontitud y que voluntariamente desconozca y rehúse ofenderse.

Moffatt declara que este pasaje «es una advertencia contra el amor ajeno basado en impulsos y antojos. Es un ruego por un afecto continuo, que persista a través de las irritaciones y los antagonismos de la vida común en una sociedad de varias clases de personas».

Algunas personas son tan fáciles de amar que uno cae naturalmente en sus brazos. Pero otros son tan difíciles, que uno tiene que trabajar tiempo extra para lograrlo. Hay algo en sus naturalezas que es duro e irritante. Algunos son lo opuesto a los imanes. Repelen. Empero aun ellos necesitan nuestro amor, quizás más que otros. ¡Cuán importante es que nos «estiremos fervientemente» para amarnos los unos a los otros!

El tercer mandamiento que Pedro da es: *Sean hospitalarios los unos con los otros.*

Hospedaos los unos a los otros sin murmuraciones (1 P 4.9).

---

[2] Mahatma Gandhi citado en Brennan Manning, *Lion and Lamb* [León y Cordero], Chosen Books, Revell, Tappan, Nueva Jersey, 1986, p. 49.

Subraye las palabras «unos a los otros». Es la misma frase que Pedro usa en los versículos 8 y 10, y no se refiere simplemente a los que son amorosos, amistosos o divertidos. Se refiere a todos lo que están en el cuerpo de Cristo, hasta los que no son amistosos ni amorosos.

Otra pequeña frase incluida al final del versículo 9 es crucial en lo que se refiere a ofrecer hospitalidad, «sin murmuraciones».

¿De qué se queja usted en lo que se refiere a la hospitalidad? ¿Se queja del tiempo que toma y lo difícil que es? ¿Se queja de la energía que requiere invitar a alguien a su hogar y atenderlo? ¿Le inquietan el gasto, el desorden o la limpieza? Es cierto que la hospitalidad requiere esfuerzo y planificación, e interrumpe nuestra privacidad. Pero jamás es un problema cuando nuestras prioridades están en su lugar, cuando el amor abre la puerta.

«El verdadero amor es un huésped espléndido», dijo el famoso predicador británico John Henry Jowett. En su excelente volumen acerca de las epístolas de Pedro, escribe elocuentemente:

> Hay un amor cuya medida es la de una sombrilla. Hay un amor cuya capacidad es como la de una gran tienda de campaña. Y hay un amor cuya comprensión es la de un cielo inmensurable. El propósito del Nuevo Testamento es la conversión de la sombrilla en una tienda de campaña y unir la tienda de campaña en la gloriosa cubierta de los cielos que lo cubren todo[...] Empuje las paredes del amor familiar hasta que incluyan al vecino; empújelas de nuevo hasta que incluyan al extranjero; vuelva a empujarlas hasta que incluyan al enemigo.[3]

¿Cuándo fue la última vez que entretuvo a alguien que fuera su enemigo? Hay algo en la hospitalidad que desarma al enemigo.

Como el antiguo entrenador de los Dallas Cowboys, Tom Landry, ha servido en la directiva del Seminario Dallas por muchos años, he tenido la oportunidad de llegar a conocerlo.

[3] Jowett, *The Epistles of St. Peter* [Las epístolas de San Pedro], pp. 166-167.

Mi respeto por él ha crecido, no ha disminuido, a medida que el tiempo y nuestras funciones nos han vinculado.

Me contaron un maravilloso relato acerca de Landry que ilustra el nivel de su amor cristiano por otros. Hace años, el difunto dirigente de Ohio State, Woody Hayes, fue despedido por golpear a un jugador de un equipo contrario en el área exterior de un juego de fútbol estadounidense. La prensa se gozó con el despido y realmente embarró y emplumó al antiguo entrenador de los «Buckeyes». Pocas personas en los EE.UU. podían sentirse peor que él en ese momento; no solo perdió el control en un juego e hizo algo tonto, sino que también perdió su trabajo y gran parte del respeto que otros tenían por él.

Al final de esa temporada, se realizó un grande y prestigioso banquete para atletas profesionales. Tom Landry, por supuesto, fue invitado. ¿Adivine a quién se llevó como invitado? Woody Hayes... el hombre a quien se animaba que odiaran y criticaran.

La calidad de nuestro amor se determina por nuestra capacidad de aceptar a otros. En un extremo está nuestro amor propio; ¡pero al otro está la filantropía! ¿Cuál es el nivel de «tensión», la extensión de mi amor? ¿Cuál es el poder que lo cubre?[...] *«El amor cubre multitud de pecados»*. No los pecados del amante, ¡sino los pecados del amado! ¡El amor está dispuesto a olvidar así como a perdonar! El amor no sigue sugiriendo fracasos pasados y revueltas anteriores. El amor está dispuesto a esconderlos en una tumba sin nombre. Cuando un hombre, cuya vida ha sido manchada y oscurecida por «una multitud de pecados», pasa una nueva página, el amor jamás sugerirá la página antigua, sino más bien procurará cubrirla en un olvido profundo y sanador. El amor está tan ocupado develando las promesas y los atractivos del mañana, que tiene poco tiempo y mucho menos deseo de revolver el asfixiante polvo en los desolados y destruidos campos del ayer.[4]

¿Es usted hospitalario... es decir *verdaderamente* hospitalario? ¿Abre espacio en su vida para que lo interrumpan? ¿Les permite a las personas ser atraídas por el imán de su amor debido

4 *Ibid.*, p. 167.

a la presencia de Cristo? Otra pregunta más: ¿Hubiera hecho lo que hizo Tom Landry?

Hay algo presente cuando uno se sienta con alguien a tomarse una taza de café o a comerse un emparedado. Hay algo presente cuando uno se toma el tiempo... cuando uno lo crea. Estoy completamente consciente de que hay momentos cuando necesitamos estar solos. *Pero no todo el tiempo.*

¿Acaso le ha abierto su hogar a un coro estudiantil que anda de viaje o a otros extraños a quienes les hace falta hospedaje? ¿Recuerda que Jesús y sus discípulos siempre se quedaban en casas privadas cuando viajaban y predicaban? ¿Está su hogar abierto a los que están en necesidad?

No puedo decirle cuántas veces las personas me han dicho qué bendición ha sido el abrir sus hogares. Muchas de estas personas sintieron un poco de incomodidad o preocupación al principio, permitiendo que extranjeros invadieran su dominio más privado. Pero hay un trabajo inolvidable relacionado con la hospitalidad. Las personas jamás olvidan la calidez de un hogar... el gozo de los niños alrededor de la mesa... el placer de una conversación significativa. Una amiga mía viajaba con un grupo musical durante sus días universitarios, hace más de treinta años, y dice que todavía puede recordar hogares en donde se quedó y se le mostró hospitalidad cristiana. Esas expresiones de amor hospitalario le ofrecieron numerosas oportunidades para volver a tener esperanza durante las tres décadas subsiguientes.

Sin embargo, desde la perspectiva del invitado, la hospitalidad no es algo de lo cual debamos abusar. Aparentemente esto sucedía en el primer siglo, en gran medida por personas que vivían de manera desbalanceada en respuesta a la enseñanza profética. Razonaban: «Ya que Cristo viene pronto, ¿para qué trabajar? ¿Por qué no liquidar todas las propiedades y vivir de los demás?» El apóstol Pablo habla directamente acerca de este razonamiento herético en 2 Tesalonicenses 3.6-15. Pedro se refiere a ello de manera más indirecta en los próximos dos versículos promoviendo el involucramiento en la iglesia local y el ejercicio de los dones espirituales.

Es más, los versículos 10 y 11 contienen su cuarto mandamiento: *Sigan sirviéndose el uno al otro.*

Cada uno según el don que ha recibido, minístrelo a los otros, como buenos administradores de la multiforme gracia de Dios. Si alguno habla, hable conforme a las palabras de Dios; si alguno ministra, ministre conforme al poder que Dios da (1 P 4.10-11a).

¿Sabe usted, compañero cristiano, que tiene al menos un don espiritual? ¿Quizás más? Varias secciones del Nuevo Testamento hablan acerca de estos dones, habilidades especiales que Dios le ha dado al cuerpo de Cristo con las cuales servimos hasta que regrese. Cada don que tenemos debe usarse en el servicio a los demás. Así es como llegamos a ser buenos mayordomos de nuestros dones.

He aquí una lista de algunos de los lugares en donde se presentan los dones espirituales. Búsquelas y examine su vida a su luz.

- Efesios 4.11-12
- 1 Corintios 12.28-30
- Romanos 12.6-8

Haga una lista de estos dones y luego pregúntese: ¿Dónde encajo mejor en esta lista? Podría hacerlo como cuando se prepara para solicitar un trabajo. Si no encuentra su lugar inmediatamente, no se detenga. Siga pensando en ello. Pregúnteles a otros cristianos, los que le conocen y han estado con usted en varias experiencias, qué piensan respecto a sus dones. Luego pruébelos. Practíquelos mientras sirve a otros. Descubrirá qué es lo que hace bien. Entonces, siga haciéndolo el resto de su vida.

Pero percátese de la advertencia del versículo 11 que va juntamente con el ejercicio de nuestros dones.

Si alguno habla, hable conforme a las palabras de Dios; si alguno ministra, ministre conforme al poder que Dios da (1 P 4.11).

Cuando hablamos, no debemos expresar nuestras opiniones y filosofías en cuanto a la vida; debemos hablar «conforme a las palabras de Dios». Y cuando servimos, no debemos hacerlo en nuestra propia fuerza sino «conforme al poder que Dios da».

Cuando hable por Cristo, base sus palabras en las Escrituras, no en sus propias opiniones. Siempre será relevante si así lo hace. ¡Y jamás le faltará mensaje! Cuando sirva, hágalo en la fortaleza de Cristo, no en la de usted. De esa manera, Él obtiene la gloria.

Muchos de ustedes tienen el don de la enseñanza. Pueden enseñarles a los niños, a los adolescentes o a los adultos. Puede dirigir un estudio bíblico en el trabajo o en su vecindario.

Muchas personas dotadas también sirven tras bastidores, realizando trabajos vitales pero que no son muy visibles. Usted ayuda, anima y ora. El cuerpo estaría lisiado sin las múltiples partes que pueden servir, para ayudar, para animar.

Otros tienen el don de mostrar misericordia, de servirles a los que yacen a un lado o están sufriendo. Usted visita hospitales y hogares de ancianos. Pasa horas escuchando, ocupándose.

Otros tienen el don de evangelizar. Comunican con facilidad el evangelio y llevan personas a Cristo. Es parte natural de sus vidas. Dios los usa una y otra vez mientras cosecha almas para Su reino.

Pero todos estos dones, y muchos otros, tienen una cosa en común. Se avivan al servir a otras personas. Así que sálgase de su minúsculo radio de acción. Le ayudará mucho en su depresión, en sus momentos de autocompasión, y cuando se sienta solo y desea cantar: «Ay de mí. Ay de mí. Ay de mí». (Ese es un canto muy tedioso.)

Véalo de esta manera: Cuando empleamos nuestros dones espirituales, otros se benefician. Otros son animados. Otros adquieren esperanza fresca. ¡Es interesante que lo mismo nos sucede a nosotros!

Una meta a proseguir

El versículo 11 termina con una cláusula que revela la razón lógica por la que debemos obedecer estos cuatro mandamientos. ¿Por qué quedarse quieto y orar? ¿Por qué ser fervientes en el amor? ¿Por qué demostrar hospitalidad? ¿Por qué servirnos el uno al otro?

Para que en todo sea Dios glorificado por Jesucristo, a quien pertenecen la gloria y el imperio por los siglos de los siglos. Amén.

En todo, Dios se lleva la gloria. ¿Cuántos conflictos eclesiásticos podrían resolverse si la gloria de Dios fuera la meta de todos? ¿Cuántos egos serían puestos en su lugar si la gloria de Dios, y no la humana, estuvieran en juego? ¿Cuánto extremismo podría evitarse si lo hiciéramos todo por la gloria de Dios?

«Pero eso es tan básico», podría decir usted. «¿Por qué siquiera invertir tiempo en ello?» Porque sin eso, nuestra enseñanza se convierte en faena vil, su ayuda lleva al agotamiento, su evangelismo llega a ser frenético o para su propia glorificación.

Cuando mantenemos la preeminencia de Su gloria en nuestras mentes es sorprendente cuán bien encaja en su lugar. Debido a que Cristo recibe la gloria, nos sentimos más cómodos dejándo a Él los resultados y en su tiempo. Como Él se glorifica, nuestra sombrilla de amor se expande para cubrir a otros. Como Él se glorifica, es más fácil para nosotros mostrarles hospitalidad a otros, porque en última instancia le servimos a Él. Como Él se glorifica, el ejercicio de nuestros dones no es un dolor sino un privilegio. ¡Los beneficios son interminables cuando Dios recibe la gloria!

Un pensamiento concluyente

Permítame concluir volviendo a un comentario que hice al comienzo del capítulo: El tiempo es corto. Usted y yo no tenemos la eternidad para realizar estas cosas. *¡Simplifiquemos* lo que necesitamos simplificar! *¡Vamos a hacer* lo que haga falta para recordar la urgencia de la hora! El tiempo es corto. Eso significa que tenemos que mover las palabras de las páginas y escurrirlas en nuestras vidas, *ahora*.

¿Necesita un poco de ánimo? Recuerdo una de las promesas más animadoras de todo el Nuevo Testamento:

> Porque Dios no es injusto para olvidar vuestra obra y el trabajo de amor que habéis mostrado hacia su nombre, habiendo servido a los santos y sirviéndoles aún (Heb 6.10).

Léalo nuevamente, pero esta vez hágalo *con sentimiento*.
Su esfuerzo no es en vano. Su amor no será pasado por alto. Se recompensará su ministerio, sin importar qué incluya. Mantendrá un maravilloso balance en el proceso. Mantenga sus ojos en el Pastor de los pastores mientras usted abre su corazón a Su rebaño. Y recuerde, ¡Él se lleva toda la gloria!

> La Novia no mira sus vestidos,
> Sino el querido rostro del Novio;
> No contemplaré la gloria
> Sino a mi Rey de gracia.
> No a la corona que Él diera
> Sino a Su mano traspasada,
> El Cordero es toda la gloria
> De la tierra de Emanuel.[5]

Una oración por esperanza más allá del extremismo

Padre nuestro, mantennos calmados y preparados en un espíritu de oración. Danos fervor en nuestro amor el uno

---

[5] Anne Ross Cousin, «The Sands of Time Are Sinking» [Las arenas del tiempo se están hundiendo].

*por el otro para que cubra multitud de pecados. Halla
en nosotros personas hospitalarias que toman el tiempo,
que son accesibles, que están dispuestas, y que se
interesan. Y, Señor, a medida que ponemos en acción
nuestros dones, úsanos para darle un trasplante de
esperanza a alguien que realmente esté en necesidad. Y
que podamos hacerlo todo para tu gloria.*

*Que estas palabras hagan una diferencia en la
manera en que vivimos, y que sea tan significativa que
sea obvia, para que otros tengan razón para alabarte...
porque solo tú mereces toda la alabanza y toda la gloria.
Oro en el maravilloso nombre de Jesús.*

AMÉN

13

■

Esperanza más allá de nuestras pruebas

«Cuando pase
por el fuego
de la prueba»

Progreso por el sendero de la vida en mi condición ordinaria, caída e impía, absorto en una feliz reunión con mis amigos para el mañana o un poquito de trabajo que cosquillea mi vanidad actual, un día de fiesta o un libro nuevo, cuando de súbito una dolorosa punzada abdominal que augura una enfermedad seria, o un titular en los periódicos que nos amenaza a todos con destrucción, envía toda esta baraja al suelo.

Al principio me siento abrumado, y todas las cosas que me hacen feliz parecen juguetes rotos. Entonces, lentamente y con desgano, poco a poco, trato de meterme en la forma de pensar que debo tener en todo momento. Recuerdo que todos esos juguetes jamás debían poseer mi corazón, que mi verdadero bien está en otro mundo y que el único tesoro real es Cristo. Y quizás, por la gracia de Dios, tengo éxito, y por uno o dos días me convierto en una criatura conscientemente dependiente de Dios y que deriva su fortaleza de las fuentes correctas. Pero al momento que la amenaza se va, toda mi naturaleza salta nuevamente a los juguetes.[1]

---

[1] C.S. Lewis, *The Problem of Pain* [El problema del dolor], Macmillan, Nueva York, 1962, p. 106.

Con cuanta elocuencia describen las palabras de C.S. Lewis, en su penetrante libro *The Problem of Pain* [El problema del dolor], la función de las pruebas en nuestras vidas. Así es la naturaleza humana, y así es la naturaleza de las pruebas y las tribulaciones.

¿Recuerda las palabras del antiguo himno: «Cuando por ardientes pruebas yazca mi sendero, tu gracia todosuficiente será mi provisión»? Bueno, las pruebas ardientes y las aflicciones describen de manera apropiada lo que la mayoría pasamos en algún momento en la vida... algunos, con más frecuencia que otros.

Pedro se dirige a los cristianos que pasan precisamente por tan desesperadas circunstancias.

Amados, nos os sorprendáis del fuego de prueba que os ha sobrevenido, como si alguna cosa extraña os aconteciese (1 P 4.12).

¿Le ha sucedido algo así en la vida? No simples pruebas, sino lo que Pedro llama «fuego de prueba». De modo que, ¿ha escuchado esta clase de consejo sobre cómo tratar tales pruebas?

Gozaos por cuanto sois participantes de los padecimientos de Cristo, para que también en la revelación de su gloria os gocéis con gran alegría (1 P 4.13).

¡Probablemente no!

Verdades prácticas acerca de las pruebas

Pedro no fue el único apóstol que les escribió a los cristianos que eran extranjeros y advenedizos en una tierra extranjera. Santiago dirigió su carta a aquellos que estaban «dispersados en el extranjero», otro grupo de personas lejos del hogar, y no por decisión propia. Esto también es para aquellos que somos extranjeros en este mundo acá abajo y aquellos forzados a vivir en medio de circunstancias que no elegimos. A todos estos, Santiago escribió:

Hermanos míos, tened por sumo gozo cuando os halléis en diversas pruebas, sabiendo que la prueba de vuestra fe produce paciencia. Mas tenga la paciencia su obra completa, para que seáis perfectos y cabales, sin que os falte cosa alguna (Stg 1.2-4).

De estos versículos aprendemos mucho respecto a las pruebas. Se destacan cuatro aspectos específicos.

Primero, es común que los cristianos enfrenten pruebas.

Nunca permita que alguien le diga (¡y tampoco se atreva a decírselo a nadie!) que cuando uno se convierte en cristiano se acaban las pruebas, de ahí en adelante, «simplemente confía en Cristo y sal volando como los pájaros hacia los cielos». Sea realista. Vea lo que dice Santiago: «*cuando os halléis*», no «*si acaso os topáis con*».

Si está pasando por pruebas, usted es la regla, no la excepción. Si acaba de superar una, anímese; ¡hay varias a la vuelta de la esquina! Pasar por pruebas es una cosa que nos une. Tenemos eso en común.

Segundo, las pruebas vienen en varias categorías.

Estas podrían ser físicas, emocionales, financieras, espirituales o relacionales. Podrían escurrirse inesperadamente y tocar a la puerta de su negocio, su iglesia o su hogar. Podrían llegar en cualquier momento o en cualquier temporada. Podrían llegar súbitamente, como un accidente automovilístico o un desastre natural. Podrían ser prolongadas, como un extenso caso legal o una enfermedad molesta y duradera. Las pruebas pueden ser de naturaleza pública o muy privadas. Podrían relacionarse directamente con nuestro pecado, con el ajeno, o no estar relacionadas con él.

La prueba puede ser como una roca que golpea el agua. Usted no causa el golpe, pero es impactado por él. Usted simplemente está parado allí, y de pronto las aguas tranquilas de su vida se convierte en olas gigantescas y casi lo ahogan.

Con franqueza, algunas pruebas parecen surgir absolutamente sin razón alguna. Mi hermano Orville, enfrentó algo así cuando un huracán llamado Andrés azotó la comunidad en donde vivía en el sur de la Florida, hace unos años atrás. Rugió, arrancó y rasgó todo, y desmanteló su casa. A pesar de eso, él tuvo una gran actitud. Llamó y dijo: «¡Qué experiencia! Realmente hizo mucho daño. Pero la buena noticia es que destruyó las cercas de todo el mundo, así que ahora podremos conocer a nuestros vecinos».

Tercero, las pruebas examinan la fe.

No importa cuál sea su fuente o su intensidad, hay algo en cuanto al sufrimiento que simplifica la vida y nos lleva de vuelta a lo básico. Invariablemente, sobre todo durante un tiempo de pruebas intensas, regreso a mis raíces teológicas. Regreso a lo que realmente creo. Regreso a puntos elementales como la oración y la dependencia, como callarme y esperar en Dios. Me recuerdo a mí mismo, Dios es soberano... esto no es un accidente. Él tiene un plan y un propósito. Esos pensamientos nos dan esperanza más allá de nuestras pruebas.

Las pruebas examinan nuestra fe y estiran nuestra confianza en Él. Nos obligan a regresar al cimiento de la fe sobre el cual descansa nuestro fundamento, y esto se convierte en un proceso necesario de refinamiento.

Cuarto, sin pruebas, no puede haber madurez.

Santiago dice que experimentamos pruebas para poder llegar a ser «perfectos y cabales» (v. 4), como una planta que ha madurado hasta su fertilidad y crecimiento máximo. Eso, afirma, es el «resultado perfecto» de la «paciencia».

La mayoría de las veces, debido a la incomodidad, el dolor o la dificultad, tratamos de abreviar nuestras pruebas, terminar con ellas. Antes de que pase mucho tiempo, las resentimos hasta tal punto que intentamos cualquier cosa para escapar, para huir de ellas. Santiago dice: *sean pacientes* con la prueba; permitan que llegue a su término. Cuando lo haga, será una mejor persona por ello.

¿Recuerda las palabras del compositor Andrae Crouch? «Si jamás tuviera un problema, jamás sabría que Él puede solucionarlos. Jamás sabría lo que la fe en Dios puede hacer».[2]

---

[2] Andre Crouch, «Through It All» [En todo]. Derechos reservados 1971, por Manna Music, Inc., 35255 Brooten Road, Pacific, Oregon 97135. Derechos internacionales asegurados. Todos los Derechos reservados. Usado con permiso.

Pocos sentimientos se comparan con el gozo de ver a Dios solucionar un problema que parece imposible.

Algunas pruebas son insignificantes, breves y pronto se olvidan. Otras perduran y caen pesadamente sobre nosotros. Nos dejan exhaustos y a veces sentados a un lado. La última categoría es a lo que Pedro se refiere cuando escribe «del fuego de prueba». Pedro no está pensando en una lucha insignificante. Es una «vicisitud»... de la cual no podemos obtener alivio.

Fortaleza bíblica para las pruebas ardientes

¿Qué hace cuando le arrancan la alfombra que pisa? ¿Siente pánico? ¿Duda del amor del Señor? ¿Confía en Dios para que sobrepase los tiempos difíciles? Quizás sea este un buen momento para regresar a la verdad de Dios y leer su consejo escrito por el compañero más cercano de Cristo mientras estuvo en la tierra.

Podemos aprender mucho de Pedro, un hombre que pasó más de tres años con Cristo y quien, como hemos visto, lo complació y le falló. Es más, la mayoría de nosotros debe ser capaz de identificarse con Pedro. Fue un discípulo dispuesto, defendiendo a su Maestro contra todos sus adversarios. También fue un fracaso, negando a su Señor en las malas... no solo una vez, sino tres veces, una tras otra. Durante todo esto, Dios volvió a moldearlo en un poderoso y efectivo hombre. El vacilante, impulsivo y extremadamente celoso Simón fue cambiado y quebrantado, surgiendo como «Pedro, la roca». Ahora, escribe en base a su madurez y experimentada sabiduría, bajo la dirección del Espíritu Santo. Estos no son términos teóricos que el viejo pescador tira de un lado al otro sino palabras moldeadas en el horno ardiente de sus propias aflicciones y su dolor. Léalas nuevamente con eso en mente:

Amados, nos os sorprendáis del fuego de prueba que os ha sobrevenido, como si alguna cosa extraña os aconteciese, sino gozaos por cuanto sois participantes de los padecimientos de

Cristo, para que también en la revelación de su gloria os gocéis con gran alegría (1 P 4.12-13).

Él comienza esta sección dirigiendo su carta a los «Amados». Esta es una verdad dirigida a los amados de Dios... en otras palabras, la verdad solo para el creyente. Esta información es solo para el pueblo del Señor. Su nombre está en ella. Piense en usted, ponga su nombre aquí en lugar de personas desconocidas que Pedro «amaba».

Entonces prosigue diciéndonos cómo reaccionar a esta forma más intensa de sufrimiento.

Cómo reaccionar

Es interesante que nuestra primera respuesta a una vicisitud usualmente es la sorpresa: «No puedo creer que esto está pasando». Pero Pedro dice: *«No os sorprendáis»*. La falta de sorpresa nos capacitará para quedarnos calmados.

La vida es como un salón de clases. En ella, nos topamos con pruebas sorpresivas y exámenes periódicos. No puede tener un aula sin pruebas, al menos jamás he visto una. Jamás he visto a alguien ganarse un diploma de escuela secundaria o título universitario sin rendir exámenes. Lo mismo con el posgrado. A través del proceso educativo nuestro conocimiento se evalúa en base a las pruebas. El currículo de la semejanza a Cristo es muy parecido. Nuestra madurez cristiana se mide a través de nuestra habilidad para soportar las pruebas que se nos acercan sin que estas sacudan nuestro fundamento o nos arrojen en una voltereta emocional o espiritual.

Sin embargo, lo maravilloso en cuanto al aula de Dios es que nosotros calificamos nuestras pruebas. Verá, Él no nos prueba para que podamos averiguar cuán bien nos va. Nos prueba para que podamos descubrir cuán bien nos va. Para que podamos señalar nuestro nivel de madurez.

En 1984, cuando fue probado, quizás no le fue muy bien. Quizás otros no saben eso, pero usted sí. En 1989, le fue mejor. En 1993 una prueba más difícil lo confrontó, y le fue bastante bien. A medida que califica su prueba, usted puede ver la mejoría. La prueba de su fe revela el aumento de su nivel de madurez.

Años atrás, un buen amigo mío, el Dr. Robert Lightner, que hace mucho tiempo es miembro de la facultad de teología del Seminario Dallas, estuvo involucrado en un terrible accidente aéreo. Estaba en un avión de un solo motor que se volcó despegando. Resultó muy herido y se magulló tanto que era imposible reconocerlo. Su esposa, Pearl, dijo cuando lo vio por primera vez en el hospital: «Miré esta masa negra de carne, y ni siquiera sabía quién era». Gracias a Dios, se recuperó, y hoy es un testimonio vivo de la gracia de Dios a través de ese escollo. «Aprendí cosas que no sabía que tenía que aprender», lo escuché decir en una ocasión. ¿Acaso esto usualmente no es así? ¡Qué esperanza debería darnos!

No se sorprenda cuando venga una prueba. Aunque no sepa que necesita aprender ciertas cosas, Dios lo sabe, y Él determina soberanamente: «Ahora es el momento». Dios lo está moldeando a la imagen de su Hijo, y eso requiere pruebas. Así que, primeramente, no se sorprenda.

Pero la segunda reacción que dice Pedro que debemos tener es más sorprendente aún: *«gozaos»*

Escucho a algunos de ustedes decir ahora mismo: «¡Qué! ¿Está bromeando? Estamos hablando de pruebas, ¿verdad?» Cierto. «Estamos hablando de pruebas ardientes, ¿correcto?» Correcto. «¿Y me dice que continúe gozándome?» ¡Incorrecto! No le estoy diciendo eso, *Dios* le está diciendo que continúe regocijándose. «Por cuanto sois participantes de los padecimientos de Cristo».

Santiago lo dice de otra manera: «Tened por sumo gozo» (1.2). ¿Por qué? Porque las pruebas nos capacitan para entrar en un compañerismo más íntimo con Cristo, y si las soportamos fielmente, recibiremos una recompensa futura (véanse Flp 3.10 y Stg 1.12). Juntamente con eso, aquí nuestras pruebas al menos nos ofrecen un destello de la magnitud del sufrimiento de Cristo por nosotros.

Por lo tanto, las pruebas se convierten en el medio para un fin mayor: una relación más profunda con Cristo en la tierra y una recompensa más rica de parte suya en el cielo.

De no ser probados, usted y yo jamás conoceríamos esa comunión. Algunos de ustedes, ahora mismo, están pasando pruebas que los han llevado a arrodillarse. Al mismo tiempo esas pruebas lo están acercando al Señor más de lo que jamás haya estado en su vida. Eso debe regocijarlo. Usted estará más vinculado a Él. Algunos de los misteriosos temas entrelazados a través de su Palabra se aclararán porque ha sido nivelado por alguna aflicción inesperada, soportar persecución o enfrentar malentendidos.

Además, puede regocijarse porque recibirá una recompensa futura.

A medida que escribo estas palabras, sucede que nos estamos acercando al tiempo de la graduación, esos días donde se otorgan diplomas, honores y premios especiales. Cada año en el Seminario Dallas tenemos un servicio especial en la capilla cerca de la graduación de primavera durante la cual distribuimos premios especiales a los que se los han ganado. Nuestra «capilla de premios» es uno de los puntos sobresalientes de nuestro año académico.

¿Sabía usted que en el futuro cuando estemos ante Cristo nuestro Señor, Él mismo distribuirá los premios especiales? Se llaman coronas. Y, ¿sabía que hay una corona singular dada a aquellos que soportaron el sufrimiento? Lea Santiago 1.12:

Bienaventurado el varón que soporta la tentación; porque cuando haya resistido la prueba, recibirá la corona de vida, que Dios ha prometido a los que le aman.

Dios tiene una corona reservada para los que soportan la prueba ardiente. Mi hermano, Orville, tendrá una. Bob Lightner tendrá una. ¡Mi esposa se merece una por vivir conmigo por más de cuarenta y un años! Y muchos de ustedes también se habrán ganado una corona.

En caso de que todavía no esté convencido de que las pruebas pueden causar regocijo, quiero que vea un caso clásico, registrado al final de Hechos 5. Allí encontramos que los apóstoles, incluyendo a Pedro, habían sido azotados y se les ordenó dejar de predicar acerca de Jesús. (Deténgase e imagínese esa sangrienta y brutal escena.) Mire lo que hicieron cuando todavía sangraban por los azotes.

Y ellos salieron de la presencia del concilio, *gozosos* de haber sido tenidos por dignos de padecer afrenta por causa del Nombre. Y todos los días, en el templo y por las casas, no cesaban de enseñar y predicar a Jesucristo (Hch 5.41-42, énfasis añadido).

Esos hombres eran personas como nosotros... no eran super santos, sino personas de la vida real. La única diferencia era que rehusaron permitir que su prueba ardiente les robara su gozo o previniera su objetivo. Una actitud de gratitud gozosa abre nuestras mentes para cosechar lecciones del sufrimiento que no aprenderíamos de otra manera.

Ya basta de instrucciones en cuanto a cómo reaccionar. Ahora nos enfocaremos en qué hay que recordar.

Qué es lo que debemos recordar

Primero: *Las pruebas proveen una oportunidad para obtener el poder máximo.*

Si sois vituperados por el nombre de Cristo, sois bienaventurados, porque el glorioso Espíritu de Dios reposa sobre vosotros (1 P 4.14).

Tenemos que recordar que jamás estamos más cerca de Él, jamás recibimos más de su fortaleza, que cuando nos sobrevienen pruebas. Esto es particularmente cierto cuando somos vituperados por el nombre de Cristo. Uno de los mayores privilegios en la tierra es sufrir por su causa. En esos momentos el Espíritu Santo se nos acerca, administra fuerza, y provee una presencia permanente de la gloria de Dios. Si recuerda el relato del martirio de Esteban en Hechos 7.54-60, que leímos anteriormente, verá que eso fue exactamente lo que le sucedió a él.

Lo segundo que debemos recordar es: *A veces nuestro sufrimiento es merecido.*

Así que, ninguno de vosotros padezca como homicida, o ladrón, o malhechor, o por entremeterse en lo ajeno (1 P 4.15).

Si nuestra «vicisitud ardiente» viene como resultado de nuestro propio comportamiento pecaminoso, entonces no sufrimos para la gloria de Dios; estamos meramente cosechando las consecuencias de las obras malas que hemos sembrado. Como lo dijo el profeta: «Cuando sembramos viento, cosechamos torbellinos» (Os 8.7).

Algunas veces nos merecemos el tratamiento que obtenemos. Nos merecemos el castigo o la soledad, el quebrantamiento y el dolor. Y percátese de que «los entremetidos» son listados juntamente con pecadores tan reprensibles como asesinos, ladrones y otros malhechores. ¡Eso debe llamarnos la atención! Aquí el término traducido como «entremeterse en lo ajeno» literalmente significa «alguien que supervisa los asuntos de otros». En otras palabras, un entremetido. ¡Ouch! Sufrir las consecuencias de ser un entremetido no le confiere a nadie aplausos o afirmación, solo un torbellino de angustia.

La tercera cosa que Pedro quiere que recordemos es: *La mayoría del sufrimiento no debe hacer que nos sintamos avergonzados en manera alguna.*

Pero si alguno padece como cristiano, no se avergüence, sino glorifique a Dios por ello (1 P 4.16).

He encontrado personas avergonzadas porque están pasando por pruebas. Muchos se excusan por sus lágrimas, casi como si estuvieran avergonzados por llorar. He conocido personas que sentían la necesidad de excusarse porque habían procurado ayuda de un profesional para pasar por el «fuego de prueba» muy personal. Otros se avergüenzan porque su caminar en la fe ha causado una reacción negativa. ¡Eso no hace falta!

En lugar de vergüenza, debemos sentirnos honrados cuando sufrimos por nuestro Señor. Es un privilegio llevar las heridas por Aquel que fuera «traspasado por nuestras transgresiones» y «quebrantado por nuestras iniquidades» (Is 53.5). Esa es la manera en la que Pedro y los otros apóstoles deben haberse sentido cuando abandonaron el Sanedrín, ensangrentados pero inconmovibles.

Los sentimientos autoimpuestos de culpabilidad y vergüenza pueden ser terrible jefes en nuestras almas, azotándonos y restringiendo nuestros espíritus para que no vuelen. ¡Esa culpabilidad y vergüenza no tiene lugar alguno en nuestras vidas!

La cuarta cosa que debemos recordar es: *El sufrimiento casi siempre llega a su tiempo y es necesario.*

> Porque es tiempo de que el juicio comience por la casa de Dios (1 P 4.17a).

Unas de las cosas más difíciles de recordar es que nos hace falta ser purificados y purgados. Después del hecho recordamos la prueba o la vicisitud y decimos: «Realmente me hacía falta eso», o, «Los beneficios que vinieron de eso son increíbles», y podemos nombrar tres o cuatro conocimientos que no hubiéramos adquirido de no haber pasado por el valle. Esa perspectiva nos capacita para tener esperanza de nuevo.

La purga no solo hace falta entre individuos en la casa de Dios, sino también en la iglesia en general, local, denominacional o de cualquier otra manera. Algunas veces «la casa de Dios» no solo necesita desempolvarla a diario sino una minuciosa limpieza de primavera. Recuerde esto la próxima vez que surja un escándalo en la iglesia. No se desilusione. Solo es Dios rehusando dejar que barramos el piso en su casa por debajo de la alfombra.

Algunas veces andamos felizmente, complaciendo nuestros presupuestos, dirigiendo nuestros programas, empero no hay sentido de celo o reavivamiento entre el pueblo de Dios. Para el rebaño es algo así como, siéntese, quédese en remojo, y amárguese. Las congregaciones se pueden malcriar. Con un gesto de engreimiento, pueden salvarse, santificarse, galvanizarse y petrificarse. La asistencia a la iglesia se convierte en un asunto común y corriente. ¡Qué existencia más miserable! Más o menos en ese momento viene Dios y limpia las cosas a medida que trabaja *a través* de la Iglesia de forma necesaria y oportuna.

Ahora mire la perspectiva que añade Pedro:

> Y si primero comienza por nosotros, ¿cuál será el fin de aquellos que no obedecen al evangelio de Dios? Y: Si el justo con dificultad se salva, ¿en dónde aparecerá el impío y el pecador? (1 P 4.17b-18).

En otras palabras, si cree que su prueba es dura, imagínese cuán fuerte es para la persona que pasa por las pruebas *sin* el Señor. Seré ingenuo con usted: No tengo idea de cómo una persona perdida se las arregla cuando le cae el mundo encima. Esa persona no tiene salvador. Ningún fundamento. Ninguna frontera. Ningún absoluto. Ninguna razón para continuar. Nada de qué aferrarse... nadie a quién acudir... ninguna manera para calmar sus temores... ningún propósito para vivir... ninguna paz al morir. ¿Puede imaginarse esa clase de desesperanza? De no poder hacerlo, simplemente mire lo que sucede en el mundo a su alrededor.

Imagínese estar sin el Señor y escuchar el peor tipo de noticias de parte de su médico o de un policía que toca a su puerta de noche. Aunque también nos descorazonamos por esas cosas, como cristianos acudimos inmediatamente a nuestro soberano absoluto, nuestro fundamento firme, y podemos depender mucho de Él. Y si estas pruebas terrenas son difíciles para los perdidos, ¡imagínese tener que enfrentar el juicio *eterno*!

Lo cual me lleva a la quinta cosa por recordar: *No hay comparación entre lo que sufrimos ahora y lo que sufrirán los injustos después.*

Si nosotros que somos justificados por la fe pasamos por el «fuego de prueba» en nuestro andar ahora, imagínese el infierno que enfrentarán los perdidos en el fuego literal que les aguarda. Acuda a Apocalipsis 20.10-15 e invierta unos minutos leyendo e imaginándose el horror. Esas sí son pruebas ardientes. Esa sí es una razón para entregarle su vida a Cristo.

Hasta ahora, Pedro nos ha dicho cómo reaccionar y qué recordar cuando sobrepasamos las pruebas ardientes. Ahora nos anima diciéndonos *en quién debemos depender.*

De modo que los que padecen según la voluntad de Dios, encomienden sus almas al fiel Creador, y hagan el bien (1 P 4.19).

Encomienden. ¡Qué maravillosa palabra! Es un término bancario en el texto original, que significa «depositar». Un comentarista ha dicho: «La idea es la del depósito de un tesoro en unas manos seguras y confiables».[3] En lo que se refiere a las pruebas,

---

[3] R.C. H. Lenski, *The Interpretation of the Epistles of St. Peter, St. John and*

nosotros nos depositamos en la salvaguarda de Dios, y ese depósito produce dividendos eternos.

Cuando usted deposita dinero en un banco estadounidense, hay un límite en el pago que se asegura federalmente bajo una cuenta; usualmente unos $100.000,00. Pero nuestro infinito Dios no tiene límites. Millones de cientos de millones de cristianos pueden depositarse a su cuidado, y Él los asegurará a todos. Nos sostendrá a cada uno de manera segura. Nadie puede declararle en bancarrota de compasión y atención. Dios jamás le dirá a nadie: «Lo siento. Estamos llenos. Ese es el límite. No podemos garantizar más». Puede confiarle su alma a este «fiel Creador».

Es interesante que la palabra griega aquí traducida como «encomendar» es la misma usada por Jesús en la cruz cuando dijo: «Padre, en tus manos *encomiendo* mi Espíritu» (Lc 23.46, énfasis añadido). Cuando le encomendamos nuestras almas a Dios durante nuestras pruebas, seguimos el ejemplo de Jesús en la cruz que depositó su alma al cuidado del Padre. De nuevo, le recuerdo, los que no tienen fe en Cristo no tienen a nadie a quien «encomendarle» sus almas.

El crecimiento personal a través de todo el calor

Las pruebas nunca se desperdician. Dios jamás dice: «Oh, cometí un error. No debí darte eso. Eso era para Francisco. Lo siento, Roberto». Es como si el Señor tuviera su nombre para pruebas específicas. Están especialmente diseñadas para nosotros, organizadas considerando nuestras debilidades y nuestra inmadurez. Él aprieta y no suelta. Y gemimos y nos dolemos y lloramos y oramos y crecemos y aprendemos. A través de todo aprendemos a depender de su Palabra. Usted lo nota, realmente hay esperanza más allá de nuestras pruebas.

El horno del sufrimiento no solo provee luz con la cual se pueda examinar nuestras vidas sino el calor para derretir las impurezas. Así como el hambre y la ruina financiera hicieron

St. *Jude* [La interpretación de las epístolas de San Pedro, San Juan y San Judas], Warburg Press, Columbus, Ohio, 1945, p. 213.

que el pródigo se despertara, así nuestras pruebas nos despiertan y nos atraen al abrazo de nuestro Padre. La respuesta común a las pruebas es la resistencia, de no ser un completo resentimiento. Cuanto mejor si abrimos las puertas de nuestros corazones y les damos la bienvenida a las pruebas ordenadas por Dios como invitados de honor por el bien que hacen en nuestras vidas.

> Así la terrible necesidad de la tribulación es sumamente clara. Dios solo me ha tenido por cuarenta y ocho horas y solo para quitarme todo. Que desenvaine esa espada por un momento y que yo me comporte como un perrito cuando se termine el odiado baño, me sacudo para secarme lo más posible y poder salir corriendo para readquirir mi cómoda suciedad, de no ser en el montón de excremento más cercano, al menos en el jardín de flores más próximo. Y por eso es que las tribulaciones no pueden cesar hasta que Dios nos vea rehechos o vea que rehacernos no vale la pena.[4]

Como implica aquí C.S. Lewis, las pruebas no son una asignatura electiva en el currículo de la vida cristiana; son un curso obligatorio, es un prerrequisito para asemejarse a Cristo. Pero algunas veces las pruebas son tan arduamente extensas que tendemos a salirnos del curso por completo. Sobre todo si nos sentimos abandonados por Dios.

Si así es como se siente en la prueba que soporta ahora, debe consultar el programa del curso para obtener algunos principios orientadores. Primero, cuando lleguen las pruebas, es importante recordar que Dios es leal y que puede depender de Él. Segundo, cuando las pruebas permanezcan, es importante recordar hacer lo correcto y refugiarse en Él. Descanse en Él.

Cuando los resultados del rayo X no se ven bien, recuerde: Dios todavía es leal. Cuando lea esa descorazonadora nota de su compañero, recuerde: Dios todavía es fiel. Cuando escuche las peores noticias acerca de uno de sus niños, recuerde: Dios todavía es fiel. No lo ha abandonado, aunque se sienta tentado a pensar que lo ha hecho.

En la cumbre de una de sus pruebas personales, Hudson Taylor expresó su respuesta en estas palabras: «No importa cuán

4 Lewis, *op. cit.*, p. 107.

grande sea la presión. Lo que realmente importa es en dónde yace, ya sea que interfiera conmigo y Dios o que me acerque más a su corazón».

Cuando somos presionados para acercarnos al corazón de Dios, Él es leal y nos sostiene. A través de todo nos abrazará. Podemos encomendarle nuestras almas «a un Creador fiel para que haga lo correcto». Pero eso no significa que las cosas se calmarán y comenzarán a tener sentido. ¡No necesariamente! La agenda de nuestro Señor para nosotros está llena de sorpresas, giros inesperados y virajes abruptos.

Me gusta la manera en la que un compañero pastor lo dice:

> Una de las cosas más frustrantes acerca de Jesús es que Él no se tranquiliza. Nos mueve constantemente de los lugares en donde nos gustaría quedarnos[...] Y nos acerca más a[...] donde no deseamos ir.[5]

Cuando sea probado, será tentado a resistir ese cambio de dirección, andar por su cuenta, luchar con su fuerza propia, y hacer lo incorrecto, porque es algo natural. Eso se llama ser una «persona del mundo» (otra manera de decir *carnal*). Hasta ahora ha luchado para llegar donde se encuentra; también podrá arreglárselas a través de esta prueba.

¡Pero espere! ¿Es eso lo que Dios quiere que haga? Cuando las pruebas continúen y usted comience a cansarse, el enemigo le susurrará todo tipo de nuevas ideas carnales. Hasta le dará evidencia de que otras personas realizaron esas pruebas y se salieron con la suya. Mejor será recordar cuando *vengan* las pruebas que Dios es leal, todavía es fiel. Cuando las pruebas *permanecen*, acuérdese de hacer lo correcto y refugiarse en Él. Encuentre su refugio en Él.

El «sufrimiento» y la «gloria» son verdades mellizas hilvanadas en la tela de la carta de Pedro. El mundo cree que la *ausencia* de sufrimiento significa gloria, pero la perspectiva de un cristiano es

---

5 M. Craig Barnes, *When God Interrupts* [Cuando Dios interrumpe], Inter-Varsity, Downers Grove, Illinois, 1996, p. 54.

diferente. Hoy la prueba de nuestra fe es la certeza de la gloria cuando regrese Jesús... Esta fue la experiencia de nuestro Señor... y será la nuestra.

Pero hace falta entender que Dios no va a *reemplazar* el sufrimiento con gloria; más bien lo *transformará* en gloria.[6]

Cuando usted y yo miramos todo el panorama, debemos dar gracias porque Jesús no se queda quieto. Anda ocupado moldeándonos a su imagen... y en algunos de nosotros, Él tiene un camino muy largo por recorrer.

Una oración por esperanza más allá de nuestras pruebas

Padre, hoy oro especialmente por los que se encuentran en un lugar oscuro, que no ven luz en el horizonte, que sienten el estallido caliente de las pruebas ardientes, sin anticipo de alivio. Cambia este doloroso lugar en un escondite donde Tú estás cerca, donde eres real. Usa este capítulo en particular para ministrar de una manera muy especial a los elegidos a quienes estás probando para constatar su fe. Calma sus temores. Aquieta sus espíritus. Recuérdales que las pruebas son esenciales si esperamos llegar a ser semejantes a Cristo.

Esto lo oro a través de Jesús, quien era, Él mismo, un «Varón de Dolores», familiarizado con el quebranto... y que, a pesar de ser Hijo tuyo, aprendió obediencia con las cosas que sufrió.

AMÉN

[6] Wiersbe, *op. cit.*, pp. 115-116.

14

❖

Esperanza más allá de la relígíón

Descrípción de
trabajo para
pastores

DE TODOS LOS PREDICADORES que jamás hayan vivido, Charles Haddon Spurgeon estaba entre los más coloridos. También estaba entre los más prolíficos... entre los más controversiales... entre los más elocuentes... y podríamos continuar. Spurgeon era singular. Si no es el predicador más grande en la historia de la iglesia, está ciertamente entre los diez principales, en mi opinión. En cualquier momento que surge el tema de la predicación en un aula o entre un grupo de pastores, el nombre Spurgeon aparece prontamente.

Sus obras son útiles y significativas. Eso es mucho más sorprendente ya que vivió hace más de cien años, de 1834 al 1892. A la edad de veinte, Spurgeon fue llamado a la Iglesia Bautista de la calle New Park en Londres, donde sirvió a su Señor hasta que predicara su último sermón el 7 de junio de 1891. Murió al siguiente enero. Durante sus años allí, no era raro que su congregación tuviera hasta seis mil personas. Un biógrafo declara que la gente se paraba en la nieve en medio del invierno esperando que se abrieran las puertas para asegurarse un asiento y escuchar a este príncipe del púlpito predicar. Durante sus treinta y ocho años en el Tabernáculo Metropolitano (cinco años después que Spurgeon comenzará su ministerio allí, tuvieron que construir un edificio nuevo, al que pusieron ese nombre), fue responsable del aumento de la membresía a casi 14,500. Un hombre verdaderamente sorprendente. Aunque era bautista, era un evangélico calvinista. Principalmente, era un hombre hecho para el púlpito. Como dice un biógrafo:

> Era preeminentemente un predicador. Su clara voz, su dominio del anglosajón, y su astuto sentido del humor, aliado con un entendimiento firme de la Escritura y un profundo amor por Cristo, produjo parte de la predicación más noble de cualquier era.[1]

Sin embargo, a pesar de todas sus fortalezas y nobles logros, en su tiempo Spurgeon recibió mucha crítica. Como Martín Lutero, parecía florecer en la tormenta. Era un hombre del cual diría que jamás se ponía nervioso. Aunque era fustigado por varias cosas en su predicación, las dos cosas por las cuales fue criticado en su vida privada eran curiosas.

Primero, le encantaba un buen cigarro. Uno de mis relatos favoritos refiere una ocasión cuando un hombre lo contactó y lo criticó por fumar cigarros. La respuesta de Spurgeon era clásica: «Cuando lleve esto a un extremo, entonces me detendré». Cuando el hombre preguntó: «¿Qué es un extremo?» Spurgeon replicó con un destello en sus ojos: «Dos cigarros a la misma vez».

La otra crítica privada se dirigía a él y a su esposa porque, con sus fondos propios, había comprado y disfrutado de una casa extremadamente grande en un solar considerable. Como era predecible, la prensa estadounidense llegó a la escena y exageró el reporte acerca de la casa. Esto *enojó* a Spurgeon. Pero continuó, rehusando permitir que mentes estrechas y comentarios exagerados impidieran sus objetivos. Aunque muchos a su alrededor eran «religiosos» e intentaron fehacientemente forzarlo a su molde religioso, Spurgeon continuó siendo un disidente de corazón, ferozmente independiente aunque cristiano hasta la

---

[1] J.G.G. Norman, «Charles Haddon Spurgeon» en *The New International Dictionary of the Christian Church* [El nuevo diccionario internacional de la iglesia cristiana], edición revisada editada por J.D. Douglas, Zondervan, Grand Rapids, Michigan, 1978, p. 928.

médula, minuciosamente comprometido con Cristo y su Palabra pero inmóvil por la presión en la Inglaterra victoriana de que se alineara y se mezclara con sus contrapartidas.

Mientras más vivo, más crece mi admiración por esta vasija singular usada de manera tan poderosa por Dios aunque criticado de manera tan ferviente por otros, especialmente cristianos. Aunque muerto, todavía habla. Sus volúmenes continúan estimulando e instruyendo a los que estamos en el servicio cristiano. Cualquiera que entra al ministerio debe leer a Spurgeon y hacerlo al menos una vez al mes. Recomiendo especialmente el libro *Lectures to My Students* [Conferencias a mis estudiantes]. En él escribe:

> Cada obrero conoce la necesidad de mantener sus herramientas en buen estado[...] Si el obrero pierde su empuje[...] sabe que habrá una sequía mayor sobre sus energías, o su obra se realizará de mala manera[...]
>
> [...]Para mí sería en vano llenar mi biblioteca, u organizar sociedades, o planificar esquemas, si ignoro la cultura propia; porque los libros, las agencias y los sistemas, solo son remotamente instrumentos de mi llamado santo; mi espíritu, alma y cuerpo son mi maquinaria más cercana para el servicio sagrado; mis facultades espirituales y mi vida interna, son mi hacha de batalla y armas de guerra[...]
>
> [Entonces, citando de una carta del gran ministro escocés, Robert Murray McCheyne, concluye] «Recuerda que eres la espada de Dios, su instrumento, confío en que eres un vaso elegido por Él para llevar su nombre. En gran medida, de acuerdo con la pureza y la perfección del instrumento, será un éxito. Dios no bendice tanto al talento grande así como la semejanza a Jesús. Un ministro santo es una arma tremenda en la mano de Dios».[2]

Hay todo tipo de tentaciones para que el pueblo de Dios (¡especialmente *los ministros*!) se ajuste, siga el paso, y vaya tras la cadencia de nuestros tiempos... y si la seguimos, seremos ilegítimos,

---

[2] C.H. Spurgeon, *Lectures to My Students* [Conferencias para mis estudiantes], Zondervan, Grand Rapids, Michigan, 1962, pp. 7-8.

aburridos, predecibles y, bueno, «religiosos». ¡Necesitamos que se nos advierta contra eso! Aunque no podemos ser Spurgeons (con uno bastaba), hay mucho que aprender de este modelo de pensamiento claro, predicación apasionada, escritura creativa, y una determinación inflexible. Realmente es sorprendente que un hombre de su estatura y dones siguiera en la misma iglesia por casi cuatro décadas... especialmente porque era un pararrayos, atrayendo crítica por tanto tiempo de parte de tantas personas.

Una guía práctica para que todos la recuerden

Permítame comenzar con unas pocas palabras de exhortación en cuanto a mantener un ministerio a largo plazo. Mis comentarios aquí tienen que ver con las expectativas ideales, y estas ocurren a ambos lados del púlpito. Un ministro joven llega a una iglesia y tiene expectativas de parte del rebaño. Al otro lado, el rebaño se pone en contacto y llama a un hombre para que pastoree a la iglesia, y ellos también tienen expectativas. Ambos grupos de expectativas son tan idealistas que usualmente se salen de los parámetros. Esto tiene los ingredientes de la locura temprana en cualquier ministerio.

Uno de los secretos de un pastorado a largo plazo es la manera clara y realista de pensar de parte del pastor y la congregación. Entendamos que la mayoría de las iglesias jamás serán como el Tabernáculo Metropolitano... y ninguno de nosotros en el ministerio será jamás como Spurgeon. Mis ilustraciones iniciales en este capítulo son ejemplos de lo extremo. Pero el hecho es que la mayoría de nosotros estamos lejos de esos logros, y debemos aprender a vivir con eso, aceptarlo, y contentarnos con quienes somos y donde estamos.

La ironía es, que creo que si Charles Haddon Spurgeon viviera hoy, la mayoría de las iglesias jamás considerarían extenderle un llamado. No podrían aceptar su estilo. Y si conocieran profundamente la historia tras el Tabernáculo, la mayoría de los pastores contemporáneos no querrían servir en ese lugar. (Es sorprendente lo que cien años de historia hacen para mejorar nuestra visión de una iglesia o de un hombre.)

La importancia de la tolerancia dual es extremadamente significativa. Un pastor debe ser muy tolerante con las personas a quienes sirve. Y el pueblo servido por el ministro necesita tolerarlo mucho. Tenemos que darnos mucho espacio para maniobrar. Las congregaciones, y sus pastores, tienen que darse espacio para ser ellos mismos. La religión, de paso, resiste tal libertad.

Por favor entienda, no estoy diciendo que cualquiera deba vivir una mentira; ni estoy promoviendo una manera de vivir pecaminosa que no rinda cuentas. Simplemente aquí estoy promoviendo la gracia... darle espacio a otros para que sean lo que realmente son. Todos tenemos nuestros caprichos. Todos somos singulares a nuestra manera. Es importante que nos adaptemos a una amplia gama de personalidades.

Me sonreí cuando leí este pequeño escrito:

¡Bienvenidos a la línea siquiátrica!

SI ES OBSESIVO COMPULSIVO: Por favor presione el 1 repetidamente.

SI ES CODEPENDIENTE: Por favor pídale a alguien que presione el 2.

SI TIENE PERSONALIDADES MÚLTIPLES: Por favor presione 3, 4, 5 y 6.

SI ES PARANOIDE ALUCINANTE: Sabemos quién es usted y lo que desea. Simplemente quédese en la línea para que podamos rastrear la llamada.

SI ES ESQUIZOFRÉNICO: Escuche cuidadosamente, una voz pequeña le dirá cuál es el número que debe presionar.

SI ES MANIACO-DEPRESIVO: No importa cuál número presione. Nadie responderá.[3]

Si vamos a vivir juntos durante un extenso período de tiempo, tenemos que aceptar las idiosincrasias y los estilos del

---

[3] Fuente desconocida.

uno y del otro. Este es un momento adecuado para que repita algo que escribí anteriormente: Un buen sentido del humor es esencial, sobre todo si espera sobrevivir muchos años en la iglesia y/o el ministerio.

Dos principios bíblicos en cuanto al ministerio

He expresado mi preocupación en cuanto a todo esto porque llegamos a una sección en la carta de Pedro que más o menos tiene su propio lugar ya que se ocupa del pastor y el rebaño en el cual sirve. Es útil porque el consejo de Pedro no tiene un aire religioso. Es refrescantemente perspicaz. Las frases introductorias del capítulo ofrecen un par de principios efectivos e importantes que vale la pena mencionar.

> Ruego a los ancianos que están entre vosotros, yo anciano también con ellos, y testigo de los padecimientos de Cristo, que soy también participante de la gloria que será revelada: Apacentad la grey de Dios que está entre vosotros (1 P 5.1-2a).

El primer principio es este: *El orgullo de la posición debe estar ausente*. Recuerde quién escribió estas palabras: Pedro el apóstol, el vocero de la iglesia primitiva, el que vio a Jesús con sus propios ojos, quien literalmente caminó con el Mesías por más de tres años. Qué honor tuvo... qué privilegios, empero jamás sugiere su propia posición de autoridad. Cualquier sentido de orgullo en cuanto a su posición se ausenta en las declaraciones iniciales de Pedro. Simplemente se llama «anciano también con ellos, y testigo de los padecimientos de Cristo, que soy también participante de la gloria que será revelada».

Considero que estas son palabras muy humildes. No dice nada acerca de su apostolado autorizado. Nada en cuanto a la importancia de que los receptores de su carta obedecieran su consejo. Simplemente se identifica con los ancianos como «anciano también». Y si desea que la palabra «participante» sea un tanto más comprensible, piense en el término *compañero*. «Soy compañero con ustedes en la misma gloria que será revelada en el más allá». Se percibió al mismo nivel que los otros ancianos.

Un ministerio religioso es un lugar fácil para construir secretamente una vida orgullosa. Desafortunadamente, el orgullo puede consumir a una persona en el ministerio. No solo puede, así lo *ha hecho* para algunos.

Deténgase y piense en el porqué. Hablamos de parte de Dios. Nos paramos ante enormes grupos de personas con regularidad. La mayoría de los ministros se dirigen a más personas con más frecuencia (sin ser interrumpidos) que la mayoría de los ejecutivos de grandes corporaciones. Los que están en el ministerio pueden vivir prácticamente sin rendir cuentas. La mayoría nos respeta y confía en nosotros. Y a través de nuestras carreras, solo se nos cuestiona en escasas ocasiones. Cuando así sucede, es raro que se cuestionen nuestras respuestas. Realizamos nuestra preparación fuera del escrutinio público ya que trabajamos a solas en nuestros estudios. Todo eso está bien... pero es como un campo minado de peligros y amenazas. Porque antes de que se entere, podemos comenzar a caer en la trampa de creer solo lo que decimos y ver solo lo que descubrimos. Esto ocurre particularmente si su ministerio crece y su fama se esparce. Cuando eso sucede, su cabeza puede hincharse y sus oídos embotarse.

Si Pedro, uno de los doce apóstoles originales, el primer vocero de la Iglesia, un siervo ungido de Dios, no mencionaba su importante función, creo que podemos aprender una lección acerca de la humildad. Señálela. No la olvide. El orgullo de la posición debe estar ausente.

Hay un segundo principio, de similar importancia: *El corazón de Pastor debe estar presente.* ¿Recuerda este imperativo inicial? «Apacentad la grey de Dios que está entre vosotros». La raíz verbal original significa «actuar como un pastor, ocuparse de un rebaño». Y no desatienda el otro lado de la moneda: Él llama al pueblo «la grey de Dios».

Por eso es que jamás he cultivado el hábito de referirme a cualquier congregación que haya servido como «mi gente». El rebaño no es controlado, ni es propiedad del pastor a cargo; ¡ellos son el pueblo de Dios! En última instancia tienen que responderle a Él. Viven sus vidas ante Él. Han de obedecerle a

Él. Su Palabra es la que nos guía a todos, tanto el pastor como el rebaño.

Me gusta esta descripción: «Por definición, el verdadero anciano es el pastor del rebaño en el cual Dios lo ha colocado[...] quien los lleva en su corazón, los busca cuando se pierden, los defiende de daño, los consuela en su dolor, y los alimenta con la verdad».

Este es un bueno momento para añadir que si no tiene el corazón de pastor, realmente no debería estar en el pastorado. Podría desear la enseñanza. Podría elegir involucrarse en algún otro aspecto del ministerio, y hay docenas de posibilidades. Pero si le falta el corazón de pastor, mi consejo es sencillo: no entre al pastorado. Pronto se convertirá en una mezcla incorrecta, frustrante tanto para el pastor como para el rebaño.

Este dicho estaba en la oficina de mi buen amigo y antiguo ministro de adoración, el Dr. Howie Stevenson. «Jamás intente enseñarle a un puerco a cantar. Desperdicia su tiempo, ¡y le molesta al puerco!»

He escuchado a algunas personas decir: «Bueno, simplemente aprenderé cómo ser pastor». Lo siento. Hay algo más que eso. El pastorado tiene que estar en su corazón. No hay un libro de texto, no hay un curso, no hay alguna relación que habrá de convertirlo en pastor. Es un llamado. Es asunto de un regalo de Dios, como vimos en el capítulo anterior. Usted no se educa para convertirse en pastor. El seminario podrá ayudar, porque durante sus años en él, la mayoría de los estudiantes descubren si tienen o no el corazón de pastor. De no tenerlo, repito, no deben proseguir el pastorado.

He visto evangelistas llenar púlpitos, y la iglesia es evangelizada. Pero no es pastoreada. He visto maestros, brillantes y capaces, ocupando el púlpito, y la iglesia es cuidadosamente instruida y educada bíblicamente. Pero no es pastoreada. El corazón del pastor ciertamente incluye la evangelización, la enseñanza y la exhortación, pero también debe incluir el amor y la tolerancia, la paciencia y el entendimiento de una persona con el corazón de siervo, y mucho espacio para esos corderos y ovejas que no alcanzan la medida. Pastorear una iglesia no es una profesión religiosa, realmente no lo es. No es una decisión de negocios sino un llamado de Dios que vincula ciertos pastores con ciertos rebaños.

La religión habla en términos de emplear profesionales calificados para que cumplan ciertas responsabilidades. El resultado son «asalariados», como los llamó Jesús (Jn 10.11-15). Pero en el rebaño de Dios, los pastores son dotados; son llamados a servir y entregarse, a amar y a animar, a modelar el estilo del Salvador. Cuando esto ocurre las iglesias son bendecidas y disfrutan de esperanza más allá de la religión.

Tres actitudes esenciales de los pastores que no son religiosos

Apacentad la grey de Dios que está entre vosotros, cuidando de ella, no por fuerza, sino voluntariamente, no por ganancia deshonesta, sino con ánimo pronto; no como teniendo señorío sobre los que están a vuestro cuidado, sino siendo ejemplos de la grey (1 P 5.2-3).

Encuentro al menos tres actitudes vitales establecidas en los versículos que acaba de leer. Cada actitud comienza con una negativa, seguida por un aspecto positivo.

1. No por fuerza...
   sino voluntariamente.

2. No por ganancia deshonesta...
   sino con ánimo pronto.

3. No como teniendo señorío sobre los que están a
   vuestro cuidado... sino siendo ejemplos de la grey.

La actitud número uno es *una actitud voluntaria*. «No por fuerza, sino voluntariamente». *Fuerza* significa «ser obligado». Como sacar a su adolescente de la cama temprano en la mañana para ir a la escuela. Eso es obligación. Sin embargo, Pedro no se refiere al adolescente en la escuela sino a un pastor con su rebaño.

Esto me recuerda un relato que escuché hace años. Un joven dormía profundamente un domingo por la mañana cuando entró su madre, lo sacudió y le dijo: «Despiértate hijo. Tienes que levantarte... tienes que salir de la cama». Él gruñó y se quejó. «Dame tres buenas razones por las cuales tengo que levantarme esta mañana». Sin titubeo alguno la madre dijo: «Bueno, primero que nada, es domingo por la mañana, y lo correcto es que estemos en la iglesia. Segundo, como solo faltan cuarenta minutos para que comience el servicio, no tenemos mucho tiempo. Y tercero, *¡tú eres el pastor!*

Pablo escribe es su canto de cisne que los mensajeros de Dios han de estar listos «a tiempo y fuera de tiempo» (2 Ti 4.2). Los pastores fieles han de estar dispuestos «a tiempo y fuera de tiempo»... cuando lo sintamos, y cuando no... cuando la iglesia está creciendo y cuando no.

Una de las cosas que intensifica el agotamiento en el ministerio es la falta de disposición. Y ella depende de que descansemos cuando debemos hacerlo para que podamos darlo todo cuando así se requiera. Por eso es que, cada vez que les hablo, animo a los ministros a tomarse un día libre a la semana, siempre y cuando sea posible, un día y medio o dos días. ¿Por qué? Para surtir generosamente el alma, para refrescar el espíritu. Además, también es imperativo tomar suficiente tiempo de vacaciones, marcharse. También promuevo «mini vacaciones», para marcharse con su cónyuge, invertir tiempo en refrescarse, continuar el romance y simplemente disfrutar el uno del otro. Al hacer eso, podemos realizar mejor nuestro trabajo y con una disposición voluntaria, «no por fuerza».

Veo muchos rostros ceñudos y cuerpos cansados cuando voy a conferencias de pastores. Francamente, de todos los grupos a los que sirvo, pocos están más deprimidos y exhaustos que un grupo de pastores. Están sobrecargados, usualmente no se les paga bien, y casi sin excepción alguna no los aprecian lo suficiente, aunque la mayoría realiza una labor sorprendente.

Nos pueden sobrevenir depresiones leves de manera inesperada que roen nuestra disposición. Muchas veces no podemos explicarlas en el momento. Luego, quizás, pero no cuando ocurren.

Le leí a Cynthia el otro día del libro de Spurgeon que mencioné, *Lectures to My Students*. Ella estaba trabajando en la cocina, me le acerqué y le dije: «Tienes que escuchar esto». ¡Entonces le leí unas tres páginas! (¡Eso sí que es un espíritu dispuesto!) Aunque escribió hace más de cien años, Spurgeon describió exactamente algunas de las razones por las cuales sufrimos «agotamiento» en el ministerio hoy. Hasta reconoció la depresión en su vida, muchas veces antes de un gran éxito, algunas veces después de un gran éxito, y usualmente por algo que no podía explicar. Tituló este capítulo *The Minister's Fainting Fits* [Los ataques de desmayos de los ministros], (¡gran título!). Escuche estas francas declaraciones.

> Los ataques de depresión nos sobrevienen a la mayoría. A pesar de lo alegres que seamos, necesitamos que se nos abrume de vez en cuando. Los fuertes no siempre son vigorosos, los sabios no siempre están listos, los valientes no siempre valerosos, y los alegres no siempre felices. Podrán haber aquí y allá personas de hierro[...] pero ciertamente el moho perturba inclusive a estos.[4]

Permítame añadir un comentario final aquí. Está dirigido al rebaño de Dios. Sea tolerante con su pastor. Una mejor palabra es *paciente*. Haga el mejor esfuerzo posible por no demandar mucho o establecer expectativas demasiado altas. Multiplique sus peticiones por todos los que están en su iglesia, y tendrá alguna idea de lo que debe soportar un pastor. Sea comprensivo. Recuerde, si usted escribe una carta que lo deprima, podría herirlo por semanas. Algunas veces hace falta una confrontación. Pero aun entonces, sea bondadoso. Tenga tacto. ¡Ore por él! Cuando lo haga, lo encontrará más dispuesto a servirle a su Señor entre ustedes.

Ahora, mire el segundo atributo: *una actitud vehemente*. Esa próxima frase describe no solo la disposición sino una actitud de vehemencia entusiasta. Mire cómo Pedro expresa esto: «No por ganancia deshonesta, sino con ánimo pronto». La antigua versión del Rey Jacobo [en inglés] llamaba a la ganancia corrupta

4 Spurgeon, *op. cit.*, p. 154.

(dinero) «lucro asqueroso». Asegúrese de que su ministerio no es motivado por beneficios monetarios y ajenos. Los círculos religiosos enfatizan, piensan acerca de, y exageran la importancia del dinero. Protéjase contra eso.

Reto a los predicadores, y lo he hecho a través de los años, a que no hagan una boda simplemente porque puedan obtener cincuenta dólares (o lo que sea) por ello. Estén dispuestos a servir, ¡no a ser codiciosos! Y de ser invitado a participar en una conferencia que dure una semana, hágalo porque realmente desea hacerlo, no porque obtendrá un honorario. El dinero no es una motivación saludable, así que vigile sus motivaciones.

Cuando estaba en el seminario, mi hermana me hizo un anuncio en blanco y negro que colgué de la pared frente al escritorio donde estudiaba. Simplemente decía: «*¿Cuál es tu motivación?*» Qué pregunta más penetrante. Lo miré, de vez en cuando, por cuatro años. Es una pregunta que cada pastor debería hacerse cada semana. Las motivaciones deben examinarse eternamente.

No hay nada tan emocionante o atractivo como un pastor que trasmite entusiasmo. ¡Es *contagioso*! Su amor por las Escrituras se convierte en el amor de la grey por las Escrituras. Su gusto por la vida se convierte en el gusto de la grey por la vida. Su propósito de relajarse y disfrutar la vida se convierte en el propósito de la grey de disfrutar la vida y relajarse. Su gozoso compromiso para obedecer a Dios se convierte en el compromiso de ellos. No en balde Pedro enfatiza la vehemencia. Su pasión por los perdidos se convierte en la pasión de ellos. ¡Cuán refrescante es estar alrededor de pastores que envejecen pero todavía son vehementes y entusiastas!

Hay una tercera actitud que Pedro señala: *una actitud de mansedumbre*. Creo que fue con un empuje adicional de pasión que escribió:

No como teniendo señorío sobre los que están a vuestro cuidado, sino siendo ejemplos de la grey (1 P 5.3).

Me gusta la manera en la que Eugene Peterson parafrasea esto:

No ordenándoles a los demás qué hacer, sino mostrándoles tiernamente el camino. (MSG)

Aquí lo que le preocupa al viejo apóstol es un pastor ejerciendo autoridad indebida sobre otros. Como pastores debemos aprender a sostener nuestras congregaciones en libertad. Debemos vigilar nuestra tendencia a intentar tener dominio sobre ellos, pensando que son asalariados. Para evitar eso, debemos percibirnos como siervos, no como soberanos. Déle espacio al rebaño para que esté en desacuerdo. Asegúreles que deben pensar por cuenta propia. Pero no se equivoque. Un pastor «manso» no es débil. Hace falta gran fortaleza interna y seguridad para demostrar gracia. Estar dispuesto a servir en lugar de demandar. Cuán hermoso, cuán maravilloso es, ver a alguien que es dotado y fuerte de corazón, aunque lo suficientemente seguro para dejar que el pueblo de Dios crezca y aprenda sin alinearse en cada punto y marchar al paso de su tambor. Los mejores pastores son los que realizan su labor para el Señor, esperando que nadie se postre ante ellos.

Mientras leía un ejemplar reciente de *Sports Illustrated* [Revista Deportes Ilustrados], me topé con un artículo acerca de Al Davis, dueño de los Oakland Raiders, un equipo de fútbol estadounidense. Si usted es un fanático deportivo, sabrá que muchos consideran a Davis como uno de los dueños más codiciosos y orgullosos de todos en el negocio. Ha usado más entrenadores en una década que los que utilizan otros dueños durante toda su vida. Este artículo reporta que:

Los abusos de poder de Davis han llegado a ser muy visibles. Por ejemplo, después de la práctica, él acostumbra entrar al cuarto del equipo, tira una toalla al suelo y espera que un empleado le limpie los zapatos. «Lo vi obligar a alguien a que le limpiara los zapatos frente a 75 personas», dice el entrenador de los Broncos de Denver, Mike Shanahan, que dirigió a los Raiders en 1988».[5]

5 Michael Silver, «White Tornado» [Tornado blanco], *Sports Illustrated* [Deportes ilustrados], 3 de junio de 1996, p. 71.

Cuando leí eso, pensé, he ahí lo *opuesto* al liderazgo basado en el corazón de siervo. Sin embargo, he visto líderes en cargos ministeriales que han abusado de sus posiciones de forma casi tan obvia.

Acabo de terminar de escuchar un casete. Es la voz de un hombre que ha estado en el ministerio por años, y era como si estuviera escuchando a otro Jim Jones mientras predicaba. Me dolía el corazón pensando en aquel rebaño que se sentó y soportó este estilo tan ególatra. He aquí un hombre que había alcanzado el dominio; practicaba regularmente el abuso verbal. Tronaba sus dedos... ellos saltaban. Azotaba su látigo... ellos se postraban. Amigo, eso no es serle ejemplo a la grey. Eso es abuso religioso... manipulación de una congregación... lo peor de la religión legalista.

El pastorado trae una enorme cantidad de autoridad. Ni siquiera una junta de ancianos o diáconos, a pesar de lo poderosas que puedan ser, puede ocupar el lugar del pastor en el púlpito el domingo. Es un lugar desde donde puede ejercer increíble autoridad y, de decidir hacerlo, imponer su rango. Con más razón no debería abusarse de ella. ¡El pastor no es un sustituto del Señor!

Lo que más necesita el pueblo de Dios en su ministro es un modelo de la vida de Jesucristo. Hay algo convincente en cuanto a un modelo. Aquí es ese el punto de Pedro. Lo mejor que puede hacer un ministro es llevar una vida auténtica, responsable y humilde. ¡Pocas cosas se ganan los corazones de las ovejas como un pastor tierno!

Usted podría recordar que, al final de su vida, se decía que Moisés había sido «manso, más que todos los hombres que había sobre la tierra» (Nm 12.3). He aquí a un hombre que había «pastoreado» a millones de personas, pero rehusó solicitar su fama. No le interesaba el aplauso del público. No manipulaba al pueblo. Es más, traspasado de dolor ante Dios, hasta dijo: «Sácame del camino». Esta maravillosa sección de la Escritura es un buen recordatorio de que tan importante como es ser un líder decisivo con convicciones fuertes —aceptando las responsabilidades de la posición—, jamás es apropiado que el pastor «domine» a los que están bajo su cuidado.

No les cobraré más por este breve comentario, pero quiero enfatizar una observación previa respecto a que controlar a otros es una señal de inseguridad. Los que requieren absoluto acuerdo de parte de todos son personas terriblemente inseguras. ¿Acaso no es interesante que Jesucristo jamás demandó que sus discípulos lo escribieran todo, ni en una sola ocasión los exhortó a memorizar las cosas que dijo? Lo que más les señaló fue: «No temáis». Esa fue su ordenanza más frecuente. «No temáis». Y la otra se ofrece por implicación: «Mírenme y sigan mi ejemplo». Nadie ha tenido más autoridad sobre un rebaño que Cristo, pero solo en las ocasiones más raras siquiera levantó su voz... o reprendió a sus seguidores. A las ovejas les va mejor cuando son dirigidas, no empujadas... cuando son liberadas, no controladas... cuando se saben amadas, no avergonzadas.

Una recompensa eterna a reclamar

Y cuando aparezca el Príncipe de los pastores, vosotros recibiréis la corona incorruptible de gloria (1 P 5.4).

Previamente he mencionado coronas en este libro, pero no he nombrado *esta* corona. A diferencia del resto, esta es una corona exclusiva. Es reservada para los que pastorean lealmente a la grey de Dios a su manera. Solo aquellos que sirven en esta función podrán recibir la «corona incorruptible de gloria». Note que como resultado de cumplir estos dos principios y estas tres actitudes, el «Príncipe de los pastores» mismo entregará la «corona de gloria».

Pueden contar con eso, compañeros pastores. Podemos anticipar eso cuando nos encontremos con nuestro Señor cara a cara.

Sugerencias personales para ambos lados del ministerio

Para resumir, primero permítame dirigirme a aquellos que dirigen diciendo *mantengan un balance saludable*. Si enseña, déjese enseñar. Lea. Escuche. Aprenda. Observe. Alístese a cambiar. ¡Entonces cambie! Reconozca las equivocaciones cuando esté errado. Quédese firme cuando esté en lo correcto. No puede ganarlas todas. Y recuerde, usted es siervo de Dios, no un esclavo del rebaño.

Ya que fue llamado a ser líder, cuando sea necesario, sea un buen seguidor, lo cual nos lleva de vuelta a la servidumbre. Cuando dirija, colóquese en los zapatos de los seguidores; piense acerca de cómo sería si estuviera sentado allí escuchando las cosas que usted está diciendo.

No menosprecie su importancia ni exagere su función. Usted ciertamente es llamado por Dios. Usted lo representa a Él, su mensaje, su visión. Una congregación puede sacarnos hasta el jugo. (Me sucedió una vez. Por la gracia de Dios, jamás me volverá a ocurrir.) Algo trágico le sucede a un líder que ha perdido su empuje y determinación. Pero no puede hacerlo todo, así que delegue. Es una gran tarea por realizar, así que invite a otros para que lo ayuden a realizarla. Y cuando lo hagan bien, déles el crédito.

Mantenga el equilibrio. Involúcrese en trabajo serio, pero (repito) mantenga un buen sentido del humor. ¡Ríase a menudo y en alta voz! Y no tema reírse de sí mismo. ¡Mis compañeros en *Insight for Living* [Visión para vivir] se aseguran de que lo haga! En varias ocasiones me han presentado una cinta con todas las cosas que se eliminan de mis mensajes grabados durante el año. Es algo así como mis «errores». ¡Algunos hasta han tenido la audacia de tocar esta cinta en la fiesta de Navidad para que cientos la escuchen y la disfruten! Mientras oigo, no puedo creer las tonterías que he dicho durante el año. ¡Basta para rebajar hasta al pastor más valeroso al tamaño de un comején!

Tome a Dios con seriedad, pero no se tome muy en serio.

Ahora, finalmente, para aquellos que son dirigidos, permítanme que les sugiera que *ustedes son una razón para regocijarse*. ¡Qué tarea más maravillosa!

Lea lo siguiente lentamente...

Obedeced a vuestros pastores, y sujetaos a ellos; porque ellos velan por vuestras almas, como quienes han de dar cuenta; para que lo hagan con alegría, y no quejándose, porque esto no os es provechoso (Heb 13.17).

Piense en las maneras de animar a su ministro o líder. Ore frecuentemente por él. Ejemplifique la gratitud y el amor. Demuestre su afecto con actos de generosidad. Defienda al pastor siempre y cuando sea posible. Y cuando no pueda, dígaselo cara a cara, y no se lo comente a nadie. Hágalo con brevedad, ejerciendo gracia, luego perdone con rapidez. Trate de imaginarse en los zapatos de alguien que vive con la carga de toda una grey y jamás está libre de eso. Y un pensamiento más... piense acerca de cómo sería si todos en el rebaño fueran *justamente como usted. Vamos, ¡tenga compasión! Él no es como Spurgeon... y si así fuera, tampoco estaría de acuerdo con él.*

Si va a hacer estas cosas por su líder-pastor, no solo será recompensado, sino que le dará a él y a usted mismo nueva esperanza... esperanza para continuar, esperanza para la segunda milla, y todos en la grey disfrutarán de esperanza más allá de la religión.

Una oración por esperanza más allá de la religión

Padre, servirte a ti, el Dios vivo, lo consideramos como privilegio inapreciable. Nos has hecho a todos con personalidades diferentes, nos has dado diferentes dones y responsabilidades, empero has elegido mezclarnos en el mismo cuerpo, sobre el cual Cristo es la cabeza. Hay grandes tentaciones que enfrentamos como pastores y como ovejas... estar a cargo, forzar a otros para que se enderecen, hacer que las cosas sean rígidas y uniformes, llegar a ser estrictos y exigentes, establecer expectativas demasiado altas... tratar el ministerio como si fuera una

empresa secular. Dios, necesitamos que mantengas frescas las cosas e imprevisibles y especialmente que nos mantengas como pueblo auténtico, con un corazón de siervo, y con quien sea fácil vivir.

Así que danos esperanza nueva... esperanza más allá de la religión, esperanza que nos motive a continuar, sirviéndote con motivaciones puras y corazones dispuestos. Gracias por tu gracia, nuestra única esperanza, querido Salvador... en tu nombre.

AMÉN

15

Esperanza más allá de la insatisfacción

Una fórmula

que

alivia

NUESTRA SOCIEDAD SE ha hartado del dulce sabor del éxito. Hemos llenado nuestros platos de una selección de libros que van desde la vestimenta para el éxito hasta las inversiones para lo mismo. Pasamos por los puestos de revistas y nos llenamos con todo, desde *Hombre de mundo* y *Vogue*, hasta el *Wall Street Journal* y *Time*. Una vez devorado esto, dirigimos nuestros apetitos glotones a seminarios costosos y orientados al éxito. Nos atragantamos con montones de libretas, casetes, y películas en nuestra hambre por mayor éxito.

La ironía de todo esto es que «jamás hay suficiente éxito en la vida de alguien como para hacer que uno se sienta completamente satisfecho».[1] En vez de satisfacción, nos sentimos hartos de nosotros mismos, *nuestros* sueños, *nuestras* metas, *nuestros* planes, *nuestros* proyectos, *nuestros* logros. El resultado de este apetito por comer todo lo que se pueda no es el contentamiento. Es náusea. ¡Cuán terriblemente insatisfactorio!

«El problema con el éxito es que la fórmula es la misma que la de un ataque de nervios», dice *The Executive's Digest* [El resumen del ejecutivo]. Si se encuentra un tanto indispuesto

---

[1] Jean Rosenbaum, citado en *Quote-Unquote* [Cita, termina la cita], p. 315.

después de una dieta así, no necesita otra ayuda para triunfar. Lo que necesita es una dosis saludable de alivio.

Es interesante que pocos se ocupan de lo que la mayoría de la gente desea pero que raras veces encuentran en su búsqueda del éxito, y eso es el contentamiento, la satisfacción, la realización. Solo en ocasiones excepcionales, si es que sucede, se nos ofrecen límites y se nos anima a decir: «Basta ya». Y así trabajamos más y más duro, ganamos más y más, pero lo disfrutamos cada vez menos.

Si algún tema nos obsesiona en los EE.UU. hoy, es el de la búsqueda del éxito. Sin embargo, no conozco otra búsqueda que sea más engañosa, llena de sueños de fantasía, fantasmas, alucinaciones, promesas vacías, y desengaños deprimentes.

Johny Cash no distaba mucho de la verdad cuando gruñó: «Si no tiene tiempo para usted, tiempo para cazar o pescar, eso es éxito».

Principales mensajes actuales que prometen éxito

Las campañas publicitarias que salen de la Avenida Madison [en Nueva York], prometen mucho más de lo que pueden hacer. Sus mensajes estimulantes caen en cuatro categorías: fortuna, fama, poder y placer.

La *fortuna* dice que para tener éxito usted tiene que ganar mucho dinero. ¿Por qué la lista de las personas con mayores fortunas sale tanto en los titulares cada año? Cualquiera que se considera exitoso debe tener más dinero que la persona común y corriente.

Entienda, no hay nada malo con el dinero ganado honestamente. En verdad, no es malo invertir, dar o hasta gastar dinero si la motivación es correcta, si el corazón es puro. Pero aún tengo que descubrir a alguien que haya encontrado la verdadera felicidad solo con reunir más dinero. Aunque el dinero no es pecaminoso en sí mismo, no es lo que brinda contentamiento duradero, realización o satisfacción.

La *fama* dice que para tener éxito es necesario que el público le conozca. Tiene que ser una celebridad, alguien socialmente. La fama se iguala a la popularidad.

El *poder* dice que para tener éxito hay que ejercer mucha autoridad, usar sus músculos, tomar el control, encargarse de la situación. Tome la delantera. Espere y exija respeto.

El *placer* implica que para tener éxito hay que hacer lo que le satisfaga. Esta filosofía opera bajo el principio: «Si se siente bien hágalo». Es simplemente una versión moderna de la antigua filosofía epicurea: «Come, bebe y alégrate que mañana morirás».

Fortuna. Fama. Poder. Placer. Los mensajes nos bombardean en toda dirección. Pero, ¿qué falta en todo esto? Deténgase y hágase esa pregunta. ¿Acaso no falta algo significativo aquí?

Claro que sí. Falta una dimensión *vertical*. No hay siquiera una indicación de la voluntad de Dios o lo que le agrade a Él en la tosca búsqueda del éxito. Note también que nada en esa lista horizontal garantiza satisfacción u ofrece profundo alivio al corazón. Y en última instancia, lo que la mayoría de las personas desean en la vida es el contentamiento, la realización y la satisfacción.

Mi hermana, Luci, me contó respecto a una ocasión en que visitó a una famosa cantante de ópera en Italia. Esta mujer era dueña de una cantidad sustancial de bienes raíces, una encantadora casa, y un yate flotando en el hermoso Mediterráneo en el puerto al fondo de su villa. En un momento dado, Luci le preguntó a la cantante si consideraba todo eso la síntesis del éxito.

—¡Por supuesto que no! —dijo la mujer, un tanto asombrada.

—Entonces, ¿qué es el éxito? —inquirió Luci.

—Cuando canto en el escenario, y veo al público que percibe en mi expresión artística un sentimiento de gozo, satisfacción y placer. En ese momento entiendo que he contribuido a la necesidad ajena. Para mí, eso describe el éxito.

Parece ser que el factor crucial para encontrar realización y contentamiento es la inversión premeditada en las vidas de los demás y no la acumulación de posesiones costosas. Servicio.

Ayuda. Asistencia. Compasión por otros. Ahí yace gran parte de lo que ofrece un sentido de paz y verdadero éxito.

A la luz de eso, pareciera que el éxito no es tanto una búsqueda sino un sorprendente descubrimiento en la vida del individuo. Todo esto nos trae de vuelta a la carta de Pedro, antigua pero, como podemos ver, siempre relevante.

El antiguo plan de Dios: Las tres A

Igualmente, jóvenes, estad sujetos a los ancianos; y todos, sumisos unos a otros, revestíos de humildad; porque: Dios resiste a los soberbios, y da gracia a los humildes.

Humillaos, pues, bajo la poderosa mano de Dios, para que Él os exalte cuando fuere tiempo; echando toda vuestra ansiedad sobre Él, porque Él tiene cuidado de vosotros (1 P 5.5-7).

La estrategia del mundo para subir la escalera del éxito es sencilla: Trabaje duro, avance, luego suba más, aunque tenga que aferrarse, pisotear y trepar por encima de otro; no permita que nada se interponga en el camino de su propia promoción. La meta es llegar a la cima. No importa cuántos o a quién saca del camino, y no importa a quién deja atrás, aunque sea su familia, sus amigos o su conciencia. El mundo es de los más fuerte; los amigos y los vecinos, así como los perritos debiluchos no sobreviven. Tiene que aferrarse a la escalera para salvar la vida, a fin de sobrevivir. Para tener éxito, tiene que luchar en el camino a la cima... y jamás pare, suba.

Sacudí mi cabeza desencantado al leer la decisión de Jimmy Johnson de dejar a su esposa y a su familia, hace varios años, cuando se convirtió en entrenador [de fútbol estadounidense] de los Cowboys de Dallas. No negó ni escondió ni se excusó por su decisión. Vio esta importante promoción profesional de la Universidad de Miami a la organización de los Cowboys como su oportunidad para llegar a la cima. ¡Gran cosa! No habría forma, nada ni nadie impediría su camino; ese era el momento para el éxito, para ganar mucho dinero. Y cosas como el hogar, la familia y los niños (¡y los nietos!) no lo detendrían. Abandonó todas esas responsabilidades como si fueran una costumbre mala y salió para Dallas como un leopardo hambriento en busca de comida.

A la vista del mundo, alcanzó el pináculo. Marcas exitosas, dos anillos del *Super Bowl* [juego de las estrellas del fútbol estadounidense], enormes cantidades de dinero, fama, un yate, varias empresas privadas, y ahora los Miami *Dolphins* con mayores esperanzas de conseguir más y más y más. Cuando el público observa y lee acerca de los logros de Johnson, la mayoría se babea. «¡El hombre está hecho!» ha de ser la opinión general de los atletas, fanáticos deportivos, y empresarios y ejecutivos alrededor del país. Eso, para ellos, representa lo mejor del éxito.

El plan de Dios, su antiguo plan, es muy diferente. Se nos detalla aquí, en la estrategia de Pedro para el correcto tipo de éxito. En los tres versículos anteriores, vemos una serie de contrastes con la clase de pensamiento que acabo de ilustrar. Para mantenerlo sencillo, les llamo las tres A: autoridad, actitud y ansiedad.

Autoridad

El primer consejo de Pedro nos orienta a someternos a los que son sabios y a «revestirnos» con humildad.

> Igualmente, jóvenes, estad sujetos a los ancianos; y todos, sumisos unos a otros, revestíos de humildad; porque: Dios resiste a los soberbios, y da gracia a los humildes (1 P 5.5).

La metáfora de «revestirnos» viene de una extraña palabra que representa un siervo que se coloca un delantal antes de servirles a los que están en la casa. Quizás Pedro recordara aquella comida en el aposento alto cuando Jesús se enrolló una toalla y les lavó los pies sucios a los discípulos (véase Juan 13). Pedro y los otros discípulos estaban recostados a la mesa para su última comida con el Maestro. Habían llegado con los pies sucios. El Salvador, rebajándose a la posición de un siervo, «se revistió» con una toalla y, cargando un recipiente con agua, les lavó los pies. Realmente creo que el viejo pescador recordaba ese acto de humildad cuando escribía estas palabras en el versículo 5.

«Someteos —dice aquí en tiempo presente—, sométanse a» En otras palabras, la sumisión debe ser una manera de vivir continua, un estilo de vida. Escuchemos el consejo de nuestros ancianos en la fe, seamos receptivos a sus reprensiones, observemos sus vidas, sigamos los ejemplos que establezcan, respetemos sus decisiones, y honremos sus años de sabiduría. Recordemos siempre que necesitamos a otros. Su consejo y modelo, sus advertencias y sabiduría, son de inapreciable valor, no importa cuán avanzados estemos en la vida.

Recuerdo al Dr. Howard Hendricks diciéndome hace años: «La experiencia no es la mejor maestra. La experiencia *guiada* sí es la mejor maestra». ¡El secreto yace en el «guía»!

La albañilería es una buena ilustración de esto. Como aprendiz, usted puede colocar bloques desde la mañana hasta la noche, un día tras otro, logrando varias semanas de experiencia por su cuenta y probablemente una pared de apariencia miserable cuando termine. Pero si trabaja desde el comienzo con un albañil que sabe cómo colocar una hilera de bloques, uno tras otro, su experiencia dirigida puede crear una pared que sea un objeto de belleza.

La independencia orgullosa resulta en un contragolpe de consecuencias, de las cuales la principal es oponerse a Dios (véase Stg 4.6). La idea original de Dios oponiéndose a los orgullosos se encuentra en Proverbios 3.

No envidies al hombre injusto,
ni escojas ninguno de sus caminos.
Porque Jehová abomina al perverso;
mas su comunión íntima es con los justos.
La maldición de Jehová está en la casa del impío,
pero bendecirá la morada de los justos.
Ciertamente Él escarnecerá a los escarnecedores,
y a los humildes dará gracia.
Los sabios heredarán honra,
mas los necios llevarán ignominia (Pr 3.31-35).

Los orgullosos, en contraste con los humildes, se *burlan* del Señor. Este término expresa arrogancia y falta de respeto. Pero Dios, no los orgullosos, ¡se burlará de último! Como dice Salomón: «Él escarnecerá a los escarnecedores».

Cuando usted se somete a los que son sabios, en vez de alardear su autoridad, tendrá una mayor medida de gracia.

> Pero Él da mayor gracia. Por esto dice: Dios resiste a los soberbios, y da gracia a los humildes (Stg 4.6).

Y eso es ciertamente lo que los modelos actuales del éxito deberían usar mucho más: una mayor medida de gracia. Acaso no es extraordinario cuán pocas veces usan la palabra *gracia* los que están en una agresiva carrera de superación personal a la cima. La gracia, dice Pedro, es dada por Dios a los humildes, no a los orgullosos.

Actitud

La segunda estrategia de Pedro para el éxito tiene que ver con la actitud. Tenemos —afirma— que humillarnos bajo la mano poderosa de Dios.

> Humillaos, pues, bajo la poderosa mano de Dios, para que Él os exalte cuando fuere tiempo (1 P 5.6).

En el Antiguo Testamento, la mano de Dios simbolizaba dos cosas. La primera es la disciplina (véanse Éx 3.20, Job 30.21, y Sal 32.4). La segunda es la liberación (véanse Dt 9.26 y Ez 20.34). Cuando nos humillamos bajo la poderosa mano de Dios, aceptamos voluntariamente su disciplina para nuestro bien y para su gloria. Entonces reconocemos con agradecimiento su liberación, que siempre llega a su tiempo y a su manera.

En otras palabras, como vimos en el capítulo anterior, no manipulamos a las personas ni a los acontecimientos. Rehusamos apurar su tiempo. Dejamos que Él lleve el paso. Y nos colocamos con humildad bajo su firme y segura mano. Como resultado de esa actitud, ¡no lo ignore!, «Él os [exaltará] cuando fuere tiempo».

Debo confesar que hay momentos cuando el tiempo de Dios parece asombrosamente lento. En ellos oro con impaciencia: «Señor, ¡apúrate!» ¿Le ocurre eso también?

En la sociedad agresiva actual, si algo no sucede tan rápido como lo deseamos, hay maneras de apurar el proceso, y quiero decir *rápido*. Hay que llamar gente, mover los hilos, y usar estrategias enérgicas para hacer que las cosas sucedan. Casi siempre son efectivos e impresionantes... pero a la larga, cuando adoptamos estos métodos, lo lamentamos. Nos encontramos insatisfechos y culpables. Dios no lo hizo, ¡fuimos nosotros!

Cuando fui dirigido por Dios a retirarme de casi veintitrés maravillosos años en la iglesia *First Evangelical Free* en Fullerton, California, y entrar a la presidencia del Seminario Teológico Dallas, Cynthia y yo enfrentamos un reto de inmediato... en muchas maneras el mayor de nuestras vidas y ministerio. ¿Y qué de nuestro ministerio radial, *Insight for Living*?

El seminario está en Dallas, Texas; *Insight for Living* es en Anaheim, California. Para que Cynthia se quedara en el liderazgo de *Insight for Living* y proveer la visión que necesita el ministerio, ella tiene que estar en contacto con, y disponible a, nuestro ministerio radial, y ambos necesitamos estar involucrados en algunas de las operaciones diarias de *Insight for Living*. Mientras tanto mi labor en el seminario requiere mi presencia y disponibilidad en muchas ocasiones. Si espero ser más que una figura simbólica, y ciertamente lo deseo, entonces mi presencia en y alrededor del recinto es vital. Pero es difícil estar en dos lugares a la vez. Lo intenté hace varios años, ¡y duele!

Entonces es obvio que *Insight for Living* se mude a Dallas. Pero mudar una organización de ese tamaño (con unos 140 empleados) es un proceso complicado y costoso. Tenemos un contrato de alquiler vigente en nuestro edificio en Anaheim, y aún no tenemos instalaciones en Dallas... pero ella y yo no podemos viajar indefinidamente. Hemos estado haciendo eso por más de dos años, ¡suficiente como para entender que no deseamos hacerlo más! Encima de todo eso, no hay dinero para mudarnos.

Así que... tenemos dos opciones, humanamente hablando. Podemos avanzar, hacer que pasen las cosas, manipular las necesidades financieras, y terminar la mudanza... o podemos «humillarnos bajo la poderosa mano de Dios», orar, esperar y verle obrar, contando con Él para «exaltarnos en el momento adecuado» (responder a nuestras oraciones, proveer los fondos, ayudarnos a encontrar un lugar en Dallas para relocalizar *Insight for Living*, y terminar nuestros viajes). Y así aguardamos. Damos a conocer la necesidad... y esperamos.

Todavía estamos esperando. Todavía estamos orando. *Rehusamos* avanzar y «hacer que pasen las cosas». Es cierto que nos impacientamos un poco y a veces hasta nos ponemos ansiosos, pero estamos convencidos de que Él puede satisfacer nuestras necesidades y ¡Lo hará! Mientras tanto debemos contentarnos con humillarnos bajo la poderosa mano de Dios.

¿Qué significa *humillarse* bajo la poderosa mano de Dios en *su* trabajo, vocación, o profesión? ¿Y si no obtiene el aumento o la promoción que merece? ¿Y si está en una situación en que puede hacer que las cosas sucedan... pero realmente desea que sea Dios quien lo haga?

Piense en David, el joven músico, que se ocupaba de las ovejas de su padre en las colinas de Judea muchos siglos atrás. Era un dotado músico autodidacta. No hizo una gira, tratando de darse a conocer. En vez de eso, les cantaba a las ovejas. No tenía idea alguna de que un día sus letras hallarían el camino para ser incluidas en el salterio o que serían las mismas canciones que han inspirado y consolado a millones de personas a través de noches largas y oscuras.

David no buscó el éxito; simplemente se humilló bajo la poderosa mano de Dios, quedándose cerca del Señor y sometiéndose a Él. Y Dios lo exaltó a la posición más alta en la tierra. ¡Se convirtió en pastor de toda una nación!

Usted no tiene que promoverse si tiene lo que necesita. Si es bueno, si ha de ser usado por Él, Él le encontrará. Dios lo promoverá. No me importa lo que diga el sistema del mundo. ¡Le animo a que permita que *Dios* sea quien le promueva! ¡Deje que sea *Dios* quien le exalte! Mientras tanto, siéntese callado bajo su mano. Estoy consciente de que este no es un consejo popular, pero ciertamente resulta. Además, jamás tendrá que preguntarse si fue usted o el Señor quién hizo que pasaran las cosas. Y si elige usarlo de manera poderosa, verdaderamente «exaltarlo», no tendrá razón para envanecerse. ¡Él lo hizo todo!

Cuán refrescante es cruzarse con unos cuantos superdotados y talentosos individuos que no se promueven a sí mismos... que permiten que Dios dirija de forma genuina... ¡que rehúsan ser ingeniosos y buscar fama! Que su tribu aumente.

Ansiedad

La tercera estrategia de Pedro para el éxito nos aconseja que le demos toda nuestra ansiedad a Dios.

Humillaos[...] echando toda vuestra ansiedad sobre Él, porque Él tiene cuidado de vosotros (1 P 5.6-7).

El significado original del término *echar* literalmente es «tirar sobre». Nosotros nos tiramos completamente a la misericordia y al cuidado de Dios. Esto requiere una acción decisiva de parte nuestra. No hay nada pasivo o parcial en cuanto a ello.

Cuando esas ansiedades que acompañan el crecimiento y el verdadero éxito surgen y comienzan a apesadumbrarlo (y así será), tírese a la misericordia y al cuidado de Dios. Algunas veces la ansiedad viene en forma de personas, a veces llega como medio de comunicación, otras veces viene en forma de dinero y posesiones, y una docena de otras fuentes que podría mencionar. Las preocupaciones se multiplican, las ansiedades se intensifican. Simplemente arrójele esas cosas al Señor. Devuélvaselas a Aquel que se las dio.

Me encanta el consejo de David:

Echa sobre Jehová tu carga, y Él te sustentará; no dejará para siempre caído al justo (Sal 55.22).

Pienso que David escribió eso después que «alcanzó el éxito», ¿verdad?

Si alguna vez ha cargado una mochila pesada mientras camina, escala una montaña, o marcha en el servicio militar, usted sabe que no hay nada como las maravillosas palabras del líder: «Vamos a detenernos por un rato». Todo el mundo suspira de alivio y *pun, pun, pun, pun,* todas las mochilas comienzan a caer al suelo. Esa es la imagen. Abandone su carga. Simplemente deje que se caiga. Deje que se caiga de su espalda. Me recuerda al peregrino de Juan Bunyan cuando llegó al lugar del sepulcro y la cruz; la carga del pecado se le cayó de la espalda.

Así que, he aquí una fórmula sencilla que le capacitará para ocuparse de cualquier éxito que pueda Dios proveerle con el alivio que necesita mientras espera:

SUMISIÓN + HUMILDAD - PREOCUPACIÓN = ALIVIO

La sumisión a otros más la humildad ante Dios menos las preocupaciones del mundo dan alivio genuino. También proveerá esperanza y contentamiento sin el dolor de la insatisfacción.

Nuestra gran necesidad: Cambio efectivo

Ahora, ojalá todo esto fuera tan sencillo como simplemente leerlo y decir: «Se acabó. Estoy cambiado. Va a suceder». Créame, eso no trabaja así. De modo que permítame sugerirle algunas cosas que necesitamos en nuestras vidas para efectuar esos cambios.

Para entender lo que realmente es el verdadero éxito y cómo obtenerlo, necesitamos desconectarnos de los seductores mensajes del mundo y sintonizarnos con los mensajes instructivos de la Palabra. ¿Cómo? Se me ocurre que nos hacen falta al menos tres cosas para que esto suceda.

Primero, necesitamos dirección para poder saber a quién nos debemos someter.

Entendamos... si trata de complacer a todo el mundo, se asegurará el fracaso instantáneo y una frustración a largo plazo. Necesitamos que Dios nos dirija hacia aquellos a los cuales debemos someternos.

¿Quiénes son las personas que debemos seguir? ¿Quiénes son las personas a las que debo vigilar? ¿Qué escritos debo leer? ¿Qué canciones debo cantar? ¿Qué ministerio debo apoyar financieramente? ¿Qué modelo debo emular?

Necesitamos dirección de Dios. Así que comience a orar: «Señor, dirígeme a las personas correctas a quienes debo someterme». Cuente conque Él le dirigirá.

Segundo, necesitamos disciplina para restringir nuestro orgullo infernal.

El orgullo seguirá irguiendo su orgullosa cabeza. Mientras más éxito tengamos, mayor será la tentación a depender de la carne. Ya tratamos eso en capítulos anteriores. Uso las palabras «orgullo infernal» porque es precisamente eso. El orgullo susurrará maneras de promovernos a nosotros mismos (aunque tengamos una apariencia muy humilde y pía). El orgullo nos dice cómo y cuándo manipular o intimidar a otros. Necesitamos disciplina para no convertirnos en nuestros propios libertadores. Necesitamos disciplina para estar *bajo* la mano de Dios. Recuerde eso, *bajo* su poderosa mano. Pero el orgullo odia estar *bajo* cualquier cosa o cualquier persona. Así que pídale a Dios disciplina en eso.

Tercero, necesitamos discernimiento para poder detectar el comienzo de la ansiedad.

¿Acaso ha tenido algo que comienza a molestarlo? Usted no puede identificarlo. Es algo confuso. Como una baba resbalosa. Simplemente crece en las esquinas, molestándolo, agobiándolo. Ese es el comienzo de una ansiedad fuerte. Nos hace falta discernimiento para detectarlo, identificarlo, y llegar a su raíz de modo que podamos ocuparnos de ello. Cuando observamos el comienzo de la ansiedad como tal, es el momento preciso para echárselo a Dios, para pasarle la mochila. En ese momento decimos: «No puedo con esto, Señor. Encárgate tú».

¿Y cómo se satisfacen esas necesidades? A través de la Palabra de Dios. Los principios y preceptos de la Escritura nos dan dirección, disciplina y discernimiento.

¿Se encuentra atrapado en el síndrome del éxito? ¿Todavía está convencido de que la fórmula del mundo es la mejor? ¿Se encuentra manipulando a las personas y moviendo «sus contactos» para promoverse? ¿Está, en este momento, en medio de un síndrome de éxito que comenzó usted y no Dios? ¡No en balde se siente insatisfecho! Esa clase de éxito *jamás* satisface. Solo el éxito dirigido por Dios ofrece la fórmula que brinda contentamiento, realización, satisfacción y alivio.

El éxito de Dios jamás es improvisado. Jamás es forzado. Jamás es obra de la carne humana. Usualmente es inesperado, y sus beneficios siempre son sorprendentes.

La mano de Dios lo sostiene de manera firme con su control. La mano de Dios echa la sombra de la cruz sobre su vida. Siéntese al pie de la cruz y someta intencionalmente su alma a su mano poderosa. Acepte su disciplina. Reconozca su liberación. Pida su discernimiento.

Luego quédese callado. Tranquilo. Espere. Y muévase para que pueda sentarme con usted. Yo también estoy esperando.

Una oración por esperanza más allá de la insatisfacción

Estamos tan agradecidos, Padre, por la verdad de tu Palabra, por el Antiguo y el Nuevo Testamento... las enseñanzas de Jesús, los escritos de Pedro, los profundos cantos de David, la Ley de Moisés. Todo se mezcla en una armonía, una sinfonía de significado teológico y práctico. Nos tienes bajo tu mano, y en nuestros momentos más lúcidos realmente deseamos estar allí. En tiempos de impaciencia y locura queremos escurrirnos y avanzar apresuradamente. Gracias por aguantarnos, por perdonarnos, por limpiarnos, por aceptarnos, por remoldearnos, por no rendirte. En este momento, te damos el pleno derecho de disciplinar, dirigir, y libertar a tu manera y en tu tiempo. Danos mucha paciencia mientras esperamos. Humildemente, oro y me someto a ti en el nombre de Jesús.

AMÉN

16

Esperanza más allá de la batalla

Firmes,

frente a frente,

ante el adversario

«AL EXAMINAR su vida, piense ¿en qué momento creció más?»

Siempre que hago esta pregunta, casi sin excepción alguna la persona menciona un tiempo de dolor, un tiempo de pérdida, un tiempo de profundo e inexplicable sufrimiento en su vida. Sin embargo, cuando nos llueve el sufrimiento, tendemos a pensar que Dios ha quitado su paraguas protector y nos ha abandonado en la tormenta. Nuestra confusión durante esos momentos inclementes proviene de la falta de entendimiento respecto a la función del dolor en nuestras vidas. Philip Yancey está en lo correcto en su análisis.

> Los cristianos realmente no saben cómo interpretar el dolor. Si los arrincona contra la pared, en un momento oscuro y secreto, muchos cristianos quizás crean que el dolor fue error de Dios. Realmente debió esforzarse un poco más e inventar una manera mejor de lidiar con los peligros del mundo.[1]

A pesar de eso, el dolor se prolonga. Con estricta regularidad, enfrentamos dificultades y desánimo. Desarrollamos una

---

[1] Philip Yancey, *Where Is God When It Hurts?* [¿Dónde está Dios cuando hay dolor?], Zondervan, Grand Rapids, Michigan, 1977, pp. 22-23.

amistad, solo para perder a esa persona en la muerte. Lamentamos la pérdida y determinamos no entregarnos de nuevo de forma tan completa... así que nos persigue la soledad. ¿Acaso no hay esperanza más allá de esto? Encontramos que la respuesta a esa antigua pregunta, de acuerdo con Pedro, ¡es un resonante SÍ!

Es interesante que, el apóstol ni siquiera en una ocasión lamenta el hecho de que las personas a quienes escribe sufran dolor y persecución, ni les ofrece consejo en cuanto a cómo escapar a ello. Al contrario, enfrenta al sufrimiento, les dice a ellos (y a nosotros) que no se sorprendan por eso, y promete que Dios proveerá beneficios por soportar las heridas de la vida. Aun cuando esta deprima y se nuble, los rayos de la esperanza penetran las nubes para estimular nuestro crecimiento. Es más, sin el dolor habría poco crecimiento, porque permaneceríamos protegidos, intocables, ingenuos, irresponsables, e inmaduros.

Aclaremos algo. Nuestro verdadero enemigo no es el sufrimiento. El verdadero malhechor es nuestro adversario el diablo, responsable por gran parte del dolor y el peligro del mundo. Aunque Dios obra en las dificultades de la vida, Satanás también lo hace. Mientras Dios usa las dificultades para acercarnos más a Él, Satanás las trata como palancas para arrancarnos de Él. ¡Ese «tira y jala» solo intensifica la batalla! No sorprende que Pedro nos ofrezca algunos consejos cruciales acerca de cómo batallar con el diablo y cómo prevenir que triunfe sobre nuestras vidas.

Tácticas para la batalla

En su libro *Your Adversary the Devil* [Su adversario el Diablo], Dwight Pentecost compara las tácticas de una batalla física con las de una espiritual.

Ningún comandante militar puede esperar ser victorioso en batalla a menos que entienda a su enemigo. Si se prepara para un ataque por tierra e ignora la posibilidad de que el enemigo pueda acercarse por aire o por mar, puede abrir el camino para la derrota. O si se prepara para atacar por tierra y por mar e ignora la posibilidad de un ataque a través del aire, ciertamente pondría en peligro la campaña.

Ningún individuo puede ser victorioso contra el adversario de nuestras almas a menos que entienda a ese adversario; a menos que entienda su filosofía, sus métodos de operación, sus métodos para tentar.[2]

Ya que este es el caso, no debe sorprendernos que Pedro comience identificando al enemigo y su modo general de operar. Aquel que niegue el hecho de que hay un enemigo literal de nuestras almas vive en un mundo de sueños, revelando no solo una falta de entendimiento sino también de realidad. A través del Antiguo Testamento y el Nuevo encontramos amplia evidencia de un diablo literal, un verdadero Satanás, un «adversario» muy real, por usar la palabra de Pedro.

Su identidad, estilo y propósito

Sed sobrios, y velad; porque vuestro adversario el diablo, como león rugiente, anda alrededor buscando a quien devorar; al cual resistid firmes en la fe, sabiendo que los mismos padecimientos se van cumpliendo en vuestros hermanos en todo el mundo (1 P 5.8-9).

El término original traducido como *adversario* se refiere a un oponente en un litigio legal. Es una persona al otro lado. Un adversario no es ni amigo ni compañero de juego. No es alguien con quien se pueda jugar, ni con quien se pueda bromear.

La constante relación de Satanás con el hijo de Dios es de antagonismo. No se equivoque; él nos desprecia. Odia lo que representamos. Es nuestro adversario injusto e implacable, nuestro oponente en la batalla entre el bien y el mal, entre la verdad y la mentira, entre la luz de Dios y las tinieblas del pecado.

---

[2] J. Dwight Pentecost, *Your Adversary the Devil* [Su adversario el diablo], Zondervan, Grand Rapids, Michigan, 1969, Introducción.

«Su adversario, el diablo», lo expresa bien. Esa es la manera en la que Pedro identifica al enemigo, atrevidamente, sin equivocación. «El diablo» viene de la palabra *diabolos*, que significa «injuriador», o «acusador». Apocalipsis 12.10 declara que el enemigo de nuestras almas es «el acusador de nuestros hermanos». Nos acusa «día y noche», según ese versículo. No solo nos acusa ante Dios, también nos acusa ante nosotros mismos. Muchos de nuestros pensamientos derrotistas vienen del dominio demoníaco. Constantemente anda acusando, aumentando la culpa, promoviendo la vergüenza, y atacándonos con la esperanza de destruirnos.

¿Se percató de su estilo? «Anda alrededor». El diablo es un merodeador. Piense en eso. Viene con sigilo, y obra en secreto. Sus planes son tenebrosos. Jamás llama la atención a su acercamiento o a su ataque. Además, es como un «león rugiente». Es una bestia, aullando y gruñendo hambriento, ¡«buscando a quien devorar»! Para personalizar esto, sustituya su nombre por «quien». Cuando lo haga, ese versículo será más poderoso. «Su adversario el diablo, anda como león rugiente, buscando devorar a _____». Eso me crispa los nervios.

Él no está simplemente tratando de tentarnos o molestarnos. No anda jugando. Tiene un apetito voraz. Y danza con alegría cuando destruye vidas, especialmente las de los cristianos.

A. T. Robertson escribió: «El propósito del diablo es la ruina de la humanidad. Satanás nos desea a todos». Es sabio que lo recordemos cuando viajemos. Es sabio que lo recordemos cuando no nos reunimos para adorarlo un domingo y lo hacemos por nuestra cuenta. Es sabio recordarlo cuando estamos solos por mucho tiempo, especialmente durante nuestros momentos más sensibles. Él anda alrededor, tras cada uno de nuestros pasos, esperando un momento oportuno para agarrarnos con la guardia baja. ¿Su meta? Devorarnos... consumirnos... comernos vivos.

Espero que haya logrado una verdadera imagen de nuestro enemigo. Él no es un diablillo astuto con cuernos, piel roja y un tridente. Es el ateo, inflexible, brutal, aunque agudo, adversario de nuestras almas que vive para tumbarnos... para vernos caer.

Nuestra respuesta

El mandamiento inicial de Pedro nos alerta respecto a nuestra respuesta necesaria: «Sed sobrios, y velad».

A Satanás no le gustan los capítulos como este. Odia que lo descubran. Odia que hablen de él. En verdad, odia cuando la verdad reemplaza la fantasía y las personas están bien informadas. Especialmente odia que se identifiquen todos sus horribles y asquerosos planes así como sus caminos destructivos.

> *Velad.* Como posible presa suya, sin embargo, nuestra respuesta primordial debe ser mantenernos alertas al depredador.

> Satanás es un enemigo peligroso. Es una serpiente que puede mordernos cuando menos lo esperamos. También es un destructor[...] y un acusador[...] Tiene gran poder e inteligencia, y una hueste de demonios que le asisten en sus ataques contra el pueblo de Dios[...] Es un enemigo formidable; jamás debemos bromear acerca de él, ignorarlo, o menospreciar su habilidad. Debemos ser «sobrios» y tener nuestras mentes bajo control·en lo que se refiere a nuestro conflicto con Satanás.[3]

La gran esperanza del Diablo es ser ignorado, olvidado como un cuento de hadas infantil, eliminado de la mente del adulto educado. Como merodeador que irrumpe en una casa, Satanás no desea llamar la atención. Desea trabajar de incógnito, sin ser detectado, en las sombras. Lo que más teme es que la luz de las Escrituras se dirija hacia él, revelando precisamente quién es en realidad, y qué comprende su plan de batalla.

> *Respételo.* Para derrotar al diablo primero debemos estar alertas a su presencia... respetarlo —no temerlo ni reverenciarlo, sino respetarlo—, como un electricista respeta el poder mortal de la electricidad.

---

[3] Wiersbe, *op. cit.*, p. 138.

Sin embargo, he aquí una advertencia.

Parte de esta sobriedad incluye no culpar de todo al diablo. Algunas personas ven un demonio detrás de cada arbusto y culpan a Satanás por sus dolores de cabeza, las llantas vacías, y los altos pagos de alquiler. Aunque es cierto que Satanás puede infligir enfermedad y dolor físico (véanse Lucas 13.16 y el Libro de Job), no tenemos autoridad bíblica para reprender demonios de dolores de cabeza o demonios de dolores de espalda. Una dama me telefoneó de lejos para informarme que Satanás había hecho que se encogiera veintidós centímetros. Aunque tengo gran respeto por los artificios y poderes del diablo, aún siento que debemos conseguir nuestra información en cuanto a él en la Biblia y no en la interpretación de nuestras experiencias.[4]

Por favor, cuide de no identificar cada dolor, molestia o cualquier problema significativo que enfrente como algo de origen satánico. Mi hermano me mencionó que una vez orientó a una mujer que decía tener «el demonio de comerse las uñas». He conocido unos cuantos que dijeron haber luchado contra «el demonio de glotonería». (En base a su apariencia, ellos perdían la guerra.) Esa no es una señal de madurez. Verdaderamente me preocupan las personas que culpan al diablo en cada ocasión que sucede algo que les dificulta la vida. Es más, hasta puede convertirse en una excusa para no responsabilizarse por su vida, sus decisiones y sus elecciones.

Así que esté alerta y sobrio. Cálmese y observe. O, como lo traduce Moffatt: «Manténganse tranquilos. Manténganse despiertos». Hoy en día usamos la palabra *tranquilo* de manera muy superficial, pero aquí significa una tranquilidad calmada. Como los profesionales en una competencia atlética. Los mejores del juego se mantienen tranquilos, calmados, recogidos, y con la mente clara, hasta en los últimos dos minutos que se esfuerzan bastante por ganar el premio definitivo. Así que cálmese, pero ande alerta. Satanás anda rondando. Este no es el momento para

4 *Ibid.*

dormitar en la hamaca del patio. Él anda maniobrando una brillante estrategia con planes para destruirnos. ¡Esto es asunto serio!

De paso, jamás he visto a un merodeador que cargue un aparato para poder localizarlo. Jamás he escuchado nada acerca de un depredador que ande tocando la bocina calle abajo con un altavoz, diciendo: «Voy a colarme por la puerta trasera de la casa número 43 que está en la Calle Guaruto a las dos de la madrugada». No, usted sabe que un merodeador no hace eso. Él viene a hurtadillas. Se cuela silenciosamente. Y usted no sabe que está en su casa hasta que le haya robado todo.

El otoño pasado Cynthia y yo sufrimos el susto de nuestras vidas, literalmente. Ministraba en un hotel en Cancún, un hotel bueno, seguro y bien equipado. Nos retiramos a descansar a eso de las 11:30 p.m., más o menos, y pronto estábamos en «Sueñolandia». Poco antes de la 1:00 de la madrugada el sonoro y estridente grito de Cynthia me despertó. «¡¡Hay un hombre en la habitación!!»

Miré hacia la puerta de cristal que daba al patio... y estaba parado allí, silencioso y hurgando en nuestro cuarto. Un frío me recorrió el cuerpo. La puerta había sido abierta, y las cortinas volaban como velas por el viento de las aguas del golfo. Es más, fue el rugido de la marea lo que había despertado a Cynthia, no el intruso. Él no hizo ruido... ni podía verse con facilidad, ya que estaba vestido con ropa oscura.

Salté de la cama y me paré frente a él... y le grité lo más alto posible, esperando que se asustara. Era muy probable que tuviera una pistola o un cuchillo, pero no era momento para cerrar los ojos y orar para quedarme allí como un tonto. Lentamente, fue saliendo del cuarto, saltó la pared, y escapó rápidamente. El personal de seguridad del hotel jamás encontró rastro de él, excepto unas huellas en la arena. Era un merodeador que vino, muy probablemente, a robar en nuestro cuarto. ¡Eso sí que es un recuerdo duradero!

Nuestro adversario es un merodeador. Viene sin anuncio alguno, y para empeorar las cosas, vestido como engañador. Es brillante, y es mejor que usted y yo *respetemos* esa brillantez.

He oído a jóvenes cristianos decir cosas como: «Esta vida cristiana es emocionante. Estoy listo para enfrentarme al diablo». Cuando puedo, los tomo aparte y les digo: «No digan eso. ¡Es un comentario tonto! Están tratando con el reino invisible. Están hablando de un poder que no pueden soportar por sí mismo y una presencia que desconocen como para hablar de ello. Tómelo en serio. Esté alerta». Eso casi siempre basta para despertarlos. De vez en cuando es útil que se nos rebaje un poco, especialmente cuando comenzamos a sentirnos un tanto importantes.

Hace poco escuche un relato divertido aunque verídico acerca de Muhammad Alí [ex campeón de boxeo]. Sucedió durante los días de su reinado como campeón mundial de los pesos pesados. Ocupaba su asiento en el avión, mientras el gigantesco 747 se dirigía a la pista de despegue, cuando la aeromoza pasó y se dio cuenta de que Alí no se había abrochado su cinturón de seguridad.

—Señor, por favor, abróchese su cinturón de seguridad —le pidió ella.

Él la miró orgulloso y ripostó:

—Señorita, Superman no necesita cinturón de seguridad.

Sin titubear ella se le quedó mirando y dijo:

—Superman no necesita avión... así que abrócheselo.

No se deje engañar por su orgullo o por alguna caricatura medieval de un diablillo ingenuo. Nuestro adversario es un asesino, y a excepción del Señor mismo, jamás ha encontrado su horma. Podemos odiarlo... pero, como cualquier otro enemigo mortal, es mejor que lo respetemos y mantengamos la distancia. ¡Es una guerra!

Resístidlo. Después que estemos alertas a su presencia y lo respetemos, debemos resistirlo. No huya del enemigo. No lo invite a pasar; no juegue con él. Pero tampoco le tema. Resístalo. Resístalo firmemente con el poder del Señor Jesucristo.

«Resistid firmes en la fe», escribe Pedro. Kenneth Wuest tiene un sabio consejo acerca de esto.

La palabra griega traducida como «resistir» significa «soportar, estar firme contra la arremetida de otro», más que «luchar contra ese». Al cristiano le vendría bien recordar que no puede luchar contra el diablo. Este último originalmente era el ángel más poderoso y sabio que Dios creó. Todavía retiene gran parte de ese poder y sabiduría como lo mostraría con facilidad un vistazo a través de las páginas de la historia y una mirada a nuestro derredor hoy en día. A pesar de que el cristiano no puede tomar la ofensiva contra Satanás, puede resistir ante sus ataques. La cobardía jamás gana contra Satanás, solo la valentía.[5]

Me gusta esa oración de conclusión.

Una vez que tengamos suficiente respeto por los métodos traicioneros de Satanás como para mantenernos alertas y listos para sus ataques, la mejor forma de tratarlo es la resistencia persistente. Sin embargo, esa resistencia no se realiza con nuestras fuerzas, ella proviene de estar «firmes en la fe». Un ejemplo de esto puede verse en las tentaciones que sufrió Cristo en el desierto cuando resistió a Satanás con la Palabra de Dios (véase Mt 4.1-11).

¿Sabe usted qué me ayuda cuando siento que estoy en la presencia del enemigo? Nada resulta mejor para resistir al diablo que citar la Escritura. Usualmente cito la Palabra de Dios en tales situaciones. Una de las razones más importantes para mantener la disciplina de la memorización de la Escritura es tenerla lista en nuestros labios cuando el enemigo se acerca y ataca. Usted sabrá cuando lo hará. No sé cómo describirlo, pero mientras más anda con Dios, más podrá sentir la presencia del enemigo.

Y cuando lo haga, necesitará tener listos esos versículos de victoria para que vengan al rescate. La Palabra de Dios es maravillosamente fuerte. Es viva y activa y «más aguda que una espada de doble filo». Y sus verdades pueden cortar en las filas invisibles y traicioneras de las huestes demoníacas.

5 Wuest, *First Peter: In the Greek New Testament* [Primera de Pedro: En el Nuevo Testamento griego], p. 130.

Aunque nuestra fuerza es insuficiente para rechazarlo, cuando dependemos de los ilimitados recursos de la fe, podemos resistirlo cara a cara, parecido a lo que hice con el intruso en Cancún. Y esa fe es nutrida y fortalecida por un consumo continuo de las Escrituras.

Además, la fortaleza que proviene de la fe se suplementa con el conocimiento de esa compañía de santos que se extiende a través de la historia, así como los creyentes contemporáneos tomándose de las manos en oración a través del globo. Hay algo maravillosamente consolador en cuanto a saber que no estamos solos en la batalla contra el adversario.

Sin embargo, a pesar de la fe y de las amistades, la batalla es *agotadora*. No conozco nada que deje a uno más debilitado, más cansado. Nada exige más, nada agota más las emociones, nada es más personalmente doloroso que encontrarse y resistir a nuestro archienemigo.

El diablo siempre tiene una estrategia, es un excelente estratega. Lo ha hecho desde que engañó a Eva en el huerto. Conoce cada una de nuestras debilidades. Conoce los momentos más difíciles de la vida. Conoce los pecados que más nos molestan. Conoce las áreas en las que tendemos a ceder con más rapidez. También conoce el momento para atacar. Es un maestro del tiempo... y conoce el lugar ideal.

Pero le tengo buenas noticias. Mejor aún, la Escritura tiene buenas noticias para usted. Cuando resista con el poder y en el nombre del Señor Jesucristo, el diablo se retirará. Se apartará. No se marchará; se retirará. Lo hará a medida que lo resista, firme en su fe.

Recuerde Efesios 6.10-11: «Por lo demás, hermanos míos, fortaleceos en el Señor, y en el poder de su fuerza. Vestíos de toda la armadura de Dios, para que podáis estar firmes contra las asechanzas del diablo».

Aquí es donde el cristiano tiene ventaja sobre todo incrédulo que trata de batallar contra el enemigo. Los que no tienen al Señor Jesús carecen del poder para combatir o resistir esas fuerzas sobrenaturales. ¡No tienen oportunidad alguna! Enfrentan al enemigo sin armas para defenderse. Pero cuando el cristiano está integralmente armado con la armadura que Dios provee, es invencible. ¿Acaso no es esa una gran palabra? ¡Invencible! Eso nos da esperanza más allá de la batalla.

Es una burla decirles a los que no son cristianos: «Resiste con fuerza al enemigo». Ellos no pueden. No tienen equipo. No tienen armas. Una persona debe tener al Señor Jesús reinando dentro para poder resistir en su poder.

Nuestras recompensas

¿Habrá sufrimiento al resistir a Satanás? Sí. ¿Será doloroso? Indudablemente. Hay momentos cuando emergemos de la batalla un tanto atolondrados. Pero después que se asiente el polvo, nuestro Comandante en Jefe prenderá medallas de honor en nuestras solapas. ¿Y qué es eso? Pedro nos dice.

Mas el Dios de toda gracia, que nos llamó a su gloria eterna en Jesucristo, después que hayáis padecido un poco de tiempo, Él mismo os perfeccione, afirme, fortalezca y establezca (1 P 5.10).

Él nos «perfeccionará, afirmará, fortalecerá y establecerá». ¡Eso sí que es esperanza más allá de la batalla! Aquí está el retrato bíblico de un héroe de guerra condecorado, un veterano experimentado de las filas de los justos cuyos músculos de fe han sido endurecidos por la batalla. Es el retrato de un cristiano bien cimentado, estable y maduro. Cristo se asegurará de que el retrato de nuestras vidas se vea así, porque Él mismo sostendrá el pincel. Y su mano es mucho más poderosa que la de nuestro enemigo.

Recuerdo una noche cuando me ocupaba de dos de mis nietos. Era tarde, pero como los abuelos usualmente dejan que sus nietos se queden más tiempo despiertos de lo que deben, todavía estaban despiertos. Estábamos riéndonos, haciendo desórdenes, y divirtiéndonos juntos cuando súbitamente escuchamos un golpe en la puerta. No el timbre, sino un golpe misterioso. Uno de mis nietos me agarró el brazo enseguida. «Todo está bien», dije. El golpe sonó otra vez, y me dirigí hacia la puerta. Mi nieto me siguió, pero se mantuvo aferrado a mi pierna izquierda y se escondió detrás de mí mientras abría la puerta. Era uno de los amigos que había pasado inesperadamente. Después que la persona se marchó y cerré la puerta, mi nieto, aferrado a mi pierna, dijo en una voz fuerte. «Bubba, no tenemos nada de qué preocuparnos, ¿verdad?» Y respondí: «No, no tenemos nada de qué preocuparnos. Todo está bien». ¿Sabe por qué era fuerte? Porque estaba aguantado de su protector. Mientras estuviera colgando de la pierna de su abuelo, él no tenía nada de qué preocuparse.

Eso nos sucede cuando enfrentamos al enemigo. Cuando él toca a la puerta, anda rondando o cuando busca un defecto en su armadura, usted se aferra a Cristo. Se queda firme en la fe. Se pone «la armadura de Dios» (Ef 6.11—20— ¡Por favor, léalo!). No tiene nada de qué preocuparse. *Nada*. Porque, como nos recuerda Pedro, nuestro Señor tiene «dominio para siempre. Amén» (1 P 5.11). Él es quien controla *definitivamente*, y eso es algo en lo que cada creyente puede encontrar fortaleza para esperar otra vez.

Recordatorios necesarios

Ahora, quiero atar un par de hilos alrededor de su dedo como recordatorios mientras concluimos estos pensamientos. Este consejo me ha ayudado a través de mi vida cristiana, y creo que lo encontrará útil.

Primero: Jamás confunda la confianza en Cristo con la presunción en la carne.

La confianza y la presunción son dos cosas diferentes. Cuando enfrenta al enemigo, no hay lugar para la presunción. Sin embargo, hay lugar para la confianza en Cristo. Usted le relata su debilidad. Le cuenta sus temores. Pide que lo asista a medida que se equipa con su armadura. Le ruega que piense a través de usted, que actúe más allá de su fuerza y que le dé seguridad. Él lo hará. Repito, es asunto de confiar en Cristo. No es asunto de presumir en la carne. Recuerde, usted es un cristiano, no Superman o la Mujer Maravilla.

Segundo: Recuerde siempre que el sufrimiento es temporal pero sus recompensas son eternas. Recuerdo las maravillosas palabras de Pablo:

> Por tanto, no desmayamos; antes aunque este nuestro hombre exterior se va desgastando, el interior no obstante se renueva de día en día. Porque esta leve tribulación momentánea produce en nosotros un cada vez más excelente y eterno peso de gloria; no mirando nosotros las cosas que se ven, sino las que no se ven; pues las cosas que se ven son temporales, pero las que no se ven son eternas (2 Co 4.16-18).

Nuestro Señor estableció el ejemplo por nosotros: «El cual por el gozo puesto delante de Él sufrió la cruz» (Heb 12.2). Todos hemos leído los relatos del evangelio que presentan el sufrimiento de Cristo en la cruz. Todos hemos escuchado los sermones de Viernes Santo que relatan los horrores de la crucifixión. A medida que lo miramos en la cruz, podemos sentir su vergüenza y la angustia de su corazón mientras nos paramos cerca de su carne desgarrada y ardiente. Lo que no podemos ver es el gozo que le aguardaba cuando le entregó su espíritu a su Padre. Pero Él lo vio. Él sabía.

Imagínese por un minuto cuán horrible realmente fue esa pesadilla de la cruz. Entonces figúrese, si puede, cuán maravilloso debe haber sido el gozo que le esperaba a Jesús como para que soportara voluntariamente ese grado de sufrimiento e injusticia. Ese mismo gozo nos espera. Pero para llegar a él tenemos que inclinarnos a fin de pasar por el estrecho arco del sufrimiento. Y parte de ese sufrimiento incluye batallar con el adversario.

Probablemente no haya ningún libro, aparte de la Biblia, que sea tan intuitivo o escrito de manera más creativa en relación con las estrategias de Satanás que *The Screwtape Letters* [Cartas a un diablo novato] de C.S. Lewis. He aquí un ejemplo de la estrategia de Satanás como la presenta el imaginario Screwtape, un diablo veterano que le escribe a su ansioso sobrino, un diablo novato, a fin de entrenarlo para la guerra contra las fuerzas del «Enemigo», es decir, Dios.

Como todos los tentadores jóvenes, estás ansioso de poder reportar una maldad espectacular. Pero recuerda, lo único que importa es la amplitud de la separación que causes entre el hombre y el Enemigo. No importa cuán pequeños sean los pecados, siempre y cuando su efecto acumulativo separe al hombre de la Luz y lo saque a la nada. El asesinato no es mejor que las cartas si éstas pueden hacer el truco. Es más, el camino más seguro al infierno es gradual, el declive gentil, el piso blando, sin virajes abruptos, sin señales, sin indicaciones.[6]

Una oración por esperanza más allá de la batalla

Maravilloso Dios, eres nuestro Señor Todopoderoso e invisible. ¡Cuánto te necesitamos, especialmente cuando la batalla arrecia! Gracias por estar a nuestro lado, por ser nuestro defensor y escudo fuerte. No tenemos fuerza por nosotros mismos. Enfrentamos un adversario mucho más poderoso, más brillante, y más experimentado que nosotros. Y así, con confianza, queremos ponernos y usar toda la armadura de Dios... y, solo en tu fortaleza, resistir las fuerzas malvadas preparadas para tumbarnos.

Señor, danos nueva esperanza, esperanza más allá de la batalla. Anímanos con la idea de que, en Cristo, ¡triunfaremos! En su gran nombre oro.

AMÉN

[6] C.S. Lewis, *The Screwtape Letters* [Cartas a un diablo novato, publicado en español], Macmillan, Nueva York, Nueva York, 1961, p. 3.

17

■

Esperanza más allá de la miseria

Lecciones
duraderas

ME ANIMA EL hecho de que Pedro, en sus escritos, nos lleva más allá de la miseria que es parte del sufrimiento.

¿Verdad que ha notado cómo nos lamentamos por nosotros mismos cuando llega el sufrimiento? Es casi como si nos aprovecháramos de los tiempos malos en vez de enfocarnos en los beneficios que producen. Cuan fácilmente olvidamos que el crecimiento ocurre cuando la vida es difícil, no cuando es fácil. Sin embargo, no es hasta que nos movemos más allá de la etapa de la miseria que podemos encontrar las magníficas lecciones por aprender. El problema es que casi nos deleitamos en nuestra miseria.

En vista de eso, Dan Greenburg ha escrito un libro muy divertido, *How to Make Yourself Miserable* [Cómo hacerse miserable], en el cual dice:

Por mucho tiempo[...] usted ha cumplido la importante tarea de castigarse[...] con medios inefectivos o deshonestos. Por demasiado tiempo ha tenido que contentarse con ansiedades formuladas pobremente[...] simplemente porque este campo vital siempre ha estado oscurecido por la ignorancia: un arte popular más que una ciencia. Aquí al fin está el reporte franco que usted ha estado esperando[...] Es nuestro humilde pero entusiasta deseo que mediante estas páginas halle la inspiración y las herramientas para una vida verdaderamente dolorosa, insignificativa y miserable.[1]

Por supuesto, la verdad es que no necesitamos ayuda alguna en esta área. Hemos perfeccionado el arte de la miseria por nuestra cuenta. Sabemos muy bien cómo capitalizar la miseria, cómo multiplicar nuestros problemas en medio de las ocasionalmente tortuosas y humillantes experiencias, en lugar de aprender las lecciones vitales que producen verdadero gozo, verdadero sentido, y verdadero significado en la vida.

Creo que fue Charlie *«Tremendo»* Jones quien dijo: «Todo tiene algo malo». ¿Encuentra eso cierto? No importa a dónde vaya o lo que haga, ¿tiene algo malo? La Ley de Murphy dice: «Si algo puede salir mal, así será». Otra de las leyes de Murphy dice: «Esa no es una luz al final del túnel. Es un tren que viene». Y entonces un bufón añade: «Murphy era un optimista».

El problema es que cuando estamos solos, cuando sentimos el peso de la experiencia, cuando estamos en medio del torbellino, cuando no podemos ver luz alguna al final de cualquier túnel, ya no es divertido.

Sin embargo, como lo presenta Pedro de manera tan excelente en su carta, el sufrimiento no es el fin; es un medio hacia el fin. Mejor aún, la meta de Dios para nosotros es la madurez. Es el crecimiento. Es la razón para vivir y continuar.

Cinco observaciones y un juego de sujetalibros

A medida que observamos lo tratado en este libro, se destacan unas cuantas apreciaciones. Quizás repasan- do lo tratado, podremos afinar nuestra perspectiva más agudamente.

Primero: Pedro escribió la carta. Aunque podría parecer obviamente simplista, este hecho nos ofrece un ánimo singular. Junto

---

[1] Dan Greenburg, *How To Make Yourself Miserable* [Cómo hacerse miserable], Random House, Nueva York, 1966, pp. 1-2.

con Santiago y Juan, Pedro era parte del círculo interno de los tres confidentes a los que Jesús se reveló de forma más plena. De los doce discípulos, a Pedro se le consideraba como el vocero. Pedro, que jamás titubeaba ante la pared de la indecisión, era impulsivo, impetuoso, y extrovertido. Con frecuencia metía las de caminar. Conoció las alturas del éxtasis en el Monte de la Transfiguración y las profundidades de la miseria y la vergüenza en la noche de sus negaciones. Pero, a pesar de sus faltas y sus fracasos, se le llama apóstol de Jesucristo. ¡Qué gracia!

Esto es tremendo aliento para todos los que teman que sus faltas son muchas o sus fracasos demasiado enormes como para que se les dé otra oportunidad.

Estoy seguro que Pedro recordó en muchas ocasiones y pensó: *Si no hubiera dicho eso*. (¿Acaso no lo hemos hecho todos?) Pero le diré algo más acerca de Pedro; no temía atreverse, arriesgarlo todo.

¿Es usted una de esas personas que jamás sale a ningún sitio sin un termómetro, un paraguas, una aspirina, o un paracaídas? Pedro no. Se envolvía completamente en lo que creía. ¡No falta pasión en él! Lo que le faltaba en prudencia le sobraba en celo y entusiasmo.

Hay que reconocer que esa manera de vivir es un tanto arriesgada e imprevisible.

¿Envidia usted algunas de las experiencias de gente como Pedro, personas dispuestas a decir lo que piensan o a reconocer cómo se sienten, aunque puedan estar equivocados? Cuánto más divertido es estar alrededor de personas como esas, que de los que son cuidadosos, tan ensimismados y tan protegidos que uno nunca sabe lo que realmente sienten o qué es lo que creen. Son pensadores extremadamente precavidos, ultraconservadores, que ni siquiera considerarían arriesgarse. Hacen poco por el reino porque están muy ocupados protegiendo todo lo que hacen y dicen.

Pedro no. Es más, afirma: «Sí escribí esto. Sí, soy el discípulo que fracasó. Le fallé cuando estaba arrestado. Hablé cuando no debía. Pero ahora escribo como alguien que ha aprendido muchas cosas de manera difícil, cosas acerca del dolor y el sufrimiento. No escribo en base a la teoría; escribo en base a la experiencia».

Segundo: Personas heridas recibieron la carta. No se les nombra, pero sus ubicaciones se declaran en el primer versículo de la carta. Pedro le escribió «a los expatriados de la dispersión en el Ponto, Galacia, Capadocia, Asia y Bitinia».

Esas personas heridas, dispersadas fuera de su tierra natal, eran extranjeros solitarios y asustados, inseguros de su futuro. Pero aunque carecían de hogar, no estaban abandonados; a pesar de que estaban asustados, no fueron olvidados. Pedro les recuerda eso. Fueron elegidos por Dios y santificados por su Espíritu, y su gracia y la paz estaría con ellos «multiplicada».

Siempre que se encuentre lejos de su hogar, se sienta abandonado o asustado, ignorado y olvidado, la primera carta de Pedro es una terapia magnífica. Sugiero que la lea en varias versiones. La Biblia del Peregrino, la Reina Valera 1995, Dios Habla Hoy, la Biblia Latinoamericana, y la Biblia de Jerusalén pueden ofrecerle un buen comienzo. Lea sin detenerse, de ser posible. Léala sentado en ese cuarto de hotel o a solas en su celda, apartamento o casa. Es un consejo excelente para los que están dolidos. Le asegurará su llamado y le reafirmará que la gracia y la paz son suyas para que las reclame multiplicadas.

Tercero: Esta carta vino por conducto de Silas. La persona a quien Pedro le dictó sus palabras fue Silas, uno de los líderes en la iglesia primitiva (al cual se hace referencia en 1 Pedro 5.12 como Silvano).

Silas era un ciudadano romano de buena cultura, bien educado y que había viajado extensamente. Pedro era un tosco pescador, un proletario galileo con poca o ninguna escuela, pero aparentemente (comenzando en 5.12) tomó la pluma en su mano y escribió las últimas líneas de la carta. Sabemos eso, no solo debido a la sustancia de los versículos 12 al 14, sino debido a su estilo. La gramática, la sintaxis y el vocabulario son más sencillos en el texto griego.

Sin embargo, el resto de la carta vino *por conducto de* Silas. Si usted es como la mayoría de las personas, no sabe lo suficiente acerca de Silas como para llenar una tarjeta pequeña. Algunas personas lo conocen solo como el tipo que cargaba las valijas de Pablo en los viajes largos. Pablo recibe toda la atención, empero fueron él y Silas quienes cargaron el evangelio. Silas fue el reemplazo de Bernabé en los viajes misioneros de Pablo. Pablo y Silas fueron los que cantaron en la cárcel de Filipo a la medianoche. Y Silas fue el que estaba junto a Pablo cuando fue apedreado. Silas era alguien que realmente entendía los corazones de Pablo y Pedro.

Mire Hechos 15.22 en caso de que su respeto por Silas requiera un poco de apoyo.

> Entonces pareció bien a los apóstoles y a los ancianos, con toda la iglesia, elegir de entre ellos varones y enviarlos a Antioquía con Pablo y Bernabé: a Judas que tenía por sobrenombre Barsabás, y a Silas, varones principales entre los hermanos.

He aquí a un hombre que era uno de los «principales» de la iglesia en el primer siglo, y al momento de la escritura de esta carta, se quedó junto a Pedro. Es más, Pedro lo llama «hermano fiel» (1 P 5.12).

Dios le da el mensaje a Pedro, Silas lo escribe, y el Espíritu de Dios lo enciende. Quizá hubo momentos en los que Silas fue el viento bajo las alas de Pedro. Todos necesitamos un Silas... alguien dispuesto a estar junto a nosotros.

Cuarto: La carta concluye con un saludo interesante. La versión Reina Valera que utilizamos dice:

> La iglesia que está en Babilonia, elegida juntamente con vosotros, y Marcos mi hijo, os saludan. (1 P 5.13)

Debido a que en el original no se define si es la iglesia o una mujer, la versión que utilizo en inglés no dice «la iglesia que está en Babilonia», sino «la que está en Babilonia». Por eso, la mayoría de las interpretaciones caen en dos categorías: Pedro podría referirse a la «mujer» en el sentido figurado, como la esposa de Cristo, o literalmente a una mujer. Si esta última está en lo correcto, la mujer a la cual se hace referencia podría ser la esposa de Pedro. Sabemos que Pedro tuvo una esposa porque Jesús sanó a la suegra de él. Luego, en 1 Corintios 9.5, Pablo habla de las esposas de los otros apóstoles, incluyendo, probablemente, a la esposa de Pedro. Clemente de Alejandría declara que ella murió como mártir de la fe, así que pudo haber sido muy conocida entre los cristianos primitivos. Indudablemente los que primero recibieron esta carta sabían quién era la mujer sepámoslo o no.

Quinto: El mandamiento final de la carta tiene afecto íntimo. Este viejo pescador todavía tiene mucho amor. No se ha cansado. Mire como se expresa.

Saludaos unos a otros con ósculo de amor.

> Paz sea con todos vosotros los que estáis en Jesucristo. Amén (1 P 5.14).

El beso del cristiano se llamaba «el shalom», o «la paz». Con el pasar del tiempo, la práctica del beso de la paz desapareció de la iglesia. Es fascinante trazar a través de la historia de la iglesia cómo el beso que se compartía entre las personas de la fe cada vez llegaba a ser menos íntimo. Es más, si usted es una persona de corte romántico dada al afecto cálido, ¡eso basta para desinflar completamente sus velas! En el primer siglo, se le daba un beso en la mejilla a los creyentes cuando llegaban y cuando salían de la comunión de los santos. A medida que pasó el tiempo, las personas comenzaron a besar los documentos preciosos en lugar de besarse entre sí. Y pronto, se pasó una plancha de madera entre las personas y todos la besaban. (Parece emocionante, ¿cierto? «Vamos esta noche a la iglesia. Besaremos la plancha».) De cualquier forma, la iglesia perdió el sentido de afecto e intimidad y el abrazo de la paz.

Originalmente, mientras se besaban en las mejillas, se decían: «La paz sea contigo», o simplemente *Shalom*. Y eso es exactamente lo que Pedro hace aquí. «Saludaos unos a otros con ósculo de amor».

Agustín dijo que cuando los cristianos estaban a punto de comunicarse, «demostraban su paz interna mediante el beso externo».

El beso formal era señal de la paz entre los cristianos primitivos, demostrando su amor y unidad. Esta señal externa reflejaba una paz interna entre los creyentes, una señal de que todas las heridas y los faltas eran perdonadas y olvidadas. ¡Se deben restablecer algunas tradiciones!

Aplicaciones personales

Bueno, basta de sujetalibros que abren y cierran la carta de Pedro. Ahora vamos a echarle una última mirada al contenido y cómo esta puede hablarnos en nuestras situaciones personales.

Tres veces en la carta Pedro se refiere al lector, lo cual nos ofrece una pista de la estructura epistolar. Más aún, la carta cae de forma nítida en tres secciones distintivas, cada una detallando el «cómo» de una verdad importante: una esperanza viviente y cómo reclamarla (1.1—2.10), una vida peregrina y cómo vivirla (2.11—4.11), y una prueba ardiente y cómo soportarla (4.12—5.11). Una aplicación de estos tres mensajes dominantes debe ofrecernos esperanza más allá de la miseria.

Una esperanza viva y cómo reclamarla

> Bendito el Dios y Padre de nuestro Señor Jesucristo, que según su grande misericordia nos hizo renacer para una esperanza viva, por la resurrección de Jesucristo de los muertos (1 P 1.3).

La idea de «esperanza viva» ocupa la mente de Pedro a través de esta sección de la carta. ¿Y cómo reclamamos esa esperanza viva? Enfocándonos en el Señor Jesucristo y confiando en «la palabra eterna y viva de Dios». La esperanza viva requiere fe en el Señor vivo y en Su Palabra.

La grama se seca y muere, las flores florecen y mueren, pero la Palabra de Dios «permanece para siempre».

Esa es una gran imagen, ¿cierto? Especialmente en una cultura como la nuestra en donde las personas son tan conscientes de la yerba. Simplemente mire los comerciales que empiezan a surgir en la televisión a finales del invierno, y los incontables «centros de jardinería» dedicados a nuestros patios y jardines que puede encontrar a través de los EE.UU. Sabemos qué es lo que sucede cuando descuidamos nuestra yerba en los jardines, pero la verdad es, que se marchitarán y morirán de todas maneras.

No hay nada tangible en esta tierra que sea inspirado excepto por la Palabra de Dios, este libro que tiene el consejo de Dios.

No nos habla acerca de la verdad; *es* la Palabra de Dios. No tenemos que intentar hacerla relevante; *es* relevante. No la descuide. Puede descuidar su yerba. Puede descuidar su jardín. ¡Pero no se atreva a descuidar la Palabra de Dios! Ella es el fundamento de una vida estable. Alimenta la fe. Es como combustible en el tanque. No espere hasta el domingo para ver qué es lo que enseña la Escritura.

Tenemos una esperanza viva, y las palabras de Pedro en esta sección nos dicen cómo reclamarla, por fe en nuestro Señor mismo y mediante la fe en lo que ha escrito, Su Palabra.

La vida peregrina y cómo vivirla

Como cristianos vivimos en un mundo que no es nuestro hogar. Esto lo vimos, profundamente, en el capítulo 11. Vivimos como peregrinos en un viaje en otra tierra. Si desea saber cómo vivir la vida de un extranjero, un forastero, un peregrino, la carta de Pedro le ayudará.

Reclamamos nuestra esperanza viva mediante la fe, y vivimos la vida mediante la sumisión. Más aún, si hay un tema que se estira a través de esta sección central de la carta de Pedro, es la sumisión. Hace falta que nos lo recuerde una y otra vez porque somos bastante independientes. Especialmente aquí en los EE.UU., somos muy tercos y poco amistosos. Ha llegado a conocerse como la manera americana [American Way]. Es la razón por la cual muchos navegaron el Atlántico y luego se marcharon al oeste. Se inculca en nuestro espíritu independiente que nos las arreglemos por nuestra cuenta, que decidamos por nosotros mismos, que probemos, aunque solamente sea a nosotros mismos, ¡que podemos hacerlo! Esa podrá ser la vida del explorador o el pionero... pero no es la vida del peregrino. La existencia del peregrino es una vida de sumisión, que obra directamente contra nuestra naturaleza.

¿Pero dónde? ¿Cuándo? ¿A quién nos sometemos? Como vimos anteriormente, Pedro lo explica.

En los asuntos civiles y gubernamentales. «Por causa del Señor someteos a toda institución humana, ya sea al rey[...] ya a los gobernadores» (1 P 2.13-14). Si tiene presidente, sométase al presidente. En el caso de Pedro, ellos tenían un emperador. Y que monstruo era. Nerón. Empero Pedro dijo: «No luchen contra el sistema. Sométanse».

En el trabajo. «Criados, estad sujetos con todo respeto a vuestros amos» (1 P 2.18). Bueno, eso no parece bien en nuestros días de sindicatos y huelgas, demandas y determinación obstinada de que las cosas salgan a nuestra manera. En realidad, Pedro dice: «¡Sométase a su jefe o desista!»

¡Sométase! Haga que funcionen las cosas o quítese del medio. Sométase.

En el hogar. Asimismo vosotras, mujeres, estad sujetas a vuestros maridos». Y para que eso resulte: «Vosotros, maridos, igualmente, vivid con ellas sabiamente» (1 P 3.1, 7). «Igualmente» es una palabra parecida a una soga que se enrolla alrededor de este capítulo y parte del anterior, sosteniendo el pensamiento de la sumisión.

Recuerdo haber hablado con una joven pareja hace unos cuantos años cuando observé un ejemplo de esto. Él era dentista de entre treinta y cuarenta años de edad, y junto a su esposa había llegado a una reunión en la que reevaluaron sus planes para el futuro. Luego, él me dijo:

—Estoy pensando seriamente en cuanto a entrar al ministerio.

—¿En verdad? —le dije— ¿Tiene algún entrenamiento?

—No, no formalmente —respondió—. Tendría que volver a la escuela. Me gustaría su sugerencia en cuanto a un seminario y qué opina sería lo mejor para mí.

Así que hablamos por unos minutos, y concluí con este consejo.

—Si eres feliz haciendo lo que haces, no saltes al ministerio porque te parezca fascinante.

El próximo día vino y me dijo:

—Sus palabras realmente hicieron que cavilara toda la noche. En realidad, me siento muy contento como dentista, y encuentro mucha satisfacción en ello.

Su esposa estaba parada a su lado, me volteé hacia ella y dije:

—¿Y qué piensas de esto?

Ella respondió de manera terrífica:

—Chuck, sabes que cuando me casé con este hombre realmente me entregué al matrimonio. Y me propuse que valía la pena trabajar con él, sin importar qué y sin importar dónde. A donde Dios lo dirija, yo soy parte de ese plan.

—¿Cómo te sientes en cuanto a entrar al ministerio? —pregunté.

—Si él está convencido, yo también —dijo.

Ahora bien, conozco a esta mujer. No es una tonta. Ella no es una sombra, que suspira estática: «Para mí lo que él quiera está bien». Ella no es el tipo de esposa quebrantada y parecida a una estera. Ese no es su tipo, ni esa es la clase de mujer de la cual Pedro habla aquí. En su existencia hay vitalidad, celo y fortaleza de alma. Y ella puede decir: «Confío que Dios obra en mi esposo. No consideraría ir en otra dirección». Pedro piensa aquí en una mezcla armónica de dar y recibir.

En la iglesia. «Finalmente, sed todos de un mismo sentir, compasivos, amándoos fraternalmente, misericordiosos, amigables; no devolviendo mal por mal, ni maldición por maldición, sino por el contrario, bendiciendo, sabiendo que fuisteis llamados para que heredaseis bendición» (1 P 3.8-9). ¿Acaso no hay suficiente sumisión aparente?

Unos cuantos versículos después (3.22) vemos que hasta los ángeles, las autoridades, y los poderes le son sujetos. Simplemente imagínese esas magníficas criaturas angelicales postrándose en sumisión al Cristo resucitado.

¿Mi sugerencia acerca de todo esto? Trabaje en un espíritu sumiso. No espere que los medios lo animen a hacerlo... jamás sucederá. Pídale a Dios, de ser necesario, que rompa la dureza de su voluntad para que se convierta en una persona cooperativa, sumisa, armoniosa, simpática, fraternal, y bondadosa en cada área de esta vida peregrina.

Recuerde, en última instancia no nos estamos sometiendo a la autoridad humana sino a la divina. Dios jamás nos maltratará. Postrarnos ante Él es la mejor posición cuando queramos comunicar obediencia.

La prueba ardiente y cómo soportarla

No importa cuán ardiente sea la prueba, lo principal es que recordemos que en definitiva la temperatura es regulada por la soberanía de Dios (véase 1 P 4.12-19). También es importante entender que no sufrimos nuestras pruebas aislados; somos parte de un rebaño amorosamente atendido por pastores fieles (véase 1 P 5.1-5). Finalmente, necesitamos saber que no importa cuán formidable sea nuestro adversario, el poder de Dios está a nuestra disposición para ayudarnos a soportar (véase 5.6-11).

¿Y cómo soportamos «el fuego de prueba que nos ha sobrevenido»? Mediante la cooperación. Necesitamos cooperar con Dios confiando en Él, con los líderes de la iglesia sometiéndonos a ellos, y con la fe permaneciendo firmes y resistiendo el asalto del diablo.

A medida que luche con las pruebas ardientes, recuerde la soberanía de Dios. Nada lo toca que no haya pasado por la mano soberana de Dios y el sabio plan de Dios. Todo debe pasar a través de sus dedos antes de alcanzarlo a usted. En definitiva Él es quien controla.

Mientras soporta la prueba ardiente, póngase en contacto con el rebaño de Dios y sea fiel.

Y a través de todo, dependa del poder de Dios. Como aprendimos en el capítulo anterior, debemos depender de eso.

Cuatro lecciones duraderas, o secretos de la vida

Hemos terminado esta carta... pero la tinta de la pluma de Pedro deja una impresión indeleble en nuestras vidas. Con todo lo que nos dice y nos enseña, quiero mencionar cuatro lecciones duraderas, cuatro secretos de la vida, que se destacan en marcado relieve. Todos estos nos dan esperanza más allá de nuestra miseria.

Primero: Cuando nuestra fe es débil, el gozo nos fortalece.

En lo cual vosotros os alegráis, aunque ahora por un poco de tiempo, si es necesario, tengáis que ser afligidos en diversas pruebas, para que sometida a prueba vuestra fe, mucho más preciosa que el oro, el cual aunque perecedero se prueba con fuego, sea hallada en alabanza, gloria y honra cuando sea manifestado Jesucristo, a quien amáis sin haberle visto, en quien creyendo, aunque ahora no lo veáis, os alegráis con gozo inefable y glorioso (1 P 1.6-8).

Amados, no os sorprendáis del fuego de prueba que os ha sobrevenido, como si alguna cosa extraña os aconteciese, sino gozaos por cuanto sois participantes de los padecimientos de Cristo, para que también en la revelación de su gloria os gocéis con gran alegría (1 P 4.12-13).

No importa cuán oscuras sean las nubes, el sol en una u otra forma penetrará las tinieblas y las disipará; sin importar cuán pesada sea la lluvia, el sol en última instancia prevalecerá para colgar un arco iris en el cielo. El gozo alejará las nubes que flotan sobre su fe y prevalecerá sobre las pruebas descorazonadoras que saturan nuestras vidas. A este respecto recuerdo muchas veces la promesa de los Salmos.

Por la noche durará el lloro, Y a la mañana vendrá la alegría (Sal 30.5).

Segundo: Cuando haciendo el bien somos maltratados, la persistencia nos estabiliza.

Porque esto merece aprobación, si alguno a causa de la conciencia delante de Dios, sufre molestias padeciendo injustamente. Pues ¿qué gloria es, si pecando sois abofeteados, y lo soportáis? Mas si haciendo lo bueno sufrís, y lo soportáis, esto ciertamente es aprobado delante de Dios (1 P 2.19-20).

La palabra *soportar* en el versículo 20 significa «aguantar bajo una carga», como un burro aguanta bajo la carga que su dueño coloca en su espalda. Esta paciente resistencia a las incómodas cargas de la vida se hace posible mediante el amor, se hace constante mediante el amor, y se facilita a través del ejemplo.

Cuando sufrimos, aunque hayamos hecho lo correcto, hay algo relacionado con el aguante que nos estabiliza. Cuando haciendo el bien se nos maltrata, la persistencia nos estabiliza.

Mi esperanza para todos los que lean estas páginas es que aprendan cómo soportar. Imagínese como ese pequeño burro, viviendo bajo la pesada carga puesta sobre su espalda. Esa confianza callada y confiada nos estabiliza.

Tercero: Cuando se sacude nuestra confianza, el amor nos apoya.

Y ante todo, tened entre vosotros ferviente amor; porque el amor cubrirá multitud de pecados (1 P 4.8).

El amor es el pilar de apoyo cuando nuestro mundo se nos derrumba. Por eso es que cuando advierte en cuanto a los tiempos del fin, Pedro coloca al amor en la cima de la lista de supervivencia.

Cuarto: Cuando nuestro adversario ataca, la resistencia nos escuda.

Sed sobrios, y velad; porque vuestro adversario el diablo, como león rugiente, anda alrededor buscando a quien devorar; al cual resistid firmes en la fe, sabiendo que los mismos padecimientos se van cumpliendo en vuestros hermanos en todo el mundo (1 P 5.8-9).

Cuando Satanás nos acecha como león rugiente, no se nos instruye que nos congelemos, nos escondamos, o que metamos el rabo entre las piernas y salgamos corriendo. Se nos insta a resistir. Y esa resistencia forma un escudo para protegernos de las garras depredadoras de nuestro adversario.

Lo que realmente cuenta

Y así llegamos al final de la carta de Pedro que ha permanecido por siglos... y el final de mi libro que posiblemente no dure hasta el fin del siglo, menos de tres años desde esta fecha. Pero así debe ser. La Palabra de Dios jamás se desvanecerá, aunque las arenas del tiempo borren rápidamente las obras humanas.

Mi preocupación no es cuánto tiempo permanezcan impresas estas páginas sino cuán pronto ha de utilizar estos principios en su vida. A la larga eso es lo que verdaderamente cuenta. Eso es lo importante. Francamente, por eso es que el viejo pescador escribió su carta, en primer lugar. Para ayudarnos a tener esperanza nuevamente.

Esperanza para continuar, aunque seamos extranjeros esparcidos.

Esperanza para crecer, aunque nosotros, como Pedro, fallemos y caigamos.

Esperanza para soportar, aunque la vida duela.

Esperanza para creer, aunque los sueños se desvanezcan.

Una oración por esperanza más allá de la miseria

Padre nuestro, te agradecemos por sostenernos en tu gracia a través de momentos que desdeñan de manera absoluta cualquier explicación, momentos de sufrimiento y miseria, momentos de maltrato y desengaño.

Gracias por ser un Amigo más cercano que un hermano, por significar más para nosotros que una madre o un padre. Gracias por tu misericordia que nos lleva de semana en semana a través de una vida complicada, ocupándonos de personas que no siempre son amorosas y enfrentando batallas que nos dejan agotados. Gracias por la fortaleza que proviene de una pequeña carta escrita por un viejo pescador que entendió la vida en todas sus dimensiones: fracaso y desengaño, victoria, gozo e intimidad. Te encomendamos, Padre nuestro, la verdad de lo que hemos leído. Ayúdanos a encontrar esperanza de nuevo como resultado de la práctica de estas verdades. En el amoroso y agradable nombre de Jesucristo oro.

AMÉN